Stefan Berkholz
Goebbels' Waldhof am Bogensee

Stefan Berkholz

Goebbels' Waldhof am Bogensee

Vom Liebesnest zur DDR-Propagandastätte

Ch. Links Verlag, Berlin

Die Deutsche Bibliothek verzeichnet diese Publikation in der
Deutschen Nationalbibliographie; detaillierte bibliographische Daten
sind im Internet über http://dnb.ddb.de abrufbar.

1. Auflage, September 2004
© Christoph Links Verlag – LinksDruck GmbH
Schönhauser Allee 36, 10435 Berlin, Tel.: (030) 44 02 32-0
www.linksverlag.de; mail@linksverlag.de

Umschlaggestaltung: KahaneDesign Berlin unter Verwendung
eines Standfotos aus dem Film »Ein Sommertag am Bogensee« (1943)
Lektorat: Stephan Lahrem, Berlin
Bildredaktion: Nadja Caspar, Berlin
Satz und Lithos: Agentur Siegemund, Berlin
Druck und Bindung: Bosch-Druck, Landshut

ISBN 3-86153-340-5

Inhalt

Bogensee – Ein Ort der Propaganda   7

NS-Zeit

»Ein Schmuckkästchen« – Ein Geschenk
der Stadt Berlin   11

»Ein Idyll in der Einsamkeit« – Ort der Arbeit
und Lektüre   13

»Ich eigne mich schlecht zum Keuschheitskommissar« – Das Liebesnest   16

»Wir werden Berlin judenrein machen« –
Planungen zur Judenverfolgung 1938   24

»Da habe ich dann wenigstens ein Zuhause« –
Neubau mit Hindernissen   28

»… leider etwas teuer« –
Windige Finanzierungspraktiken   40

»Es ist so still und so gemütlich hier draußen« –
30 Privaträume, 40 Dienstzimmer, 60 Telefone   47

»Wir besprechen politische und Kriegsprobleme« –
Der Waldhof als Ersatzministerium   56

»Künstler sind wie Kinder« – Feste mit Schauspielern   63

»So laßt uns also total Krieg führen« –
Propaganda für den »Endsieg«   70

»Die Familie wird nach Lanke übersiedeln« –
Ausweichen vor den Bomben   77

»… wenn nicht die zwölfte Stunde schon
geschlagen hat« – Das Ende   83

DDR-Zeit

»Die Schäden im Innern der Häuser sind recht
bedeutsam« – Plünderung des Inventars   98

»Der lang erwartete Tag der Eröffnung
ist nun endlich angebrochen« – Gründung
der FDJ-Zentraljugendschule   100

»Ab Januar 1948 hatte man Angst« –
Die Stalinisierung   109

»… vermittelte uns wertvolle Erfahrungen
aus seinem langen Kämpferleben« –
Jugendhochschule »Wilhelm Pieck«   113

»Denkmal des Sozialismus« –
Neubauten am Bogensee   118

»Bekämpfung des faschistischen
Putschversuches« – 17. Juni 1953   126

»Insel im Walde« – Abschottung durch
Zaun und Ideologie   129

»Rotes Kloster« –
Die Dogmatiker setzen sich durch   133

»Zentrum der Freizeit und der fröhlichen Feste« –
Kulturelles Begleitprogramm   137

»Eine wirkliche politische Schule des Lebens« –
Theorie und Praxis   141

»Schwung und Optimismus« – Verleihung des
Karl-Marx-Ordens   143

»Am Bogensee ist die Hölle los« – Helmut Schmidt
zu Besuch in der Jugendhochschule   146

»Unser Leben und unser Glück im Sozialismus« –
Mauerfall und Ende der Kaderschmiede   149

»Schützenswertes Ensemble« –
Bogensee unter Denkmalschutz   153

Anhang

Anmerkungen   160

Ausgewählte Literatur   169

Bildnachweis/Danksagung   172

Personenregister   173

Angaben zum Autor   175

Bogensee – Ein Ort der Propaganda

»Bogensee« nennt sich das Gebiet nach einem kleinen Gewässer, rund 40 Kilometer nördlich von Berlin gelegen, verborgen im Wald, bebaut mit diversen Gebäuden. Ein Ödland heute, die Häuser stehen leer, Putz bröckelt von den Fassaden. Ein stummer Ort der Geschichte, ein Ort der Täter und Wortverdreher, ein Ort der Propaganda.

Seit 1936 richtete sich Joseph Goebbels am Bogensee seinen Landsitz ein. Anfangs waren es noch ein paar Blockhäuser, 1939 ließ sich der Propagandaminister drei solide Steinhäuser bauen, erdacht als »Kulturgemeinschaftshaus«, benutzt als Amtssitz, Erholungsstätte und »Liebesnest«. Nach 1945 nutzte die Freie Deutsche Jugend (FDJ) das Gelände für ihre Jugendhochschule, in den fünfziger Jahren wurde die »Kaderschmiede« zu einer imposanten, schloßähnlichen Anlage ausgebaut. Bis 1990 war das Areal am Bogensee bewacht und streng abgeschirmt von der Öffentlichkeit. Deutsche Vergangenheit, verbarrikadiert hinter Zäunen, Schranken und Schlagbäumen. In den fünf Jahrzehnten zuvor wußten nur Menschen mit Passierschein, was sich dahinter verbarg. Als sich die Schranken am Bogensee im Frühjahr 1990 für die Bevölkerung öffneten, war der Ansturm in den ersten Tagen groß. Man wollte sehen, wie Goebbels einst gewohnt hatte, man wollte sehen, wo Honecker, Pieck, Grotewohl, Krenz, Mielke, Hager und all die anderen aus dem SED-Staatsapparat geredet hatten. Die Gebäudehüllen standen unbeschädigt, das riesige Areal mitten im Wald beeindruckte viele Betrachter.

Was sich in den vergangenen fünf Jahrzehnten tatsächlich auf dem Gelände abgespielt hatte, blieb weiterhin im dunkeln. Legenden und Mutmaßungen verstellten den Blick für die Wirklichkeit, auch in der Literatur. Von Goebbels' »Lustschloß« war die Rede, vom »Jagdhaus«, vom »Landgut Lanke« oder von einem »palastartigen Haus«.

Mit der Wirklichkeit hatten diese Umschreibungen wenig zu tun. Für die Jahre in der DDR waren andere Gerüchte zu vernehmen. Es hieß, Walter Ulbricht und Herbert Wehner seien in den fünfziger Jahren am Bogensee zu einem konspirativen Treff zusammengekommen. Andere behaupteten, PLO-Kämpfer seien dort militärisch ausgebildet worden oder man habe den Ort für Internierungen am Ende der DDR bereitgehalten. Höchste Zeit also, eine historische Dokumentation vorzulegen, um genauer sagen zu können, was sich auf diesem Areal unter zwei deutschen Diktaturen abspielte.

Dieses Buch will weder eine Goebbels-Biographie noch eine Geschichte der FDJ sein. Hier wird nicht die Wirkungs- und Organisationsgeschichte des Propagandaministeriums beschrieben und keine Studie der organisierten Jugendbewegung vorgelegt. Das Geschehen am Bogensee soll vor allem erzählt werden, dazu, andeutungsweise, der zeitgeschichtliche Rahmen. Um die Atmosphäre zu veranschaulichen, habe ich mich in erster Linie auf zeitgenössische Quellen und Erinnerungen von Zeitzeugen gestützt. Die Stimmung einer Zeit soll wiedergegeben werden, die Tonlage von Beteiligten zu vernehmen sein. Sekundärliteratur wurde für den geschichtlichen Hintergrund genutzt, aber selten zitiert.

Am Ende bleibt die Frage, was mit dem Areal am Bogensee geschehen soll. Seit 1999 stehen die meisten Gebäude leer, aber sie sind denkmalgeschützt. Das Land Berlin, als Eigentümer des Geländes, sucht händeringend nach einer neuen Nutzung. Vielleicht kann diese Darstellung Anstöße zu einer Diskussion geben, ob Bogensee womöglich als Ort der Geschichte zu erhalten ist.

Berlin, im Juli 2004 Stefan Berkholz

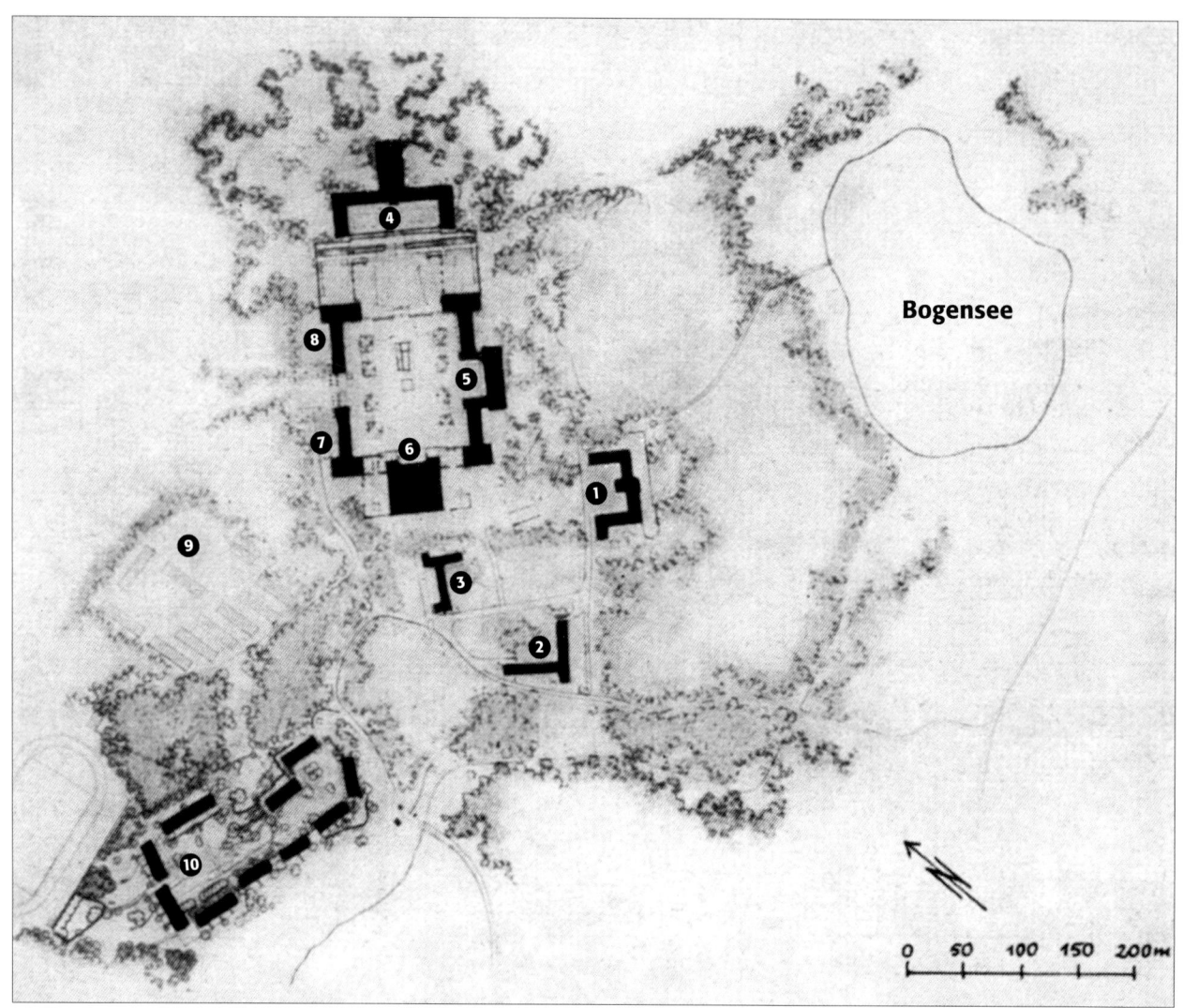

Lageplan des Areals am Bogensee, um 1955. Drei Bauten für Goebbels aus den dreißiger Jahren: der Waldhof (1) und Nebengebäude (2/3). Die größten Bauten wurden in den fünfziger Jahren errichtet – Lektionsgebäude (4) – Studentenwohnheim Ost (5) – Gemeinschafts- bzw. Kulturhaus (6) – Studentenwohnheim West (7) – Schulleitungsgebäude (8) – Barackensiedlung aus der Frühzeit der DDR, später ersetzt durch solide Wohngebäude für die Angestellten der Jugendhochschule (9) – Wohnsiedlung (10).

NS-Zeit

Geburtstagsempfang für Propagandaminister Joseph Goebbels am 29. Oktober 1936. Hitler zeigt sich mit dem 39jährigen Jubilar auf dem Balkon des Propagandaministeriums in der Berliner Wilhelmstraße.

»Ein Schmuckkästchen« – Ein Geschenk der Stadt Berlin

»Die Reichshauptstadt schenkte ihrem Gauleiter ein Blockhaus«, titelte der nationalsozialistische *Angriff* in seiner Spätausgabe vom 30. Oktober 1936. Und auf Seite zwei hieß es genauer: »Die Stadt Berlin hat ihrem Gauleiter Dr. Goebbels ein besonderes Geburtstagsgeschenk gemacht. Es ist ein schlichtes Blockhaus an einem der stillen Seen in der Umgebung Berlins.« An welchem der stillen Seen, wurde nicht gesagt.

Einen Tag zuvor, am 29. Oktober, hatte Joseph Goebbels seinen 39. Geburtstag gefeiert, draußen am Wannsee zunächst, auf Schwanenwerder, wo die Familie seit kurzem ihren Wohnsitz hatte. Am Morgen war er von seiner Frau Magda und den drei Kindern, der vierjährigen Helga, der zweijährigen Hilde und dem einjährigen Helmut, begrüßt worden. »Das ist so nett und herzlich«, trug Goebbels in sein Tagebuch ein, »die Kinder sagen Gedichte auf. Dann läuft ein Film von ihnen, allerliebst, ganz so wie sie sind. Wir freuen uns alle sehr.«[1]

Anschließend ging es zum Propagandaministerium in die Wilhelmstraße, für 10.30 Uhr war ein Empfang angesetzt. Der Weg dorthin wurde zum »Festzug«, denn »begeisterte Berliner«, so hieß es, säumten die Straßen. Im Vorraum des Ministeriums konnte man sich in bereitliegende »Gratulationslisten« eintragen.[2] In den oberen Räumen fand zunächst ein Zusammensein im Kreise der Weggefährten statt. Eine Stunde später: »Empfang namhafter Persönlichkeiten des künstlerischen Lebens«. Reden, Ehrungen, Geschenke – »Berge von Geschenken«, heißt es im Tagebuch, »vor allem Bilder, worüber ich mich sehr freue«. Um 12 Uhr überreichte der Bürgermeister von Teltow den »Ehrenbürgerbrief« an Goebbels. Hitler gab sich die Ehre, Hermann Göring kam dazu, der treueste Gefolgsmann war ganz gerührt. Sie zeigten sich dem Volk auf dem Balkon, ließen sich feiern.[3] Anschließend lud Goebbels seine Mitarbeiter aus dem Ministerium zum Essen, wieder gab es Geschenke, Blumen, Briefe, Reden.

Seit sieben Jahren war er nun Reichspropagandaleiter der Partei, im März 1933 hatte man ihn zum Reichsminister für Volksaufklärung und Propaganda ernannt. Goebbels sorgte in der Folgezeit für die Gleichschaltung des kulturellen Lebens, er brachte die Massen mit seinen Reden auf Kurs. Seit zehn Jahren war er in der Hauptstadt, von seinen Gefolgsleuten wurde er als »Eroberer von Berlin« gefeiert, denn die einst »rote Stadt« war von den Nationalsozialisten übernommen worden. Man zollte Goebbels Respekt – sein Einfluß war enorm.

Irgendwann an diesem prallgefüllten 29. Oktober nahm Goebbels sich dann die Zeit, um die 40 Kilometer nach Lanke hinauszufahren. Er wollte unbedingt noch einen Blick auf sein neues Anwesen im Norden von Berlin werfen. »Und dann heraus zum Bogensee«, trug er in sein Tagebuch ein. »Ich bin so gespannt. Und dann: das Haus ist wunderbar geworden. Ein Schmuckkästchen. Hier läßt sich ausruhen und arbeiten. Welch ein Idyll! So romantisch und still. Ich bin ganz glücklich. Und ich glaube, Lippert und Hanke auch, weil es mir so gefällt.«[4]

Goebbels war ein virtuoser Demagoge. Im Waldhof am Bogensee wollte er Ruhe für die Vorbereitung seiner Reden finden.

Karl Hanke war seit März 1933 Goebbels' persönlicher Referent und Sekretär, fünf Jahre später, 1938, wurde er zum Staatssekretär ernannt. Er war der Büroleiter und kümmerte sich unter anderem um alle organisatorischen Belange am Bogensee. Julius Lippert, der offiziell die Schenkungsurkunde für das Areal ausgestellt und unterschrieben hatte, war ein enger Gefolgsmann Goebbels'. Er hatte sich zunächst als Chefredakteur des *Angriff* einen Namen gemacht, war 1929 Abgeordneter der NSDAP im Berliner Stadtparlament und 1930 Fraktionsführer der Berliner NSDAP geworden. Im März 1933 hatte Göring ihn zum »Staatskommissar zur besonderen Verwendung« ernannt, womit er zum eigentlichen Bürgermeister von Berlin wurde, auch wenn er sich noch nicht so nannte. Lippert besorgte die »Säuberung« der Stadtverwaltung von Kommunisten, Sozialdemokraten und Juden. Anfang 1937 wurde er offiziell mit dem Oberbürgermeisteramt von Berlin belohnt.[5]

Der Wortlaut der Schenkungsurkunde für Goebbels' Landsitz war im *Angriff* nachzulesen: »Die Reichshauptstadt gedenkt am Zehnjahrestage der Gründung des Gaues Berlin in dankbarer Verehrung ihres Ehrenbürgers, Gauleiters, Reichsministers Dr. Goebbels, der in langjährigen schwersten Kämpfen zum Eroberer Berlins wurde und damit den politischen, wirtschaftlichen und kulturellen Wiederaufbau der Stadt Berlin einleitete. Um ihrem verehrten Ehrenbürger eine Stätte zu schaffen, an der er nach der Mühe der täglichen Arbeit im Dienste von Volk und Reich völlig losgelöst von den Störungen des weltstädtischen Getriebes Ruhe, Erholung und Sammlung finden kann, hat die Reichshauptstadt in einem städtischen Forst an dem stillen Ufer eines schönen Sees ein schlichtes Blockhaus errichtet, das sie ihrem Ehrenbürger zum Zeichen ihrer inneren Verbundenheit mit seinem segensreichen Schaffen auf Lebenszeit zur freien Benutzung zur Verfügung stellt.«[6]

Lippert hatte den kommissarischen Oberbürgermeister Oskar Maretzky sechs Wochen zuvor in Kenntnis gesetzt. Im Schreiben vom 19. September 1936 heißt es: »Ich halte im Hinblick auf die diesjährigen Feierlichkeiten des Gaues Berlin, mit denen der Geburtstag des Gauleiters zeitlich zusammenfällt, den Zeitpunkt für besonders geeignet, um dem Gauleiter Dr. Goebbels in würdiger Weise die Verbundenheit und Dankbarkeit der Stadt Berlin dafür zum

Ausdruck zu bringen, daß er die Reichshauptstadt für den Nationalsozialismus erobert hat. Da ich weiß, daß es den Gauleiter besonders freuen würde, wenn ihm durch die Stadt Berlin in der Einsamkeit schöner Natur eine Stätte geschaffen würde, in der er sich auch einmal unbehelligt frei bewegen kann, habe ich mich entschlossen, diesem Wunsche Rechnung zu tragen. Das in Aussicht genommene, im einfachen Blockstil gehaltene Haus am Bogensee nordwestlich von Lanke soll zum Geburtstag des Gauleiters Dr. Goebbels grundsätzlich fertig sein.«

Die Forstverwaltung werde das Gelände »von allen Hindernissen bereinigen«, teilte Lippert dem Oberbürgermeister Maretzky weiter mit, das Gebiet solle schleunigst unter Landschaftsschutz gestellt werden. Grundstück und Haus verblieben allerdings »im Eigentum der Stadt«, Goebbels würden sie lediglich »nach seinem Wunsche zur Benutzung zur Verfügung gestellt«. Also keine Grundstücksübertragung, keine grundsätzliche Enteignung landeseigenen Areals. »Sollte einmal der Gauleiter auf eine weitere Benutzung keinen Wert mehr legen«, fügte Lippert hinzu, »wäre dieses Grundstück geeignet, für Dienstzwecke der Forstverwaltung Verwendung zu finden.« Schließlich solle sich der Arbeitsdienst »an der Begradigung der Wege und Beseitigung der Wurzeln an der Baustelle (...) beteiligen«.[7]

Oskar Maretzky war so etwas wie ein Statthalter für Lippert bzw. Goebbels. Selbst nie besonders in der Öffentlichkeit hervorgetreten, galt er als loyaler Gefolgsmann und treues, wenn auch spät eingetretenes NSDAP-Mitglied.[8] Die Vorgaben Lipperts setzte er rasch in die Tat um. In einer geheimen Vorlage unterrichtete Maretzky die Ratsherren am 28. September darüber, daß er »zur Errichtung des Blockhauses und seines Zubehörs (...) eine außerplanmäßige Ausgabe in Höhe von 128 000,– RM« bewilligt habe. Eine, wie es weiter hieß, »Haushaltsüberschreitung«, deren Deckung »bis zur Nachtragssatzung zum Haushaltsplan 1936« offenbliebe.[9]

Um die Schenkung möglichst schnell umzusetzen, sei »ein im Rohbau bereits vorhandenes Blockhaus ausgesucht worden«, ein Prototyp offenbar, den Goebbels auf einer Bauausstellung in Berlin schon gesehen und daran Gefallen gefunden hatte. »Das Haus enthält zwei größere und zwei kleinere Zimmer mit den notwendigsten Nebenräumen«, heißt es in dem Amtsschreiben weiter, teilweise sei es unterkellert, dazu komme »ein Nebengebäude für Bedienstete und eine Garage«. 56 000 RM wurden als reine Baukosten für die drei Gebäude – »nach den bisherigen Feststellungen« – veranschlagt.

»Die einsame Lage mitten im Forst« verursachte weitere Kosten: Die Versorgung mit Strom vom gut zwei Kilometer entfernten Obersee bei Lanke war herzustellen, eine Transformatorenstation mußte errichtet, eine Fernsprechanlage – mit »unmittelbarer Anschlußmöglichkeit an das Reichspropagandaministerium« – eingebaut werden. Wasserversorgung und Entwässerung waren sicherzustellen, dazu kamen »Arbeiten im Gelände, z.B. für die Einzäunung des Geländes rund um den Bogensee in einer Länge von rd. 2,5 km«, Ausgaben für Wege und Gartenanlagen, für die Einrichtung mit Möbeln und Haushaltsgegenständen sowie allgemeine Zuschläge »für die erschwerte Anfuhr der Baustoffe sowie für Transport und Unterbringung der Bauarbeiter« – summa summarum: 128 000 RM.[10] »Vorherige Anhörung der Ratsherren« sei in diesem besonderen Fall – »im Hinblick auf die außerordentliche Veranlassung und die zeitliche Beengung« – leider nicht möglich; »jedoch sind die Beiräte für das Finanzwesen in ihrer Sitzung am 22. September 1936 bereits mündlich über die beabsichtigte Haushaltsüberschreitung unterrich-

»Ringsum tiefe Einsamkeit« – so Goebbels in seinem Tagebuch über sein Anwesen. Der Bogensee im August 1942.

tet worden«, heißt es abschließend in der geheimen Vorlage von Oberbürgermeister Maretzky.

Daß die ursprünglich veranschlagten Kosten überschritten wurden, geht aus einer vertraulichen Aufstellung vom Januar 1939 hervor. Die Baukosten für das Blockhaus waren von 46 000 auf 195 000 RM gestiegen, ein Hausmeisterwohnhaus schlug mit 75 000 RM zu Buche, der »Bau eines Bootshauses zur Unterbringung eines Motorbootes« sowie der »Bau eines Hauses für den Schießstand« kosteten 27 000 RM – am Ende waren, laut amtlicher Auflistung, 315 000 RM aufzubringen, das meiste aus Mitteln der Berliner Forstverwaltung.[11]

»Ein Idyll in der Einsamkeit« – Ort der Arbeit und Lektüre

Glaubt man den Tagebucheintragungen von Goebbels, hatte der Propagandaminister den lauschigen Ort am Bogensee sechs Wochen zuvor, am 17. September 1936, erstmals besichtigt: »Nachm. neue Reichsautobahn dicht hinter Bernau«, heißt es in seinen Notizen. »Da liegt das Plätzchen, wo für mich gebaut werden soll. Ein Waldidyll. Wunderbar! Ein kleiner Hügel, und von da sieht man nur Wasser, Bäume, Wiese. Und ringsum tiefe Einsamkeit. Da ist wirklich gut sein. Ich schlage mit Freuden ein. Hanke hat seine Sache gut gemacht.«[12]

Es paßte alles. Die Reichsautobahn war seit kurzem fertiggestellt, fünf Monate zuvor, im April 1936, hatte man die Stettiner Strecke bis zum Abzweig Joachimsthal freigegeben, die Ausfahrt Lanke war nun in einer knappen Stunde vom Berliner Regierungsviertel zu erreichen.

Für seine Zeit am Bogensee richtete sich Goebbels ein eigenes Tagebuch ein. »Entspannen heißt, sich auf neue Spannungen vorbereiten«, setzte er als Motto auf das Deckblatt und eröffnete die Kladde am 29. Oktober. Vier Tage später, am 3. November, kam er zu seiner ersten Eintragung in diesem gesonderten Notizheft vom »Haus am Bogensee«. Bis Anfang Dezember 1939 führte Goebbels seine Eintragungen in diesem DIN-A5-Heft fort. Es entstanden 161 Seiten mit Tagebucheintragungen. Später fügte Goebbels die Ereignisse am Bogensee in seine laufenden

Goebbels führte am Bogensee ein eigenes Tagebuch. Es beginnt mit einem handschriftlichen Eintrag vom 29. Oktober 1936.

Tagebuchnotizen ein. Häufig bezeichnete er seinen Landsitz nach der nahegelegenen Ortschaft und nannte ihn einfach »Lanke«.

Anfangs nutzte Goebbels sein Refugium mitten im Wald nur stundenweise oder für wenige Tage, über Nacht, übers Wochenende, zu Feiertagen. Später wurde Bogensee auch in den Ferien seine Rückzugsmöglichkeit. Das Blockhaus galt ihm als »kleines Paradies«[13], als »Zufluchtsstätte«[14] in »Weltabgeschiedenheit«[15]. Hier kam er, fern dem Trubel, zum Nachdenken und Philosophieren, hier bereitete er seine Reden und Pamphlete vor, hier heckte er Schachzüge der Politik aus und gab seiner Melancholie nach, hier las er Bücher, zu denen er sonst nicht kam.

Häufig klingen seine Bemerkungen im Tagebuch ähnlich wie jene vom 3. November 1936: »Im Regen zum Bogensee. Ganz alleine. Ich bin so glücklich. Es ist ganz still und ruhig hier. Ich arbeite, lese, schreibe, und bin glücklich. Rings um mich Wald, welkes Laub, Nebel, Regen. Ein Idyll in der Einsamkeit. Es ist so still und verlassen hier. Man kann denken, arbeiten, in Ruhe lesen, keine Telephonanrufe und Briefe, ganz sich selbst überlassen.«[16]

Am 5. November war Goebbels wieder draußen, diesmal »einen ganzen Packen« Arbeit »auf dem Arm«. »Hier ist es ruhig und friedlich«, schrieb er, »hier kann man ohne Hast und ohne Übereilung arbeiten und nachdenken.«[17] Er schwärmte vom Herbstwetter, er bemerkte, wie »der Wald so herrlich duftet«, und geriet dann plötzlich völlig außer sich. Am späten Nachmittag las er sich mit einem Buch des in der Schweiz lebenden Schriftstellers Emil Ludwig in Rage. Das schmale Büchlein mit dem Titel »Der Mord in Davos« spielte auf eine wahre Begebenheit vom Februar des Jahres an. Der jugoslawische Medizinstudent David Frankfurter hatte den Landesgruppenleiter der NSDAP in der Schweiz, Wilhelm Gustloff, erschossen, um damit ein Zeichen zu setzen, zum Widerstand zu ermutigen. Emil Ludwig hatte diese Tat aufgegriffen und ein antifaschistisches Buch vorgelegt, erschienen war es im Amsterdamer Querido Verlag. Nazi-Behörden setzten die Schweiz daraufhin dermaßen unter Druck, daß die Eidgenossen Einfuhr und Verbreitung der Schrift verboten.[18]

»Ein gemeines, echt jüdisches Machwerk zur Verherrlichung des Hebräers Frankfurter«, eiferte sich Goebbels in seiner Waldidylle: »Da kann man Antisemit werden, wenn man es nicht schon wäre. Diese Judenpest muß ausradiert werden. Ganz und gar. Davon darf nichts übrig bleiben.«[19] Vierzehn Tage später fand der Propagandaminister draußen ganz zu seinem Seelenfrieden zurück: »Hier bin ich Mensch, hier kann ich's sein! Der Wald duftet, und es klirrt von Kälte. Ich sitze und lese, schreibe, musiziere, faulenze. Das ist schön nach so einer arbeitsreichen Woche.«[20]

Am 12. November 1936 fuhr Goebbels nach dem Mittagessen zu seinem Blockhaus hinaus. Er las etwas, darunter »rührende Briefe aus dem Volke«, er schrieb etwas und fuhr »abends nach Lanke zum Arbeitsdienst, der mein Haus im Walde gebaut hat«. In sein Tagebuch trug er anschließend ein: »Kameradschaftsabend. Sehr nett und herzlich.«[21]

Die Lokalzeitung, das *Niederbarnimer Kreisblatt*, berichtete am anderen Tag auf ihrer Titelseite vom Besuch des »Dr. Goebbels«. Erkenntlich habe er sich zeigen wollen »für die Hilfe, die ihm der Arbeitsdienst Lanke bei der Erstellung seines Waldhauses« geleistet habe. So sei die »Abteilung Lanke (...) in der Turnhalle ihres Lagers Gast von

Reichsminister Dr. Goebbels« gewesen. Anwesend waren auch engste Mitarbeiter: Ministerialrat Karl Hanke, Oberregierungsrat Leopold Gutterer, der Referent im Propagandaministerium Stolze sowie der persönliche Adjutant Diether von Wedel.

Das *Niederbarnimer Kreisblatt* war zu dieser Zeit nicht nur das »amtliche Organ der Kreisverwaltung«, sondern mittlerweile auch das »Mitteilungsblatt des Kreises Niederbarnim der NSDAP«, wie es in der Unterzeile hieß. Über dem Titel breitete ein düsterer Vogel seine Flügel aus und schwang in seinen Krallen eine Fahne mit dem Hakenkreuz, darüber der Schlachtruf: »Deutschland erwache!«

»In schlichten und herzlichen Worten bedankte sich Dr. Goebbels bei den Arbeitsmännern für die geleistete Arbeit«, heißt es im Zeitungsbericht weiter. »Seine Freude darüber sei groß. Sie, die Arbeitsmänner, haben mit bei der Errichtung dieses Blockhauses geholfen und ihm somit einen Erholungsaufenthalt fernab vom Weltgetriebe geschaffen. Hier könne er hin und wieder von den schwe-

ren, verantwortungsvollen Pflichten ausruhen, um neue Kräfte zu sammeln.«[22]

Der Reichsarbeitsdienst war im Jahr zuvor als sechsmonatige Dienstpflicht für alle jungen Männer und Frauen zwischen 18 und 25 Jahren eingeführt worden. »Der Reichsarbeitsdienst ist Ehrendienst am Deutschen Volke«, hieß es in Paragraph eins des Reichsarbeitsdienstgesetzes. Die Jugend solle »im Geiste des Nationalsozialismus« zum Gemeinsinn und »zur wahren Arbeitsauffassung« erzogen werden. »Gemeinnützig« nannten sich die Tätigkeiten, die beweisen sollten, »daß der eigentliche Sinn an der Arbeit nicht im Verdienst liegt, den sie einbringt, sondern in der Gesinnung, mit der sie geleistet wird«. Beim Bau der Reichsautobahnen wurden diese Arbeitskräfte ebenso eingesetzt wie im Forst, beim Wege- und Deichbau oder eben bei vielfältigen Arbeiten für die nationalsozialistische Führung.

Der Abend in der Turnhalle verlief offenbar recht unterhaltsam. Nach dem Abendessen »an gemeinsamer Tafel« und der Erstaufführung des Historienschinkens »Frideri-

Der Reichsarbeitsdienst Lanke war im Schloß des Ortes untergebracht. Hier feierte Goebbels im November 1936 die Fertigstellung seines Blockhauses am Bogensee, wofür er in Lanke viele Helfer gefunden hatte.

cus« revanchierten sich die »Arbeitsmänner« mit »Darbietungen humoristischer Art«. Man saß beisammen, plauderte miteinander, erzählte sich Witze – »herrlicher Geist bei den Jungens«, schwärmte Goebbels im Tagebuch, bis Mitternacht habe er »mitten unter ihnen« gesessen. Und das *Niederbarnimer Kreisblatt* wußte noch zu berichten, daß der Minister sich »verabschiedete mit dem Versprechen, da man ja Nachbar sei, oft wieder zu kommen«.

Daß der Arbeitsdienst Goebbels auch weiterhin zur Verfügung stand, geht aus einer Eintragung vom April 1937 hervor: »Die Wege sind vom Arbeitsdienst schön gemacht worden«, freute sich Goebbels in seinem Tagebuch.[23]

»Ich eigne mich schlecht zum Keuschheitskommissar« – Das Liebesnest

Selten nahm Goebbels in der Anfangszeit seine Ehefrau Magda mit hinaus, selten auch die Kinder. Der 22. November 1936 war so eine Ausnahme. Nachmittags fuhren sie zusammen mit seiner jüngsten Schwester Maria und einer »kleinen griechischen Sängerin« zum Bogensee, machten Musik, hörten Schallplatten. »Es ist wunderbar still«, notierte er, »die Kinder kommen sich vor wie im Märchen«.[24] Ansonsten war Bogensee dem Herrn vorbehalten und, so sagte man, auch seinen Abenteuern. Belustigt machte er im September 1937 eine versteckte Anmerkung in seinem Tagebuch: »Lektüre: ›Frauen um Napoleon‹. Ein interessantes Buch, das mir beweist, daß in diesem Punkte auch die größten Männer nur Sterbliche sind.« Und mit einem Ausrufungszeichen versehen setzte er hinzu: »Eine Beruhigung für mich!«[25]

Das kleine Blockhaus im Walde, raunte man, sei auch Goebbels’ »Liebesnest«. Doch wenige wußten Näheres oder wollten Details preisgeben. Um so mehr wurden Gerüchte in die Welt gesetzt: Schauspielerinnen soll er sich hier gefügig gemacht haben, wer nicht spurte, konnte die Karriere vergessen; wer sich hingab, beförderte das eigene Fortkommen. Von zwei Schauspielerinnen wissen wir Genaueres. Anneliese Uhlig brachte der Aufenthalt am Bogensee um die Karriere, erzählt sie; für Lida Baarova wurde

der Ort zum Schauplatz eines Liebesdramas mit dem Propagandaminister. Eine Affäre, für die Goebbels beinahe alles aufgegeben hätte, eine unglückliche Liebe, die für die tschechische Schauspielerin zum Schicksal ihres Lebens wurde.

Im Sommer 1936 hatte Lida Baarova den Propagandaminister kennengelernt. Zu der Zeit war sie mit Gustav Fröhlich, dem gefeierten Filmstar der Deutschen, liiert, in den sie sich während der Dreharbeiten zu ihrem ersten Film in Deutschland, »Barcarole«, verliebt hatte. Die Premiere im März 1935 wurde ihr Durchbruch als Schauspielerin auch in Goebbels’ Filmreich, zusammen mit Gustav Fröhlich war sie bald der Mittelpunkt auf Festen und Empfängen der nationalsozialistischen Machthaber. Fröhlich lebte zudem auf der Insel Schwanenwerder am Berliner Wannsee in der Nachbarschaft von Goebbels. Man lief sich über den Weg.

In ihren Memoiren erinnerte sich Lida Baarova: »Als ich den Weg hinauf zur Villa einschlagen wollte, lief ein Mann die Straße entlang, der an jeder Hand ein kleines Mädchen führte – es war Goebbels, der gerade mit zweien seiner hübschen Töchterchen spazierenging. Der Minister grüßte mich freundlich und sagte, er habe das Grundstück nebenan als Sommersitz erworben und sei der neue Nachbar. Dann erkundigte er sich nach Gustls Villa und äußerte einen Wunsch: ›Ach, Frau Baarova, ich hätte so gern einmal das Haus von Herrn Fröhlich von innen gesehen.‹«[26]

Schon diese erste Begegnung elektrisierte die Schauspielerin. Die Stimme des Ministers wirkte offenbar ungeheuerlich, »es war wirklich ein ganz eigenartiges Gefühl, so wie ich es noch nie gehabt hatte, denn die Stimme schien in mich einzudringen«.[27] Das Schicksal nahm seinen Lauf.

Am 3. Juni 1936 trug Goebbels in sein Tagebuch ein: »Abends Spaziergang mit Helga. Mit Gustav Fröhlich und Lida Baarova ihr Haus angesehen. Sie haben es sehr nett.«[28] Der ersten Besichtigung im Hause Gustav Fröhlichs folgte die Einladung zur großen Abschlußfeier der Olympischen Spiele, am 15. August auf der Pfaueninsel. Drei Tage später kam es zu einem Ausflug auf Goebbels’ Yacht. Und Lida Baarovas nächster Film »Verräter« – ein offen propagan-

Familienspaziergang im Garten der Alten Reichskanzlei. Hitler im trauten Gespräch mit Magda Goebbels, der Propagandaminister schreitet mit Lieblingstochter Helga voran. Das Foto entstand im Oktober 1936.

distischer, wie sie zugab [29] – sollte während des Reichsparteitages im September 1936 in Nürnberg Premiere haben. Goebbels persönlich orderte sie per Telefon zu den Feierlichkeiten, auf dem Empfang wurde sie direkt an die Seite des Propagandaministers plaziert. Später, als es noch zum Hotel Hitlers ging, flüsterte ihr Goebbels die erste Liebeserklärung ins Ohr.

»Im Kern wollte ich nicht nachgeben«, kommentierte Lida Baarova diese Szene später, »aber vielleicht schmeichelte mir sein Interesse auch ein wenig, und zweifelsohne war mir vor diesem Menschen auch durchaus bange. Er hätte es mit Leichtigkeit erreichen können, daß mein Aufstieg auf der Karriereleiter gestoppt und mein so vielversprechend begonnener Weg ein jähes Ende gefunden hätte ...« [30] In jenen Tagen habe ihr Goebbels auch von seinem Blockhaus vor den Toren Berlins erzählt und ihr das

Angebot gemacht, ihn dort einmal zu besuchen, zum Tee vielleicht. Lida Baarova hatte gerade erst ihren 22. Geburtstag gefeiert, sie war 17 Jahre jünger als Goebbels.

Irgendwann im Laufe des Herbstes 1936 war es soweit. Goebbels meldete sich wieder persönlich am Telefon und richtete ihr aus, er schicke jetzt seinen Fahrer, der werde sie zu ihm »zum Tee« nach Lanke bringen und sie selbstverständlich auch wieder zurückfahren, sie könne also ganz beruhigt sein. Lida Baarova willigte ein.

Zunächst ging es über die Autobahn, dann fuhr sie der Chauffeur ein Stück über die Landstraße, schließlich bogen sie »in einen schmalen Waldweg ab«. Ein Schlagbaum versperrte den Weg, der Fahrer schloß auf, weiter ging es über »einen langen, ganz schmalen Weg durch den dichten Wald«. Sie erreichten »ein großes Tor«, der Fahrer läutete, nach einer Weile kam ein Diener. »Jetzt führte der Weg

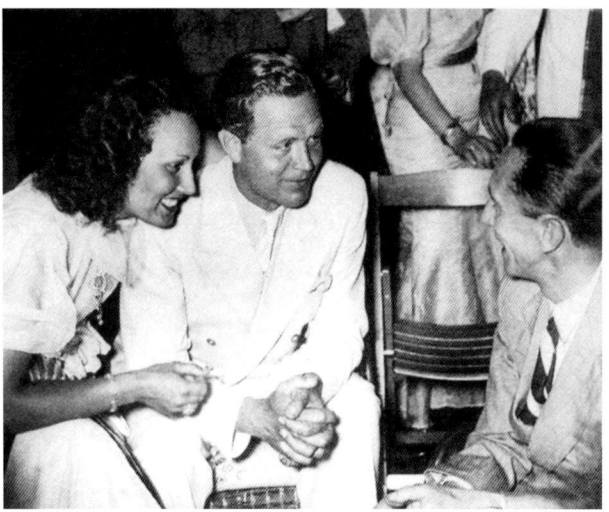

»Die Stimme schien in mich einzudringen« – Lida Baarova war von Goebbels fasziniert. Im August 1936 plaudert sie mit ihm und Gustav Fröhlich.

auf eine Lichtung, die an einem kleinen Waldsee lag. Nahe am Ufer stand ein eingeschossiges Blockhaus im schwedischen Stil mit einer riesigen zum See gewandten Terrasse. (...) Innen befand sich ein einziger großer Raum: ein Salon mit offenem Kamin, einem Flügel und einer Eßecke. Eine Tür führte in die Küche, ansonsten gab es nur noch ein Schlaf- und ein Arbeitszimmer. Zum Anwesen gehörten noch ein Gästehaus, das sich auf einer Anhöhe in ein paar hundert Metern Entfernung befand, und dahinter noch ein kleines Häuschen, in dem der Diener wohnte. Der Diener hieß Kaiser und kümmerte sich um alles.«[31]

Lida Baarova war auf Anhieb sehr angetan von der Anlage und ihrer Umgebung, empfand keine Scheu vor dem Mann, der zugleich ihr oberster Gebieter war. »Es war ganz zauberhaft – eine richtige Idylle. Hier in seinem Blockhaus am Bogensee war es dem Minister gelungen, ein wirklich schönes Interieur zusammenzustellen. Am brennenden Kamin und bei angenehmer Musik herrschte eine gemütliche Atmosphäre, in der man sich gut entspannen und unterhalten konnte. Wir tranken Tee und unterhielten uns, er befragte mich über meinen letzten Film. Dann setzte er sich an den Flügel und spielte mir etwas vor – und er spielte tatsächlich gut und mit Gefühl. Dabei beobachtete ich fasziniert seine feingliedrigen

Hände, die sicher über die Tasten glitten. Als er sein Spiel beendet hatte, begann er von seinen Gefühlen mir gegenüber zu sprechen: er könne nichts dagegen tun, was ich da in ihm erwecke – aber es sei die schönste Regung, die er je erlebt hatte.«[32]

In den folgenden zwei Jahren wurde Lida Baarova zur Geliebten von Goebbels. So lange, bis Hitler im Herbst 1938 ein Machtwort sprach und die Affäre beendete, um so seine deutsche Vorzeigefamilie mit den reizenden blonden Kindern für die Öffentlichkeit zu erhalten. Bis dahin aber wurde das Blockhaus zum häufigen Treffpunkt für Goebbels und die Schauspielerin. In seinem Tagebuch finden sich bestenfalls Andeutungen, namentlich taucht Lida Baarova in den Aufzeichnungen vom »Haus am Bogensee« nicht auf.

Mehrfach erwähnte Goebbels sie hingegen in seinen anderen Tagebüchern, wenn er über Empfänge und Festlichkeiten berichtete oder seine Urteile über Filme abgab. Am 18. August 1936 beispielsweise waren Lida Baarova und Gustav Fröhlich zu Gast in Goebbels' Haus auf Schwanenwerder, auch Mitarbeiter wie Adjutant von Wedel oder Künstler wie die tanzenden Geschwister Hedy und Margot Höpfner und die Schauspielerin Irene von Meyendorff. »Mit Kind und Kegel« machten sie eine Bootsfahrt zum Schwielowsee, schwammen, sonnten sich, aßen abends in Ferch. »Das sind wirkliche Ferien«, schwärmte Goebbels.[33] Auch im Winter 1936 und im Frühjahr 1937 erwähnte Goebbels die Baarova mehrfach bei Geselligkeiten zum Tee oder zu Abend.[34]

Häufig finden sich auch lobende Bemerkungen von ihm über ihre Leistungen als Schauspielerin. »Stunde der Versuchung« (mit Gustav Fröhlich und Lida Baarova in den Hauptrollen) bezeichnete Goebbels zwar als »Schmarren, aber die Baarova spielt gut«.[35] Im Februar 1937 äußerte sich der Propagandaminister gleich zweimal positiv. Die »Proben von ›Patrioten‹« erschienen ihm »gottlob sehr gut geraten«, die Hauptdarsteller, Mathias Wiemann und Lida Baarova, »spielen wunderbar«.[36] Die Verfilmung von »Barcarole« wirkte ihm »etwas unglücklich, aber die Baarova spielt wunderbar. Ergreifend und ans Herz rührend.«[37] Goebbels protegierte seine Geliebte so gut er konnte, bekam von Hitler sogar den ausdrücklichen Auftrag, für ihre nächsten Filme »einen guten Partner [zu] suchen«.[38]

Goebbels' Unterstützung reichte weit zurück, bereits im Juni 1935 hatte sich der Propagandaminister für die Schauspielerin stark gemacht. Hans Weidemann, der Leiter der Hauptabteilung Film im Reichspropagandaministerium, äußerte sich in einem Schreiben vom 25. Juni 1935 sehr kritisch über die Fähigkeiten von Lida Baarova. Es ging um eine Sondererlaubnis für den Film »Einer zuviel an Bord«. Lida Baarova sei »eine mittelmäßig begabte Schauspielerin, mit einer stark tschechischen Aussprache«, stellte Weidemann fest. Er glaube deshalb, »daß wir auf diese Schauspielerin in Zukunft verzichten können, da wir zur Genüge deutsche Schauspielerinnen haben«. Freilich könne er nicht von sich aus entscheiden und bitte deshalb »den Herrn Minister« um seine Meinung. Die Antwort erfolgte prompt. Mit einem langen roten Pfeil wurde auf die erforderliche Sondererlaubnis gezielt und mit grünem Stift ein »genehmigt!« angemerkt. Im Fall von Lida Baarova wurden offenbar frühzeitig andere Maßstäbe angelegt, sie erhielt die Rolle neben Albrecht Schoenhals, René Deltgen und Willy Birgel.[39]

Dankbar erinnerte sich Lida Baarova an die freundliche Unterstützung: »Der Minister war auch ein Mensch, der großes Interesse an meiner Arbeit zeigte. Daß er so regen Anteil daran nahm, verlieh mir ein Gefühl der Sicherheit – das kannte ich von Gustl nicht. (...) Goebbels hingegen sagte ganz offen, ob ich gut gespielt hatte oder nicht, und er lobte meine Leistungen. Durch seine konstruktive Kritik bin ich sicherlich eine bessere Schauspielerin geworden.«[40]

Wie anheimelnd die Schauspielerin die Atmosphäre am Bogensee empfand, schildert sie anschaulich und ganz ungetrübt in ihren Erinnerungen. »In den nächsten drei Monaten besuchte ich Goebbels regelmäßig in Lanke, natürlich heimlich, weil Gustl es nicht mitbekommen sollte. Am Anfang blieb ich meist zwei, drei Stunden, später auch schon mal bis abends. Das Abendbrot fiel immer ganz besonders aus: da Goebbels' Diener eigentlich nicht kochen konnte, gab es außer Bratkartoffeln nichts anderes, und die ließ er auch noch regelmäßig anbrennen. Uns hat das aber nichts ausgemacht; die verbrannten Kartoffeln schmeckten trotzdem, und wir lachten darüber.«[41]

Als es schließlich mit Gustav Fröhlich zum Bruch kam, war die junge Schauspielerin für Trost besonders emp-fänglich. »Schutz, Verständnis und Anlehnung« habe sie gesucht – »all das fand ich bei Goebbels«.[42] Und Goebbels machte aus seiner neuen Liebe auch keinen Hehl mehr, zeigte sich mit ihr sogar in der Öffentlichkeit. »Er nahm mich ins Theater oder in die Oper mit, er unternahm mit mir Spazierfahrten und lud mich in seine Idylle nach Lanke ein«, erinnerte sich Lida Baarova.[43] Als Goebbels seiner Ehefrau die Liaison beichtete, ja sogar darauf beharrte, mit seiner Geliebten zusammenbleiben zu wollen, mit ihr zu leben, vielleicht sogar die Scheidung zu suchen, kam es zu ihrer »Privatkatastrophe«[44], wie Lida Baarova es ausdrückte. Hitler schaltete sich ein und machte kurzen Prozeß. Auf höchsten Befehl wurde die Affäre beendet. Im Oktober 1938 kam es auf dem Obersalzberg zum entscheidenden Treffen, für die Presse wurden Fotos gemacht – »mit der ganzen Familie und dem Führer«, trug Goebbels in sein Tagebuch ein, »der Führer selbst wünscht das. Damit wäscht man sehr vieles wieder aus.«[45] Und Lida Baa-

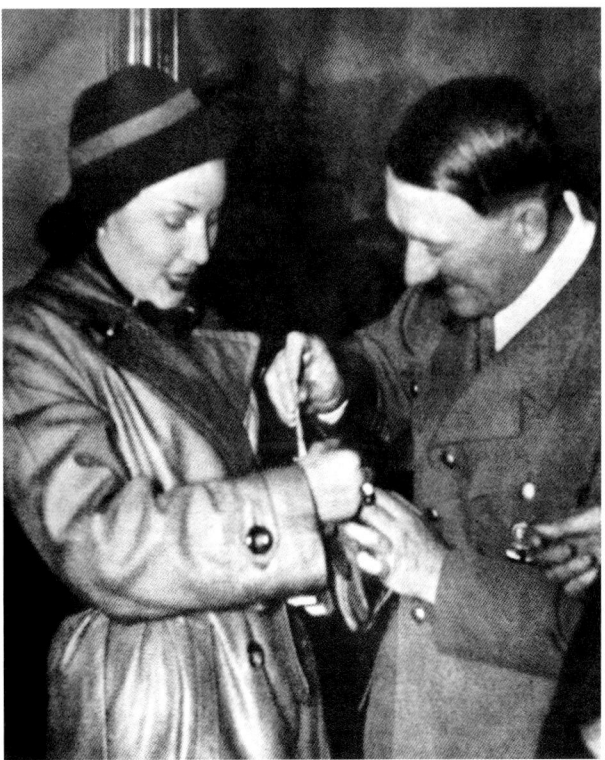

1937 scherzte Hitler bei Spendenaktionen noch mit Lida Baarova. 1938 befahl er die Auflösung ihrer Liaison mit Goebbels.

Kein glückliches deutsches Ehepaar: Magda und Joseph Goebbels bei der Eröffnung der Filmkunstschau Venedig 1936.

Das »Versöhnungsfoto« für die Presse. Hitler mit Vorzeigefamilie Goebbels, Obersalzberg im Oktober 1938.

rova wurde zur Unperson, durfte in der Öffentlichkeit nicht mehr auftreten, das Land aber auch nicht verlassen. Sie war vom Star zur Rechtlosen geworden.[46]

»Meine Tage des Ruhms und des Erfolgs waren vorbei«, resümierte Lida Baarova. »Sämtliche Filme, in denen die ›verdächtige Tschechin‹ bisher gespielt hatte, wurden urplötzlich verboten. Sogar mein Name durfte in der Presse überhaupt nicht mehr erscheinen«.[47] Ihr Film »Der Spieler«, der am 1. September 1938 in Stuttgart uraufgeführt worden war und am 27. Oktober in Berlin eine glanzvolle Premiere erlebte, wurde drei Tage später verboten. Genauso erging es dem Film »Preußische Liebesgeschichte«. Sein Verbot erfolgte im Dezember 1938.[48]

Legt man Goebbels' Tagebuch zugrunde, befand auch er sich in diesen Wochen und Monaten – während und nach der erzwungenen Trennung von Lida Baarova – in einer tiefen Sinn- und Lebenskrise. Am 17. August 1938 fuhr er nachmittags zum Bogensee – die Stimmung schlug ihm aufs Gemüt: »Der Wind braust und der Regen fällt. Mein Herz ist todwund. Es ist alles so traurig hier. Mich umgibt nur Leid und Kummer. Etwas gelesen. Aber ich bin mit meinen Gedanken anderswo. Früh schlafen gegangen. Ich will keinen Menschen sehen und hören. Einsamkeit!«[49]

»Ganz zerschmettert und deprimiert«[50] fühlte er sich, den »ganzen Kram« habe er satt, »ich mag nicht mehr«.[51] Im September hielt ihn die ungewisse politische Lage in Atem, die Kriegsgefahr, die Situation in Österreich nach dem Einmarsch, die Einigung im Münchner Abkommen, der umjubelte Einzug Hitlers in die Sudetengebiete. In den Tagen vor der endgültigen Entscheidung in seiner Privatsphäre lebte Goebbels wie im Fieber, fuhr planlos in der Gegend umher, machte Rast am Bogensee, dem Ort seiner

Liebe.[52] Am 20. Oktober 1938, drei Tage vor seiner Abfahrt zum zweiten Regierungssitz Hitlers in den Alpen, heißt es ein letztes Mal: »kurz Halt dort«. Danach kehrte er drei Monate lang nicht in sein »Liebesnest« zurück.[53]

Nach der Entscheidung vom Obersalzberg richtete sich Goebbels ein neues Tagebuch ein. Das Motto darin lautete: »Nur das Leid macht uns reif!«[54] Als er sich dann im März 1939 den Film »Die Geliebte« ansah, »eine wunderbare, poetische und ergreifende Liebesgeschichte«, wurde ihm »ganz wehmütig dabei«.[55] Denn neben Willy Fritsch spielte nicht die ursprünglich dafür vorgesehene Lida Baarova die Hauptrolle, sondern die eilig umbesetzte Viktoria von Ballasko.[56]

Während sich die Liebesaffäre mit Lida Baarova zuspitzte und auf ein dramatisches Ende zusteuerte, suchte Goebbels Zerstreuung mit einer kurzen anderen Affäre, die sich dann aber nicht so gestaltete, wie von ihm gedacht. Schauplatz war wiederum das Blockhaus am Bogensee.

Die Auserwählte hieß Anneliese Uhlig und war mit achtzehn Jahren quasi über Nacht zum Star geworden. Zusammen mit Lucie Höflich und Attila Hörbiger hatte sie in dem Zirkusfilm »Manege« als junge Artistin einen vielbeachteten Auftritt. Nun wurde eine Schauspielerin für »Die Stimme aus dem Äther« gesucht. Es sollte nach Goebbels' Vorgabe »das geheimnisvolle Mädchen mit der betörenden Rundfunkstimme«[57] gefunden werden. Goebbels plagte sich schon Wochen und Monate mit diesem Film herum, denn er galt ihm als wichtiges Projekt innerhalb seiner Propagandavorstellungen. Der Rundfunk sollte – im Film – als Medium der Volksbildung dargestellt werden, sinnstiftend und hilfreich im alltäglichen Leben.[58] So lautete seine Aufgabenstellung für die Filmleute.

Im Oktober 1936 hatte Goebbels selbst dieses Vorhaben angeregt, am Bogensee beschäftigte er sich mehrfach mit dem Exposé und den folgenden Drehbuchmanuskripten, setzte sich schließlich für Harald Paulsen als Regisseur ein und entschied sich bei der Vergabe der Hauptrolle für Anneliese Uhlig.

Als »36. Schauspielerin« hatte sie vorgesprochen und Probeaufnahmen gemacht, erinnerte sie sich später. »Laut Drehbuch spiele ich eine junge Schauspielerin, Brigitte von Gersdorff (...), die eine abendliche Rundfunksendung mit einer Stimme spricht, in die sich auch ein Autobahningenieur verliebt. Er ahnt nicht, daß diese Stimme seiner Zimmernachbarin gehört.«[59]

Während der Dreharbeiten kam es im Sommer 1938 plötzlich zu einer Einladung für Anneliese Uhlig an den Wannsee, eine Bootsfahrt sollte stattfinden. Vittorio Mussolini war zu Besuch in der Stadt, Goebbels wollte ihm etwas bieten. Der Sohn des italienischen Diktators war Filmjournalist und mittlerweile auch so etwas wie ein Filmbeauftragter – also lud Goebbels ein paar Schauspielerinnen dazu. Anneliese Uhlig wollte absagen. Sie hielt nichts von solchen Verpflichtungen, fühlte sich auch körperlich gerade nicht wohl. »Doch der Produzent kommt ins Atelier und bestimmt, daß ich trotzdem zu diesem Bootsfest hingefahren würde. Auf Wunsch des Herrn Ministers persönlich! Woher kennt mich Goebbels denn? Daß er ›Bulle von Babelsberg‹ genannt wird, habe ich längst gehört, auch, daß er sich nicht ausschließlich mit seiner bekannten Favoritin Lida Baarova beschäftigt. Nun, das geht mich nichts an. Bei einem solchen Staatsempfang wird er sich ja nicht gerade eine Neue aussuchen.«[60] So hoffte sie zunächst.

»Eine wahre Flottille« stach in See, erinnerte sich Anneliese Uhlig.[61] Vom Wannsee aus ging es nach Marquardt, einem Örtchen nordwestlich von Potsdam, wo eine Art Märchenschloß lag, von Wasser umspült. Goebbels war ganz beseelt von diesem Ausflug am 28. Juli 1938 und schwärmte

Noch war sie ein Star. Lida Baarova auf der Titelseite der *Filmwelt* vom 16. September 1938. Wenige Wochen später fiel sie in Ungnade.

in seinem Tagebuch besonders von der romantischen Rück-fahrt: »Erst um 2 h zu Hause. Es war wunderschön.«[62]

Obwohl Anneliese Uhlig meinte, sie habe sich auf dieser Fahrt zurückhaltend und desinteressiert genug verhalten, blieb der Ausflug nicht ohne Folgen. Die nächste Einladung erreichte sie wenige Wochen später. Am 27. August, ihrem 20. Geburtstag, wurde sie zum Anwesen von Goebbels' Staatssekretär Karl Hanke geladen. Goebbels gegenüber blieb sie distanziert. Er trug daraufhin in sein Tagebuch ein: »Eine kleine Gesellschaft. Aber es geht bei mir nicht mit der Lustigkeit. Ich breche dann auch bald wieder auf.«[63]

Anneliese Uhlig schildert den Propagandaminister an diesem Abend als durchaus galant und umgänglich. Sie war am Eßtisch plaziert worden – nicht zufällig genau an seiner Seite. Beim Tischgespräch habe sich Goebbels erbost über eine Schauspielerin geäußert, die sich ins Ausland abgesetzt hatte. Es ginge doch darum, den deutschen Film zu stärken, polterte der kleine Mann an ihrer Seite. Sie sei ziemlich stumm geworden, erinnerte sich Anneliese Uhlig, habe kaum gewagt, auf seine Fragen zu antworten.

»Trotzdem führt er ausgerechnet mich durch den Garten, besteht darauf, mir meinen Geburtstags-Kullerpfirsich persönlich zu holen und mir zu gestehen, daß die Idee zu meinem Film ›Die Stimme aus dem Äther‹ von ihm stamme und er mich aus den 36 Probeaufnahmen höchst-

Auch sie wurde vom Propaganda-minister begehrt. Die Schauspielerin Anneliese Uhlig in der *Filmwelt*, 1938.

persönlich ausgesucht habe.«[64] Sprachlos sei sie gewesen, verwirrt, niemand hatte ihr davon etwas gesagt, »auch nicht, daß die Drehbuchautoren weiterhin seinen Änderungswünschen und neuen Einfällen Folge leisten mußten«. Ihre Stimme aber, gestand ihr dann noch der Minister, »habe es ihm besonders angetan«.

Ein paar Tage später wurde Anneliese Uhlig ins Familienhaus des Ministers geladen, nach Schwanenwerder. Ehefrau Magda war nicht da. »Es hat schon seinen Reiz«, gestand Uhlig rückblickend, »so nahe in einer Zentrale der unumschränkten Macht über unser aller Geschick und mit einem so Allgewaltigen belanglos Gespräche zu führen und Lida Baarova zuzusehen, die hier offensichtlich völlig zu Hause und der Mittelpunkt des Abends ist.«[65] Kurz darauf folgte die nächste »Einladung«.

Am 30. September 1938 wurde Anneliese Uhlig ins Reichspropagandaministerium in die Wilhelmstraße bestellt. Es ginge um ihren Vertrag bei der Tobis-Filmproduktion, wurde ihr ausgerichtet. Sie solle sich beim Staatssekretär Hanke melden. »Staatsrat Hanke aber geleitet mich durch eine riesige Doppeltür in einen Saal, wo hinter einem überdimensionalen Schreibtisch Goebbels auftaucht und mich strahlend begrüßt. Von dem Sofa, auf das ich gebeten werde, kann ich gegenüber auf der anderen Seite des Wilhelmplatzes das Baugerüst um die Neue Reichskanzlei sehen. Nur nicht dem kleinen Minister ins Gesicht schauen!«[66]

Goebbels plauderte zunächst – anscheinend bestens gelaunt – über die aktuelle politische Situation. Österreich war besetzt, akute Kriegsgefahr bestand nicht mehr, die Westmächte waren eingeknickt. Der Propagandaminister gab sich zufrieden mit dem Münchner Abkommen vom Tag zuvor, er versprach Frieden – mit deutschen Truppen. Am 1. Oktober wurde das Sudetenland okkupiert. Seinem Tagebuch vertraute Goebbels an: »Deutschlands Prestige ist ungeheuerlich gewachsen. Jetzt sind wir wirklich wieder eine Weltmacht. Nun heißt es: rüsten, rüsten, rüsten!«[67]

Ob sie ihm nicht »heute abend bei einer Spazierfahrt Gesellschaft leisten« wolle, unterbrach Goebbels auf einmal seinen politischen Vortrag. Sie sei doch »eine so charmante Gesellschafterin«.[68] Anneliese Uhlig war völlig überrumpelt und perplex, ja wie hypnotisiert, schrieb sie später. Sie stimmte zu. Zur vereinbarten Zeit fand sie sich – »halbtot

Nach den Verhandlungen zum Münchener Abkommen stellten sich die Protagonisten am 29. September 1938 im Führerbau auf: Neville Chamberlain, Edouard Daladier, Adolf Hitler, Benito Mussolini und der italienische Außenminister Graf Ciano (von links).

vor Unsicherheit und Entsetzen«[69] – abends um acht Uhr auf der Museumsinsel in Berlins Zentrum ein. Der Dienstwagen des Ministers stand am verabredeten Ort bereit. »Ein Uniformierter kommt auf mich zu, fragt mich, ob ich es sei, und macht den Wagenschlag für mich auf. Ich setze mich. Neben mir glüht eine Zigarette auf, und die bekannte Stimme nimmt das am Vormittag begonnene Gespräch wieder genau dort auf, wo wir es unterbrochen hatten.«[70] Zunächst ging es um ein paar Ecken, am Stadtschloß vorbei, mit hohem Tempo aus der Stadt hinaus. Goebbels redete unentwegt. Sie rasten über die Autobahn, bogen irgendwann auf einen ungepflasterten Waldweg ab und gelangten an einen »Bungalow über einem kleinen See«, wie Anneliese Uhlig überrascht feststellte.

»Alles ist stockdunkel. Der Minister befiehlt, recht ärgerlich wie mir scheint, dem Fahrer, jemand zu holen. Wir warten. Er schweigt. Dann kommt aus einem entfernt gelegenen Pförtnerhaus ein bestürzter Mann, der sich eine Jacke anzieht und dann die Haustür zum Bungalow aufschließt, Licht macht und sich, vielmals dienernd, entschuldigt. Goebbels brummt etwas und geht hinein. Er hält die Tür auf, daß ich ihm folgen soll. Die anderen bleiben draußen, und die Tür schließt sich. Wir sind allein in einem riesigen Wohnraum mit Kamin, Couch-Arrangement, deckenhohen Portieren vor Fenstern, die vielleicht einen Blick auf den See freigeben würden. Ein Konzertflügel rechts auf einer kleinen Empore, dahinter Vorhänge, Türen zu anderen Zimmern? Schlafzimmern? Ich spiele meine bisher beste Szene und tue, als ob ich an der ganzen Situation nicht das Geringste ungewöhnlich fände, schiebe einen Vorhang beiseite, sehe den See unten glitzern. Sonst weit und breit kein Lebenszeichen. Totale Stille.«[71]

In ihren schriftlichen Erinnerungen schmückt Anneliese Uhlig die peinliche Situation weiter aus und schildert auch, wie es ihr schließlich doch noch gelang, aus dem Haus davonzukommen. Gemeinsam fuhren sie zurück in die Stadt, sie bat irgendwann, aussteigen zu dürfen, sah noch seinen Kopf am offenen Fenster des Dienstwagens und hörte die Stimme des Herrn zischen: »So werden Sie allerdings keine Karriere machen!«[72] Eine letzte Drohung, dann war dieses Abenteuer überstanden.

In Goebbels' Tagebuch findet sich in diesen Tagen keinerlei Notiz zu Lanke oder Bogensee. Doch unvermittelt und ohne Erklärung heißt es am Ende seiner Eintragung zum 30. September, an dem die nationalsozialistische Machtpolitik in München triumphiert hatte: »Das war heute ein trauriger, wehmütiger Tag für mich persönlich.

Aber sonst ein großer Erfolgstag. Einmal fehlt uns der Wein – und einmal fehlt uns der Becher.«[73]

Der 30. September war ein Freitag. »Am Montag ist kein Drehtag mehr«, erfuhr Anneliese Uhlig.[74] Die Filmproduktion für »Die Stimme aus dem Äther« wurde unterbrochen, die Voranzeigen verschwanden aus den Zeitungen, und die Uhlig hatte nach eigenen Angaben auf einmal in der Filmbranche nicht mehr viel zu bestellen. Doch sie hatte noch Glück. Denn keine vier Wochen später fiel Goebbels bei Hitler – wenn auch nur vorübergehend – in Ungnade. Und als das Machtwort auf dem Obersalzberg gefallen, die Affäre zu Lida Baarova offiziell beendet war, wurden die Filmarbeiten mit Anneliese Uhlig auf einmal wieder fortgesetzt. Premiere für »Die Stimme aus dem Äther« war ein halbes Jahr später, im Mai 1939.[75]

»Ich eigne mich schlecht zum Keuschheitskommissar.« So hatte es der Propagandaminister gern: Joseph Goebbels umringt von Verehrerinnen, 1938.

Anneliese Uhligs Zweijahresvertrag mit dem Filmkonzern Tobis wurde nicht verlängert. Sie bekam noch ein paar Aufträge in Ufa-Produktionen, doch irgendwann war auch damit Schluß, es gab keine Angebote mehr. Sie erklärte es sich mit später Rache des Propagandaministers. 1941 ging sie dann nach Italien und wurde dort als Filmschauspielerin bekannt. Nach dem Krieg lebte sie in den USA, kam nur noch ab und an, als Erinnerung an vergangene Zeiten, im deutschen Fernsehen zu ein paar Gastauftritten. Anneliese Uhlig glaubt bis heute, ein Opfer jenes peinlichen Erlebnisses vom 30. September 1938 am Bogensee geworden zu sein. »Der ›Bulle von Babelsberg‹ verzieh keinen Korb.«[76] Bei den Filmillustrierten jener Zeit war Anneliese Uhlig freilich nicht in Ungnade gefallen. Sie gehörte zu den häufig abgebildeten Filmlieblingen vieler Ausgaben.

Die Nationalsozialisten machen mobil: Organisierter Aufruf zum Boykott jüdischer Geschäfte am 1. April 1933.

»Wir werden Berlin judenrein machen« – Planungen zur Judenverfolgung 1938

»Diese Judenpest muß ausradiert werden«, hatte Goebbels seinem Tagebuch vom Bogensee im November 1936 anvertraut.[77] Die sogenannte Judenfrage beschäftigte ihn oft in seinem Blockhaus. Hier fand er die Ruhe, neue Schachzüge auszubrüten. »Wir werden Berlin judenrein machen«, trug er im Juni 1938 in sein Tagebuch ein.[78]

Die »Nürnberger Gesetze« vom September 1935 hatten den deutschen Juden bereits wichtige Staatsbürgerrechte entzogen, sie waren zu Bürgern niederer Klasse geworden, denen fortan die Heirat mit nichtjüdischen Deutschen verboten war. Die Ausgrenzung wurde Schritt für Schritt verschärft, und Goebbels drängte auf eine rasche und systematische Vertreibung der Juden. Im April 1938 stimmte sich der Propagandaminister mit Hitler ab, künftig »radikaler« vorzugehen. »Wir werden Berlin den Charakter eines Judenparadieses nehmen«, schrieb Goebbels in sein Tagebuch. Während Hitler sich laut Goebbels für »allmähliche Abschiebung«[79] aussprach, trieb er selbst die Sache zügig voran. Sein tatkräftigster Helfershelfer zu jener Zeit war Wolf-Heinrich Graf von Helldorf. Er war vom Freikorpskämpfer zum SA-Gruppenführer aufgestiegen und seit Juli 1935 Polizeipräsident von Berlin.

Helldorf beauftragte die Gestapo in Berlin, bis Mitte Mai 1938 ein umfassendes Verfolgungskonzept zu erarbeiten. Die Berliner Juden sollten danach in allen Lebensbereichen isoliert werden, für sie sollte »eine Art Ghetto« geschaffen werden. Vorgesehen war ein totales Gewerbeverbot und die Aufhebung der Schulpflicht für jüdische Kinder.[80] Goebbels zeigte sich beeindruckt. »Mit Helldorff Judenfrage in Berlin besprochen«, notierte er Ende Mai in seinem Tagebuch. »Wir wollen die Juden aus der Wirtschaft und aus dem Kulturleben, überhaupt aus dem öffentlichen Leben herausdrücken. Irgendwo muß man ja den Anfang machen. (...) In einigen Monaten sind wir soweit. Helldorff geht mächtig ins Zeug. Das ist eine dringende Aufgabe.«[81]

Im Juni 1938 kam es am Kurfürstendamm und im Viertel um die Gedächtniskirche zu ersten großangelegten Razzien der Polizei gegen Lokale jüdischer Inhaber. Goebbels erklärte vor über 300 Polizeioffizieren in Berlin: »Nicht Gesetz ist die Parole sondern Schikane. Die Juden müssen aus Berlin heraus. Die Polizei wird mir dabei helfen.«[82] Der internationale Protest blieb nicht aus, doch Goebbels ließ sich nicht beirren. »Die antijüdische Aktion in Berlin regt das Ausland sehr auf«, trug Goebbels in sein Tagebuch ein und dann: »Ich bin so müde. Fahre zum Bogensee, um mich etwas auszuruhen und einmal richtig zu schlafen.

Wolf-Heinrich Graf von Helldorf, um 1940. Der Polizeipräsident von Berlin war ein eifriger Helfer von Goebbels.

Untergehende Sonne, Musik, Lektüre. Da läßt es sich aushalten nach so vielen Strapazen.«[83]

Am Nachmittag des folgenden 21. Juni begab sich Goebbels wieder nach Berlin, am Abend fand im Olympiastadion die große Sonnenwendfeier statt. »120 000 Menschen sind aufmarschiert«, registrierte Goebbels danach in seinem Tagebuch. »Ein imposantes Bild. Die Feier ist grandios.« Besonders begeistert seien die Massen von seiner »rücksichtslosen Auseinandersetzung mit dem Judentum« gewesen – »die Massen toben«. Goebbels rief ins Stadion hinein: »Ist es nicht geradezu empörend und treibt es einem nicht die Zornesröte ins Gesicht, wenn man bedenkt, daß in den letzten Monaten nicht weniger als dreitausend Juden nach Berlin eingewandert sind?«

»Erregte Rausrufe« seien zu hören gewesen, berichtete der *Völkische Beobachter*, als Goebbels fragte: »Was wollen die hier?« Und »wahre Beifallsstürme erhoben sich im Stadion«, als der Propagandaminister fortfuhr: »Sie sollen dahin gehen, woher sie gekommen sind, und sie sollen uns nicht noch weiter lästig fallen. Sie sollen nicht so tun, als wenn es eine nationalsozialistische Revolution überhaupt nicht gegeben hätte.«[84] Seine Tagebuchaufzeichnungen für diesen Tag schloß Goebbels mit den Worten: »Im Übrigen geht der Kampf gegen das Judentum legal weiter bis zur letzten Galgensprosse.«[85]

Im Folgemonat erließ Polizeipräsident Helldorf umfangreiche »Richtlinien zur Behandlung von Juden und Judenangelegenheiten«. Das war Schikane auf breiter Front: häufige Vorladungen und erhöhte Strafen, verschärfte Preis-, Hygiene- und Brandschutzkontrollen, um jüdische Gewerbebetriebe leicht schließen zu können; Führerscheinentzug bei geringen Vergehen usw.[86] »Wirklich rigoros und umfassend«, urteilte Goebbels befriedigt, »auf diese Weise treiben wir die Juden in absehbarer Zeit aus Berlin heraus«.[87]

Im August 1938 wurde jüdischen Ärzten dann die Approbation entzogen. Hilfsbedürftigen Juden untersagte man für den kommenden Winter den Zutritt zu den städtischen Wärmeräumen. Jüdische Männer mußten fortan den Zusatz »Israel«, jüdische Frauen den Vornamen »Sarah« ihrem bisherigen Namen hinzufügen. Im September forderte die »Gemeinnützige Siedlungs- und Wohnungsbaugesellschaft Berlin« alle jüdischen Mieter auf, ihre Wohnungen für »arische Volksgenossen« zu räumen. Jüdische Rechtsanwälte erhielten Berufsverbot. Im Oktober 1938 wurden alle Reisepässe deutscher Juden für ungültig erklärt, einen neuen Paß erhielten nur jene, die ihn mit einem »J« stempeln ließen. Am 8. November folgte das Verbot aller jüdischen Zeitungen und Zeitschriften.

Den Höhepunkt in dieser Reihe verschärfter Schikanen gegen die jüdische Bevölkerung bildete die Pogromnacht vom 9. auf den 10. November 1938. In dieser Nacht wurden über 100 Menschen im Deutschen Reich ermordet, Wohnungen und Geschäfte überfallen, zerstört und geplündert, Synagogen in Brand gesteckt, mehr als 25 000 Juden verhaftet und in Konzentrationslager verschleppt.

Goebbels war es, der dieses Fanal – in Absprache mit Hitler – in die Wege leitete. Am Abend des 9. November hatte er das Pogrom mit einer Rede vor Führern der NSDAP ausgelöst. Unmittelbar danach wurden telegraphische und telefonische Anweisungen ins ganze Reich verschickt: »Sämtliche jüdischen Geschäfte sind sofort von SA-Männern in Uniform zu zerstören. Die Verwaltungsführer der SA stellen sämtliche Wertgegenstände einschließlich Geld sicher. Die Presse ist heranzuziehen. Jüdische Synagogen sind sofort in Brand zu stecken. Der Führer wünscht, daß die Polizei nicht eingreift.«[88]

In seinen Tagebüchern ließ der Propagandaminister seinem Haß freien Lauf: »Ich weise Wächter in Berlin an, die Synagoge in der Fasanenstraße zerschlagen zu lassen. Er sagt nur dauernd: ›Ehrenvoller Auftrag‹. (...) Als ich ins Hotel fahre, klirren die Fensterscheiben. Bravo! Bravo! In allen großen Städten brennen die Synagogen. (...) Müller erstattet Bericht über die Vorgänge in Berlin. Dort ist es ganz toll hergegangen. Brand über Brand. Aber das ist gut so. (...) Die Aktion selbst ist tadellos verlaufen.«[89] Für die entstandenen Schäden hatten die Juden nicht nur selbst aufzukommen, sie mußten auch noch eine »Judenvermögensabgabe« in Höhe von 1,25 Mrd. RM an den deutschen Staat abführen.

Einer bleibt stehen, eine schaut weg, manche gehen vorüber, andere diskutieren: Straßenszene vor einem zerstörten jüdischen Geschäft in Berlin, 9. November 1938.

Bis Ende des Jahres folgten weitere drastische Verschärfungen: totales Gewerbeverbot, »Zwangsarisierung« von Firmen, Isolierung der Juden in allen Lebensbereichen. Goebbels war in seinem Element: »Jetzt beginnt ein auf viele Monate berechneter antisemitischer Großkampf«, heißt es am 25. November 1938 in seinem Tagebuch,[90] »das Volk und vor allem die Intellektuellen« müßten über »die Judenfrage« aufgeklärt werden.[91] Im Dezember schwärmte er vom »Judenbann«, der nun da sei. »Helldorff verbietet den Juden in Berlin bestimmte Straßen und Stadtviertel. (...) Himmler entzieht ihnen die Erlaubnis, Kraftfahrzeuge zu halten. So geht eins nach dem andern. Wir werden nicht locker lassen, bis wir sie heraushaben.«[92] Im Herbst und Winter 1938 war die Grausamkeit des Nazi-Regimes vor aller Augen. Es konnte kein Zweifel mehr am Charakter der Hitler-Diktatur bestehen. Die antijüdische Politik wurde in der Folgezeit direkt unter die Kontrolle der SS gestellt. Die kriegerische Expansionspolitik und die Ausrottung der Juden wurden nun zusammengedacht.[93]

»Da habe ich dann wenigstens ein Zuhause« – Neubau mit Hindernissen

»Ich beuge mich und ordne mein persönliches Wohl und Glück dem Volke und dem Staate unter«, hatte Goebbels nach der entscheidenden Aussprache mit Hitler, Ende Oktober 1938, in sein Tagebuch eingetragen.[94] Damit war die Liebesaffäre zu Lida Baarova endgültig beendet.

Den beiden Ehepartnern Goebbels wurden drei Monate Zeit gegeben, um ihre Angelegenheiten zu klären. Goebbels hatte kein Interesse an langen Aussprachen und stürzte sich statt dessen in ein Buchprojekt, das so etwas wie eine Wiedergutmachung werden sollte. Er plante ein Hitler-Buch, um damit seinen Herrn und Gebieter wieder milde zu stimmen. Doch Hitler lehnte den Text schließlich ab, das Buch wurde nicht veröffentlicht.

»Ich gebe eine Unmenge von Terminen frei«, heißt es Anfang November 1938 bei Goebbels, »und besetze nun die nächste Zeit mit Arbeit. Das ist doch die beste Medizin.«[95] Mit unverminderter Energie kümmerte er sich wei-

ter um die »Judenfrage«. Doch die Verdrängung seiner privaten Probleme bekam ihm nicht. Er hatte »irrsinnige Schmerzen« am Magen.[96] »Ich mag einfach nicht mehr«, klagte er am Jahresende, »man möchte sich am liebsten aufhängen«.[97]

Am 23. Januar 1939 liefen die drei Monate Bedenkzeit ab. Bis dahin mußte eine Klärung gefunden werden. Anfang Januar reiste der Propagandaminister noch einmal zu Hitler.

Nach mehreren Vorbesprechungen erhielt Goebbels am 21. Januar von seiner Frau »ihren Vertragsentwurf« zugeschickt, er fand ihn akzeptabel. »Ich glaube, wir kommen damit zu Rande«, kommentierte er.[98] Und obwohl er sich in einer »trostlosen Stimmung« befand, wie es im Tagebuch heißt – einen Tag später unterzeichnete er »den neuen Vertrag« und kam zu dem Schluß: »Ein anderer Lebensabschnitt beginnt. Ich bin noch ganz benommen davon.«[99] Familie, Reich und Idee gingen am Ende doch vor. Der genaue Inhalt des Vertrags bleibt im dunkeln.

Hans-Otto Meissner allerdings, Staatssekretär unter Ebert, Hindenburg und Hitler und seit 1934 Chef der Präsidialkanzlei Hitlers, berichtete, »eine Art Vertrag« habe Magda Goebbels verpflichtet, ein Jahr weiterhin als Ehefrau des Propagandaministers in der Öffentlichkeit aufzutreten und zu repräsentieren. »Während des Wartejahres konnte und sollte sie weiter in Schwanenwerder wohnen«, schrieb Meissner. »Nur mit ihrem Einverständnis durfte der nominelle Ehemann dort erscheinen, um seine Kinder zu sehen. Falls Magda nach Ablauf des Jahres die endgültige Trennung verlangte, sollte Goebbels schuldig geschieden werden, Magda ihre Kinder behalten sowie eine ansehnliche Rente und Schwanenwerder als Wohnsitz bekommen. Für die Innehaltung dieser Vereinbarung erklärte sich Hitler bereit, selbst die Garantie zu übernehmen.« Diese Vereinbarung sei dann noch juristisch verbindlich formuliert und von Hitler, Magda und Joseph Goebbels unterschrieben worden.[100]

In den drei zurückliegenden Monaten war Goebbels nicht am Bogensee gewesen, glaubt man seinen Tagebucheintragungen. Am 28. Januar 1939 fuhr er erstmals wieder hinaus, diesmal mit völlig neuen Plänen. Aus seinem privaten Liebesnest sollte etwas Stattlicheres werden, vielleicht auch ein weiteres Heim für die Familie. Mit seinem

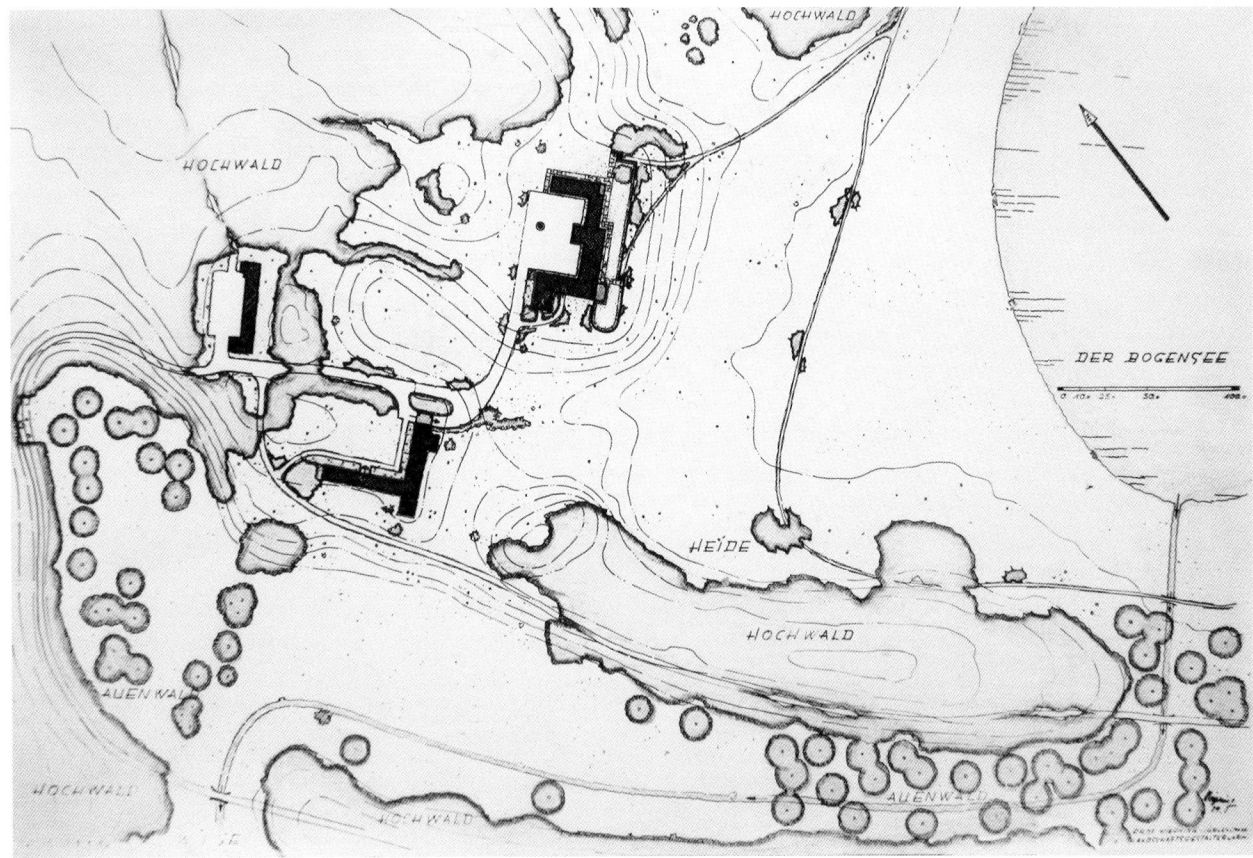

Geplante Landschaftsgestaltung für das Areal am Bogensee von 1939. Heinrich Friedrich Wiepking projektierte neue Wege, denen viel Wald zum Opfer fiel.

persönlichen Referenten Karl Hanke und dem Adjutanten Alfred Heusinger von Waldegg erörterte Goebbels mögliche Neubaupläne. »Das Terrain abgeschritten, auf dem mein neues Haus zu stehen kommen soll. Ich glaube, es wird sehr schön werden«, vermerkte er. Und als wolle er sich selbst Mut zusprechen: »Da habe ich dann wenigstens ein Zuhause.«[101]

Ursprünglich hatte Goebbels ein Gut[102] erwerben wollen, nun entschloß er sich zum Neubau am Bogensee. Am anderen Ufer des Sees, an der Westseite, sollte etwas Größeres und Repräsentativeres als seine drei Blockhäuser entstehen. Mit Feuereifer ging er daran, die Erweiterung umzusetzen. Schon zu seinem Geburtstag, Ende Oktober, sollte alles fertig sein. Und tatsächlich: Es wurde (beinahe) geschafft. Zur Jahreswende 1939/40 standen drei solide Stein-

häuser mitten im Wald, ein Landhaus mit rund 30 Räumen, ein Dienstgebäude mit rund 40 Räumen und eine Garage für die Unterbringung der Pferde, Kutschen und Wagen. Doch der Weg dorthin führte über viele Hürden und an manchen Gesetzen vorbei.

Karl Hanke wurde beauftragt, alle nötigen Vorbereitungen zu treffen und den weiteren Verlauf der Bauarbeiten zu beaufsichtigen. Bereits am 6. Februar 1939 war Goebbels wieder draußen und besprach das neue Vorhaben mit den Leuten vom Bau. In seinem Tagebuch notierte er: »Jetzt geht es mit Hochdruck an die Arbeit. Sie wollen alles bis zu meinem Geburtstag fertig haben. Ich werde schon dahintersitzen und antreiben. Und wie ich mich darauf freue, eine Zufluchtsstätte zu finden.«[103]

Eine Woche später schnurrte der Apparat wie am Schnürchen, im Laufe des Monats wurden alle wichtigen Vorbereitungen in Angriff genommen. Der Architekt war Hugo Constantin Bartels – hieß es, auch in Goebbels' Tagebüchern. Dort ist häufig vom »Architekten Bartels« die Rede. In Wirklichkeit stammte der Entwurf aus einer Familien- und Bürogemeinschaft, beteiligt daran waren zwei oder drei Architekten.

Wie und in welchem Zeitraum der Bau tatsächlich geplant und aufs Reißbrett gebracht wurde, ob auf einen alten Entwurf zurückgegriffen oder tatsächlich in rasender Geschwindigkeit skizziert wurde, ist bis heute nicht genau zu sagen. Die Zeichnungen stammten wohl von dem damals 32jährigen Jürgen Schweitzer, dem Sohn des Berliner Architekten Heinrich Schweitzer (1871–1953), der sich in den zwanziger Jahren einen Namen gemacht hatte. Vater Schweitzer begründete mit anderen das Villenviertel in Berlin-Dahlem, schuf Teile der Domäne Dahlem, den U-Bahnhof Podbielskiallee, Landhäuser und Villen.[104] In dieser Landhaustradition stehen auch die Neubauten für den Propagandaminister.

Jürgen Schweitzer, um 1935. Er zeichnete wohl die Entwürfe für den Waldhof am Bogensee.

In der Bürogemeinschaft Sächsische Straße 30 in Berlin-Wilmersdorf war »Bartels wohl der Manager«, erinnerte sich Dorothee Schweitzer, die seit 1938 mit Jürgen Schweitzer verheiratet war, »mein Mann war der Architekt«.[105] Nach ihrer Aussage hatte Jürgen Schweitzer die Idee für Goebbels' Landsitz und zeichnete die Pläne. Die Tochter von Hugo Bartels hingegen behauptet, ihr Vater sei der Architekt gewesen. 1899 in Offleben bei Magdeburg geboren, unterhielt Bartels in Braunschweig ein Architekturbüro, ehe er – 1932 oder 1933 – nach Berlin ging. Dort lernte der weitgehend unbekannte Bartels den anerkannten Heinrich Schweitzer kennen.[106] Über ihr gemeinsames Wirken in der Folgezeit gibt ein zweiseitiges, mit »Zufall 4« überschriebenes Fragment Auskunft, das sich im Nachlaß des 1996 gestorbenen Jürgen Schweitzer fand. Darin hielt der Architekt seine Erinnerungen an die Bauten für Goebbels fest.

»Herbst 1933 erschien ein Architekt bei meinem Vater auf Grund einer Vermittlung eines Sanitäringenieurs, mit dem mein Vater beim Bau des Admiralspalastes in der Friedrichstraße zusammengearbeitet hatte. Herr Bartels, er war Mitglied der SPD in Braunschweig – wohl mehr aus kommerziellen Gründen –, mußte sein Büro dort aufgeben und wollte möglichst unbekannt in Berlin eine neue Betätigung aufbauen. Dazu hatte er sich eine Bäderbaugesellschaft ausgedacht, die dann mit meinem Vater in der Passauer Straße gegründet wurde.«

So kam es zur Zusammenarbeit, auch mit Jürgen Schweitzer. Es entstanden Landhausbauten für den Schauspieler Albrecht Schoenhals in Berlin-Dahlem (1937)[107] und den Regisseur Carl-Ludwig Duisberg, Sohn des Gründers der IG Farben, auf Schwanenwerder (1939). Es entstand auch ein Kinobau in Berlin-Spandau. Auf diesen Wegen wird es zum Kontakt mit der Ufa und Goebbels gekommen sein.

Und Bartels war offenbar sehr zielstrebig und geschäftstüchtig. »Inzwischen war sein Verhältnis zur NSDAP durchaus vertraulich geworden«, heißt es in Jürgen Schweitzers Aufzeichnungen über Bartels weiter, »was dazu führte, daß er im Herbst 38 damit ankam, wir sollten ein Gästehaus für die Ufa bauen, in dem sich auch Herr Goebbels wohlfühlt und zwar am Bogensee. Ich werde nie vergessen, als meine Mutter sehr skeptisch fragte, ob das denn wünschenswert sei nach all dem was gerade vorher in der Kristallnacht passiert war. Mein Vater stimmte sofort zu in seiner blauäugigen Unschuldsvorstellung und hatte damit die Möglichkeit mit seinen bald 70 Jahren noch ein wirklich überzeugendes Meisterwerk zu verwirklichen. Mit den großartigen Berliner Handwerkern wurde es eine schöne Einheit mit einer großzügigen Gartenanlage von Wiepking in einer herrlichen Umgebung.«[108]

Demnach stammte der Entwurf also von Heinrich Schweitzer. Die Zeichnungen wurden mutmaßlich von seinem Sohn ausgeführt, und Hugo Bartels (1899–1956) kümmerte sich vor allem um die Organisation, den Verkauf der gemeinsamen Büroarbeit und den Einkauf von Baumaterialien. Bartels wählte zunächst zwei Firmen für die Innenausstattung des Landsitzes aus. Die Firma Carl Langerfeldt in Braunschweig, die bereits »vor dem Kriege die größten Fürstenhäuser ausgestattet« habe und nun ein nationalsozialistischer Musterbetrieb sei,[109] sowie die Möbelfabrik Gebrüder Knust aus Wolfenbüttel, die sich in den letzten Jahren durch den Ausbau von Kasino-Räumen für die verschiedenen Wehrmachtsteile einen guten Ruf erworben habe.[110]

Am Wochenende des 11./12. Februar fand eine ausgiebige Besprechung mit Staatssekretär Karl Hanke statt, in der Woche darauf begannen die ersten Arbeiten. Die Berliner Firma Wiemer & Trachte wurde als »bauausführende Firma«[111] beauftragt. Vereinbart wurde auch eine weiträumige Umzäunung des Geländes. Es sei zu berücksichtigen, heißt es im Besprechungsprotokoll, »daß die Einfriedigung möglichst dicht am Waldrand bei Ützdorf aufgestellt wird, damit die Bewohner Ützdorfs und insbesondere die der Jugendherberge sich gleich daran gewöhnen, die entgegengesetzte Waldseite zu benutzen«. Die 9000 Meter lange und 1,80 Meter hohe Umzäunung sei mit »2 oberen Stacheldraht-Abgrenzungen« zu versehen. Vorarbeiter Staudt sowie Goebbels' Diener Kaiser sollten

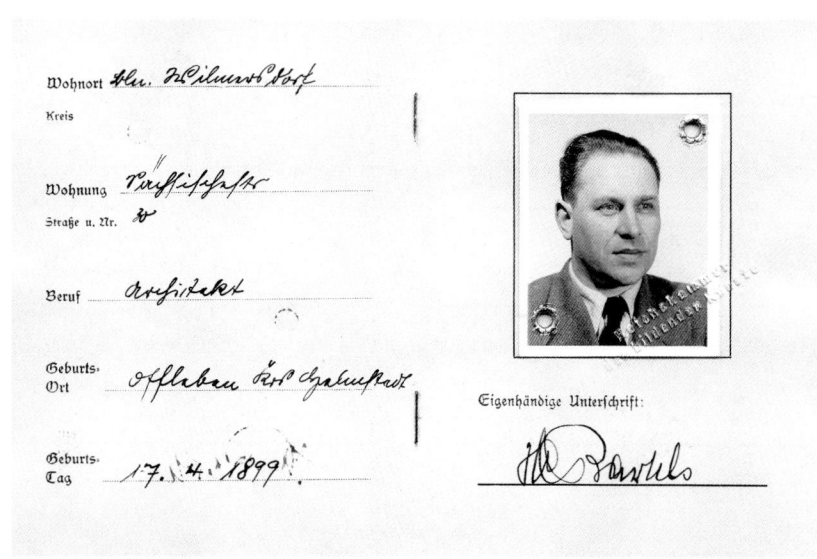

Der Architekt Hugo Constantin Bartels organisierte und überwachte den Ausbau des Goebbelsschen Anwesens am Bogensee, Ausweis der Reichskulturkammer von 1933.

dafür Sorge tragen, daß diese Arbeiten »sofort vorgenommen« werden. In einer weiteren »Notiz« heißt es, Staatssekretär Hanke habe festgelegt, »daß am Dienstgebäude keine Uhr und keine Fahnenstange angebracht werden soll«. Vielmehr solle die Fahnenstange »für sich« stehen, auf einem »besonderen Platz, auf dem Vorraum am Dienstgebäude«.[112]

Die Wege von der Autobahn bis zum ersten Gebäude und von der Anfahrtstraße von Ützdorf über den neuen Weg zum Einfahrtstor sollten ordentlich gepflastert werden. Das Material für die Verbindungswege zwischen den beiden Häusern und der Garage müßte noch von Professor Heinrich Friedrich Wiepking (1891–1973) – dem Verantwortlichen für die Gestaltung der Landschaft – festgelegt werden.

Architekt Bartels beauftragte die Straßenbaufirma, »die Pflasterarbeiten für den Wirtschaftsweg sofort in Angriff zu nehmen« – »die notwendigen Pflastersteine« seien im Steinbruch vorhanden, habe man ihm versichert. Schwierigkeiten bestünden lediglich beim Transport zur Baustelle. Es sei daher notwendig, forderte Bartels, »die zuständige Eisenbahnverwaltung anzuhalten, die Waggons für den Transport der Materialien sofort zu stellen«. Zudem verlangte die Straßenbaufirma die »Bereitstellung von weiteren 30 Leuten für die Durchführung der Pflasterarbeiten«. Könnten diese Voraussetzungen erfüllt werden, »würden die Straßenarbeiten des Wirtschaftsweges bis zum 12. März 1939 beendet« sein.[113]

Staatssekretär Hanke wurde rasch tätig, vier Tage nach Bartels' Gesprächsnotizen setzte er zwei Briefe auf. Mit dem ersten forderte er vom Arbeitsamt Bernau »35 ungelernte Tiefbau- oder Straßenarbeiter« an. »Sofort« sollten diese »notwendigen« Leute »zur Baustelle ›an der Straße von Ützdorf nach Stolzenhagen‹ (ca. 2 km hinter Ützdorf)« geschickt werden.[114] Der zweite Brief war an die »Reichsbahndirektion Halle/Saale« gerichtet und hatte den knappen Wortlaut: »Für den Bau eines Dienstgebäudes für Reichsminister Dr. Goebbels werden dringend 1800 to Straßenbaumaterial aus den Steinbrüchen der Quarz-Porphyr-Union, Röcknitz/Kolbenböhlitz b. Wurzen i. Sa. benötigt. Die Dringlichkeit der Arbeiten erfordert eine tägliche Lademenge von 100 to. Ich bitte, die notwendigen Waggons den Quarz-Porphyr-Union Steinbrüchen, Station Kolbenböhlitz/Sa. sofort zur Verfügung zu stellen. Heil Hitler!«[115]

In einer weiteren Gesprächsrunde kamen am 11. Februar auch der namentlich nicht genannte Oberförster sowie Professor Wiepking mit Hanke und dem Architekten Bartels zusammen, um die erforderlichen Rodungsarbeiten zu besprechen. Hanke schließlich sorgte sich noch um die vielen Schädlinge im sumpfigen Gelände und ordnete eine umfassende »Entmückung« an.[116]

Am Montag, dem 13. Februar, machte sich Bartels auf den Weg ins Vogtland, nach Theuma bei Plauen. Die Schieferbrüche sollten das Material für Schmuckelemente und mögliche Verblendungen an der Fassade liefern. Nach detaillierten Recherchen meldete er nach Berlin, das Erwünschte sei zu bekommen. Benötigt würden allerdings »Facharbeiter aus Plauen (...), um das Beste aus dem Material herauszuholen was möglich ist«.[117]

Das Beste war gerade gut genug, aber Facharbeiter waren knapp in diesen Vorkriegszeiten. Und wie kam man an kontingentiertes Material heran? Es stellte sich die Frage nach der Beschaffung und den Kosten. Wer sollte die hohen Aufwendungen übernehmen, wenn der Auftraggeber, Propagandaminister Goebbels, nicht vermögend genug war? Bartels konsultierte Beamte im Reichsarbeits-

ministerium bzw. im »Reichsarbeitsamt« und fragte nach, wer »für die Eisen- und Stahlbewirtschaftung« im Falle des »Waldhauses am Bogensee« zuständig sei.[118] Man erklärte ihm, »daß für die Errichtung des Gebäudes des Herrn Reichsminister Dr. Goebbels – als ein Gebäude des Deutschen Reiches – das Reichsfinanz-Ministerium« anzusprechen wäre.

Freilich müsse man fein unterscheiden: »Falls die errichteten Gebäude Privat-Eigentum des Herrn Minister sind, würden die erforderlichen Eisenmengen und sonstigen Materialien vom Reichsarbeitsamt zur Verfügung gestellt werden müssen. Unter der Annahme, daß es sich sowohl um ein Privathaus des Herrn Reichsminister als auch um ein reichseigenes Dienstgebäude handelt, müssen die Kontingentierungen von den beiden oben bezeichneten Dienststellen gemeinsam erfolgen.«[119]

Staatssekretär Hanke leitete das Notwendige in die Wege. Mit einem Schreiben vom 20. Februar erklärte er dem Reichsarbeitsministerium, »daß die Neubauten am Bogensee private Bauten des Herrn Ministers sind«. Damit hatte das Ministerium die erforderlichen Materialien bereitzustellen. Wegen der hohen Straßenbaukosten wandte sich Hanke an Generalbauinspektor Todt, der für die gesamte Bauwirtschaft des Deutschen Reiches und die Zuteilung von Baustoffen verantwortlich war.[120] Hanke fragte an, ob Todt die Straßenbaukosten am Bogensee übernehmen könne.[121]

Das Bauvorhaben ging gut und vor allem rasch voran. Die Materialien wurden angeliefert, die Baustelle wurde eingerichtet, es wurde gerodet und planiert. Es war unübersehbar, daß hier in größerem Maßstab gebaut werden sollte. Zufällig vorbeikommende Amtsleute aus dem Regierungsbezirk Potsdam zeigten sich überrascht: Mitte März erhielt Hanke Kenntnis von mehreren amtlichen Beschwerden, in denen »Der Regierungspräsident des Regierungsbezirks Potsdam als höhere Naturschutzbehörde« Aufklärung verlangte über das unangemeldete Bauvorhaben mitten im Wald.

Vertretern des Landrats sei »bei einer Bereisung des Kreises Niederbarnim« am 3. März aufgefallen, »daß in dem Waldgebiet nordöstlich des Liepnitzsees zwischen Ützdorf und Prenden mit der Anfuhr von Ziegelsteinen und der Anlage einer Straße begonnen wird«. Auch sei »längs der Chaussee Wandlitz-Ützdorf (...) in etwa 2 km Länge vom Jagen 77–75 ein Drahtzaun errichtet« worden, »so daß mit der Einzäunung eines großen Teiles des Waldes zu rechnen ist«.

Es handele sich dabei »um ein landschaftlich schönes mit Niederungen durchsetztes Waldgebiet mit schönem Baumbestand, das von Wanderwegen durchzogen ist und ein beliebtes Ausflugsgebiet darstellt«. Der Wald werde als Eigentum der Stadt Berlin bezeichnet und sei bereits »durch das Gesetz vom 29. Juli 1922 (...) unter Baumschutz gestellt«. Nun aber sei auch Landschaftsschutz für das gesamte Gebiet in die Wege geleitet, »entsprechend dem angezogenen Erlaß vom 2. Februar 1939«. Eine Woche

Staatssekretär Karl Hanke und Goebbels verständigten sich 1939 über die Bauten am Bogensee.

vor diesem Datum hatten sich Hanke und Goebbels auf die Neubauten am Bogensee verständigt.

Der Potsdamer Regierungspräsident, Graf Bismarck, bat nun in seinem Schreiben vom 8. März 1939 den Preußischen Finanzminister in Berlin, »auf die Einstellung der beabsichtigten Bauvorhaben in dem Landschaftsschutzgebiet Liepnitzsee – Lanke – Prenden hinzuwirken, damit das für die erholungsuchende Bevölkerung der Reichshauptstadt wertvolle Waldgebiet in seiner ursprünglichen Schönheit erhalten und für den Wanderverkehr offen bleibt«.[122]

Staatssekretär Hanke stand unter Druck. Denn der Potsdamer Regierungspräsident hatte sein Schreiben nicht nur dem Preußischen Finanzminister zukommen lassen, sondern weitere Abschriften verschickt: Der Reichsforstmei-

ster – als oberste Naturschutzbehörde – war nun ebenso informiert wie das Reichsfinanzministerium, der Landrat des Kreises Niederbarnim, der Bezirksbeauftragte für Naturschutz sowie die Landesplanungsgemeinschaft Brandenburg. Die Behörden waren jeweils gebeten worden, den Antrag auf Baustopp zu unterstützen. Der Landrat des Kreises Niederbarnim wurde ersucht, »die Unterlagen für die Ausweisung des erweiterten Landschaftsschutzgebietes beschleunigt vorzulegen«. Sollte eine baupolizeiliche Genehmigung nicht vorliegen, müsse die Baustelle umgehend stillgelegt werden.[123]

Der Landrat des Kreises Niederbarnim, Dr. Weiß, ordnete umgehend eine Besichtigung der Baustelle an. Als die Mitarbeiter seiner Behörde, begleitet von einem Gendarmeriebeamten, am 14. März am Bogensee auftauchten,

Oben: Der Waldhof vom Bogensee betrachtet. Mitte: Die Terrassenseite des Landhauses. Unten: Eines der Dienstgebäude.

kam es zu einer Auseinandersetzung mit dem »Leiter des Sicherheitsdienstes auf dem Baugelände, Kaiser«, der erklärte, »daß er unter keinen Umständen die Arbeiten auf der Baustelle ohne besondere Anweisung des Propaganda-Ministeriums oder des Herrn Staatssekretärs Hanke einstellen werde«.[124]

Daraufhin schickte der Landrat anderntags eine weitere Abordnung zur Baustelle. »Die Feststellungen haben ergeben«, heißt es im Antwortschreiben an den Potsdamer Regierungspräsidenten, daß der Zugang zu dem Gelände »teilweise aufgerissen« und Pflastersteine »zu beiden Seiten des Weges angefahren« worden seien, auch seien bereits einige Bäume gefällt worden.

Ein auf der Baustelle anwesender Polier habe eine Bauzeichnung vorgelegt, »in welcher das Bauvorhaben als ›Haus am Bogensee des Herrn Reichsministers Dr. Joseph Goebbels‹ bezeichnet war«. Unterschrieben gewesen sei diese Bauzeichnung freilich nicht, weder der verantwortliche Bauleiter noch der Vertreter des Bauherrn hätten das Dokument autorisiert. Der Polier habe zudem erklärt, daß »noch zwei weitere Bauten« geplant seien, »und zwar ein Wirtschaftsgebäude und ein Garagengebäude«.

»Genehmigungspflichtige Bauarbeiten« würden derzeit noch nicht ausgeführt, faßte der Landrat seine Ermittlungen zusammen. Da dies aber offenbar geplant sei, habe er den Amtsvorsteher Pfeiffer in Prenden sowie den zuständigen Gendarmeriebeamten angewiesen, »täglich die Baustelle zu kontrollieren«. Darüber habe er die Forstverwaltung der Stadt Berlin (als »Eigentümerin des Grundstückes«) sowie das Reichspropagandaministerium (als den Bauherrn) unterrichtet. Die örtlichen Behörden machten also ernst, ein Baustopp war jederzeit für Goebbels zu befürchten.[125]

Zum Abschluß seines vierseitigen, in Abschrift auch nach Potsdam geschickten Schreibens an Staatssekretär Hanke legte der Landrat seine grundsätzliche Einstellung zum geplanten Neubau am Bogensee dar: »Es ist für den Kreis Niederbarnim eine Ehre und Auszeichnung, den Herrn Reichsminister Dr. Goebbels zu seinen Bewohnern zählen zu dürfen und wir werden, sobald die Baugenehmigung vorliegt, alles tun, was in unseren Kräften steht, um den Bau zu beschleunigen. Ich bin bereit, mit Ihrem Architekten zur Regierung nach Potsdam zu fahren, um dort um

Der Eingang zum Waldhof am Bogensee kurz nach der Fertigstellung, Ende 1939. Der Schriftzug am Hauptportal wurde erst später angebracht.

beschleunigte Erledigung zu bitten.«[126] Aber es müsse nun mal alles korrekt zugehen, gab sich der Landrat unbeirrt.

Da mit Druckmitteln auf dem kurzen Dienstweg offenbar nichts zu erreichen war, versuchte Hanke es auf höherer Ebene. So kam es am 31. März zu einer Besprechung beim Regierungspräsidenten in Potsdam. Anwesend waren Landrat Dr. Weiß (»seitens der Baugen[ehmigungs]behörde«), Architekt Bartels und ein Bauleiter (»seitens des Bauherrn«) sowie drei Potsdamer Beamte. Bartels teilte mit, hält das Protokoll fest, daß das Gelände »in einer Größe von etwa 3400 Morgen (850 ha) eingegattert« werden solle, denn geplant sei nicht nur das Landhaus, sondern auch ein Dienstgebäude. »Das bereits vorhandene dem Herrn Reichspropagandaminister gehörige Haus soll als eine Art Gästehaus bestehen bleiben.«[127]

Da die Dezernenten des Regierungspräsidenten sich nicht beeindrucken ließen und beharrlich auf die Vorschriften des Landschaftsschutzes verwiesen, schlug Bartels vor, daß »sich der Herr Staatssekretär Hanke sofort mit dem Herrn Reichsforstmeister ins Benehmen setze, um

eine Ermächtigung für die Baugenehmigungsbehörden zu erwirken«.[128] Wenige Tage darauf, am 3. April, verfaßte Hanke einen Brief an den Regierungspräsidenten in Potsdam und reichte ihm verschiedene Unterlagen über das Bauvorhaben nach, unter anderem einen Lageplan sowie Grundrisse und Ansichten.

Zwei Wochen später antwortete der Regierungspräsident. »Gegen den Bau an sich«, das habe eine Vorprüfung ergeben, würden »ästhetische und technische Bedenken kaum vorliegen«. Aber Graf Bismarck wies noch einmal darauf hin, daß Baugenehmigungen aufgrund der eindeutigen Zuständigkeit erst auf »ausdrückliche Ermächtigung« des Reichsforstmeisters erteilt werden könnten. Er habe deshalb bereits Kontakt zu jener Behörde aufgenommen. Sollte eine Zustimmung nicht erteilt werden können, so sei er gern bereit, »durch meine Dienststellen ein Gelände aussuchen zu lassen, das nicht unter Natur- oder Landschaftsschutz steht und den Wünschen Ihres Herrn Auftraggebers entsprechen würde«, schloß der Regierungspräsident versöhnlich.[129]

Wie gefährdet Goebbels' Bauvorhaben zu dieser Zeit war, geht auch aus einer namentlich nicht gekennzeichneten Aktennotiz hervor. Da das Gelände unter Landschaftsschutz gestellt werden sollte, ergab sich die Frage: »Sollen die bisher bestehenden zwei Gebäude abgerissen werden oder soll der Bau des festen Gebäudes eingestellt werden?«[130]

Das Projekt Bogensee barg aber auch noch eine politische Dimension: Der zuständige Reichsforstmeister war seit 1934 Hermann Göring. Der zweite Mann im Hitler-Reich hatte es zu einer erstaunlichen Ämterfülle gebracht. Generalfeldmarschall war er, Preußischer Ministerpräsident, Reichsjägermeister, SA-Obergruppenführer ehrenhalber, Reichsluftfahrtminister und allerlei mehr. Göring hatte sich einige Monate zuvor schon einmal »sehr kameradschaftlich« gegenüber Goebbels gezeigt. »Guter Göring!« seufzte der Propagandaminister im Oktober 1938 in seinem Tagebuch. Sie hatten sich in Görings pompösem Landsitz »Carinhall« zu einer persönlichen Aussprache getroffen: »Ich habe ihn dabei richtig liebgewonnen«, schwärmte Goebbels. »Wir scheiden als wahre Freunde.«[131] Das war zu jener Zeit, als Goebbels wegen seiner Affäre zu Lida Baarova in größte Schwierigkeiten geraten war.

Nun war Göring zum Glück der Ansprechpartner für das Bauvorhaben »Waldhaus am Bogensee«. Goebbels und Göring waren ja auch beinahe so etwas wie Nachbarn –

Wenige Kilometer vom Bogensee entfernt: Görings Residenz »Carinhall« in der Schorfheide, hier das Hauptportal 1937.

»Carinhall« lag in der Schorfheide, nur ein paar Kilometer weiter nördlich vom Bogensee. Wesentlich repräsentativer und größer zwar, aber auch an einem See gelegen, auch in einem Wald, auch in einem Naturschutzgebiet. Und Göring machte mit seinen Erweiterungsbauten vor, wie weit öffentliche Bekundungen und privates Handeln auseinanderfallen konnten.[132]

Im August 1936 beispielsweise hatte Göring auf einer Tagung des Deutschen Forstvereins erklärt: »Da der Wald im Sinn der Gemeinschaftsidee Eigentum des Volkes ist, haben die verantwortlichen Stellen die Pflicht, den Wald zu schützen, seine Schönheiten zu pflegen als Quelle der Freude und der Kraft, und der Volkswirtschaft Rohstoffe in höchster Menge und bester Güte zu liefern. Diese wirtschaftliche Bedarfsdeckung tritt aber vor die Rentabilität. Deshalb wird der Schutzgedanke in Zukunft stärker betont.«[133]

Im Fall Goebbels war das etwas anderes. Auf einmal wollte Göring von seiner kurz zuvor noch ausgesprochenen Verfügung für das Gebiet um Lanke nichts mehr wissen. Landschaftsschutz hin oder her, kleine Gefälligkeiten unter Kameraden gingen vor. Rasch kam es zu einer Verständigung. In Goebbels' Tagebuch findet sich am 29. April 1939 eine knappe Notiz. »Beim Neubau in Lanke gibt es noch einige Schwierigkeiten. Ich bereinige die mit Göring, der mir sehr entgegenkommt.«[134]

Bereits eine Woche zuvor, am 22. April, hatte Göring – unter dem Briefkopf »Der Reichsforstmeister als Oberste Naturschutzbehörde« – eine Mitteilung an den Potsdamer Regierungspräsidenten aufsetzen lassen. Darin betonte er noch einmal seine Anweisung, das Gebiet unter Landschaftsschutz zu stellen, und bat darum, »die Vorbereitungen hierfür beschleunigt durchzuführen«. Doch zugleich hatte er gegen das Bauvorhaben von Goebbels nichts einzuwenden. »Mit diesen grundsätzlichen Erwägungen ist es wohl zu vereinbaren«, ließ Göring von seinem Sachbearbeiter weiter ausführen, »wenn ein kleineres Teilgebiet eingegattert und dadurch ein ursprünglicher Landschaftsteil vor fremden Eingriffen geschützt und erhalten wird. Aus diesem Grunde bestehen meinerseits gegen die Errichtung der geplanten Baulichkeiten des Reichspropagandaministeriums und die damit verbundene Eingatterung an und für sich keine Bedenken. Ich halte lediglich die

Reichsforst- und -jägermeister Hermann Göring bei der Eröffnung eines Wildgeheges am 10. Juni 1934. Der selbsternannte »Herr der Schorfheide« verfolgte aufmerksam die Erweiterungspläne seines Parteigenossen Goebbels am Bogensee.

Größe der geplanten einzugatternden Fläche, – 3400 Morgen (850 ha) –, für zu hoch und möchte Sie bitten, bei Ihren Verhandlungen darauf hinzuwirken, daß eine derartige allzu starke Behinderung des Ausflugsverkehrs bei dem Bauvorhaben vermieden wird. Insbesondere lege ich großen Wert darauf, daß der Weg zwischen Prenden und Ützdorf weiterhin für die Allgemeinheit benutzbar bleibt.«[135]

Am 11. Mai wurde Görings Behörde vom Potsdamer Regierungspräsidenten darüber informiert, daß bereits »am 27. April (...) ohne Erteilung der baupolizeilichen Genehmigung mit dem Bau begonnen worden« sei.[136] Aus einem Meldezettel geht hervor, daß die Baufirma Wiemer & Trachte zu dieser Zeit bereits mehr als 100 Arbeiter auf

der Baustelle beschäftigte, Maurer, Zimmerer, Hilfsarbeiter.[137]

Der Regierungspräsident beschwerte sich beim Preußischen Finanzminister. Bereits einmal habe er den Bau durch den zuständigen Landrat stillegen lassen. Diese Maßnahme habe offenbar nicht gefruchtet. »Wenn ich es nunmehr zulasse, daß eine Privatperson, die ein hohes Staatsamt bekleidet, unter bewußter Umgehung der gesetzlichen Bestimmungen einen Bau errichtet, so ist die Aufrechterhaltung der Ordnung auf baupolizeilichem Gebiet mir in Zukunft im Bezirk nicht möglich.« Er bitte deshalb darum, »eine beschleunigte Stellungnahme des Herrn Reichsforstmeisters herbeiführen zu wollen, damit ich nicht in

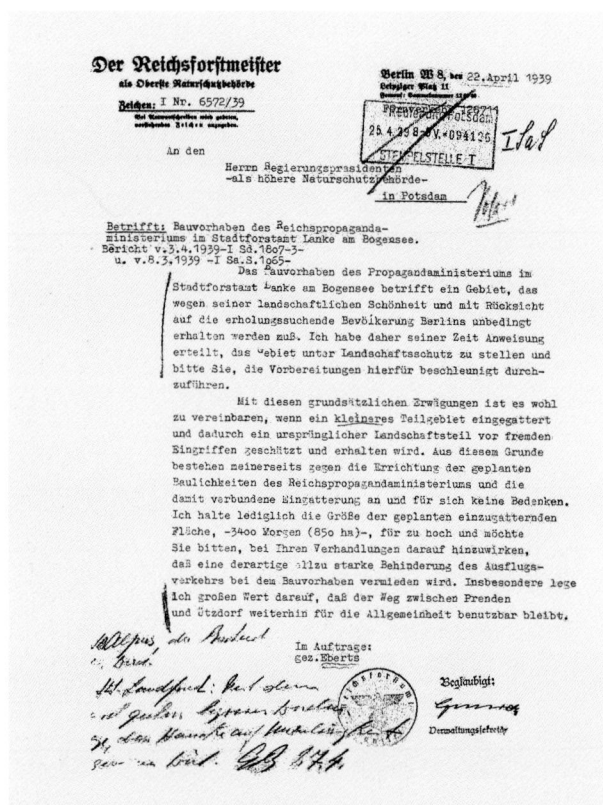
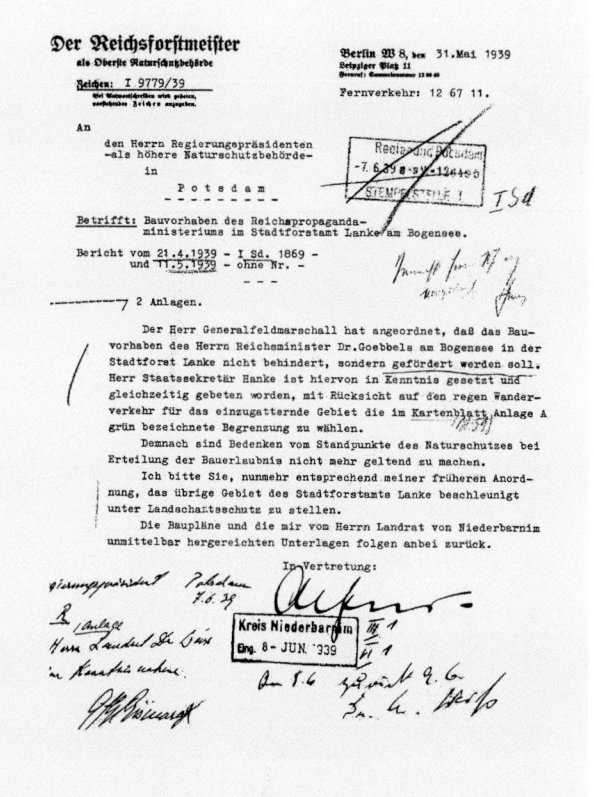

Rivalitäten und Gefälligkeiten unter Kameraden. In seinen Briefen an die Naturschutzbehörde äußerte Göring keine Bedenken gegen Goebbels' Bauten im Naturschutzgebiet, ordnete allerdings die Verkleinerung des Geländes an.

die Zwangslage versetzt werde, den Bau nochmals durch den Landrat stillegen zu lassen«.[138]

Die örtlichen Behörden zeigten sich aus Sicht der NS-Führer weiterhin bockig und allzu pedantisch. Am 15. Mai meldete der »Amtsvorsteher als Ortspolizeibehörde«, er habe auf seiner Dienstreise zwei Tage zuvor festgestellt, »daß das Fundament des Hauptgebäudes am Bogensee fertiggestellt und mit dem Mauerwerk begonnen worden ist«.[139] Ein erneuter Baustopp drohte.

Vierzehn Tage später ließ Göring ein zweites Schreiben folgen, diesmal deutlicher im Tonfall. Darin heißt es am 31. Mai 1939, »der Herr Generalfeldmarschall« habe nun angeordnet, »daß das Bauvorhaben des Herrn Reichsminister Dr. Goebbels am Bogensee in dem Stadtforst Lanke nicht behindert, sondern gefördert werden soll«. Man habe sich mit Staatssekretär Hanke zugleich darauf verständigt,

»mit Rücksicht auf den regen Wanderverkehr für das einzugatternde Gebiet die im Kartenblatt Anlage A grün bezeichnete Begrenzung zu wählen. Demnach sind Bedenken vom Standpunkte des Naturschutzes bei Erteilung der Bauerlaubnis nicht mehr geltend zu machen.«[140] Das Gebiet war damit um einiges verkleinert worden, reichte nicht mehr bis an die Autobahn und ließ auch den Verbindungsweg durch den Wald vor der Begrenzung.[141]

Dennoch ging der Streit um den Waldweg von Prenden nach Ützdorf in den folgenden Wochen und Monaten weiter. Fristen wurden gesetzt (und verstrichen), Paragraphen bemüht (und ignoriert), Vorschriften herangezogen (und mit anderen pariert), Verfügungen erlassen (und nicht ernst genommen) – Goebbels blieb stur. Auch dieser Weg sollte nur von ihm benutzt werden können. »Ich kann mich des Eindrucks nicht erwehren«, zeigte sich der Land-

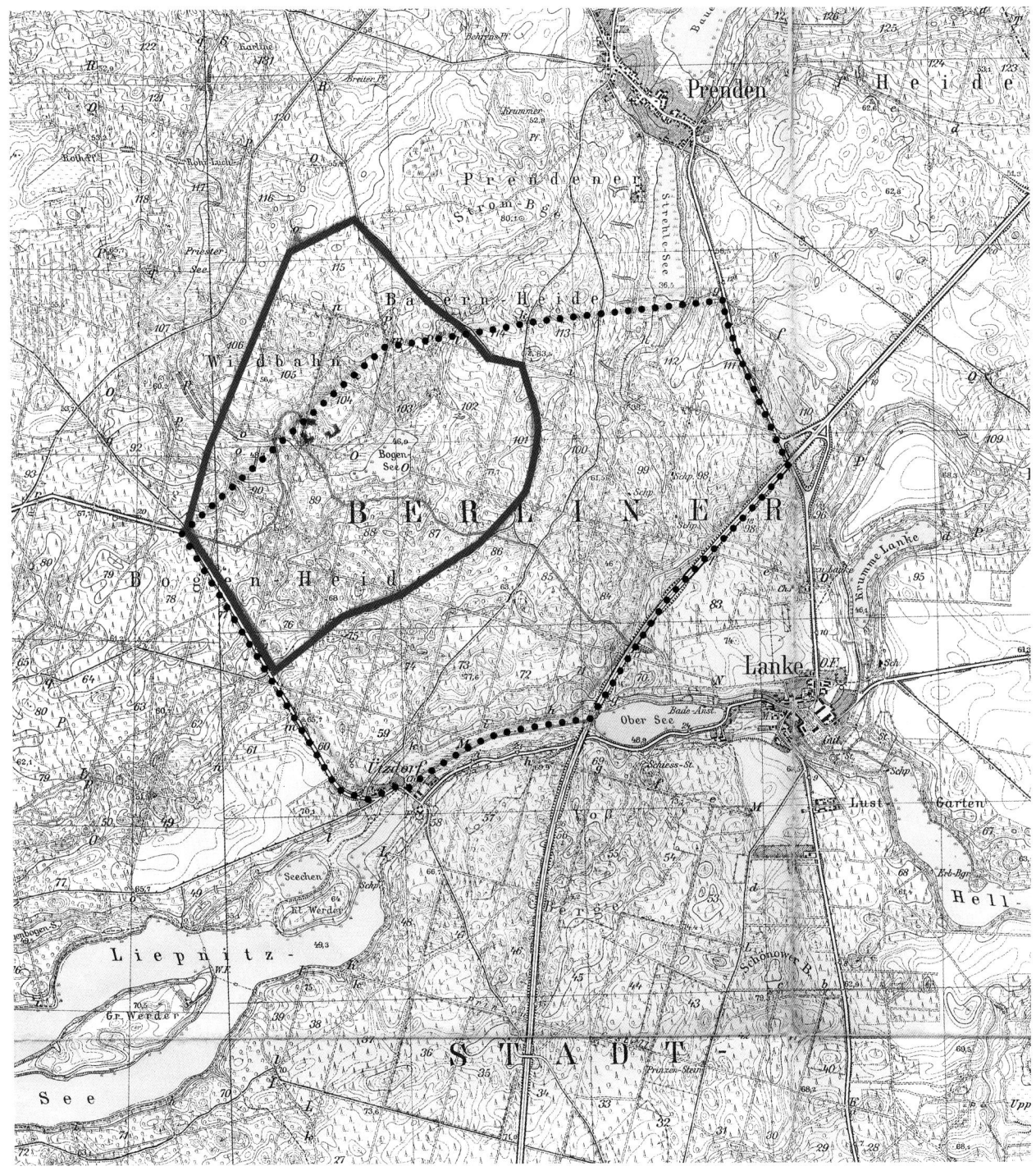

Der Gemarkungsplan von 1939: Die äußere gepunktete Markierung entspricht Goebbels' Wünschen, die innere durchgehende der Korrektur durch Göring. Der Waldweg von Ützdorf nach Prenden blieb schließlich als Wanderweg erhalten.

rat des Kreises Niederbarnim in einem Schreiben an den Potsdamer Regierungspräsidenten im Juli empört, »daß ohne ein energisches Betreiben der Behörden mit der Zurückversetzung des Zaunes auch in absehbarer Zeit nicht gerechnet werden kann und offenbar mit Bedacht versucht wird, die Behörden hinzuhalten«.[142]

Und vier Wochen später, am 19. August 1939, teilte ihm Forstmeister Troitzsch vom Hauptforstamt Berlin telefonisch sogar mit: »Herr Reichsminister Dr. Goebbels ist gestern auf der Baustelle gewesen und hat sich gegen die Versetzung des Zaunes, wie sie von Herrn Reichsforstmeister Göring angeordnet war, ausgesprochen. Herr Ministerialdirigent Haegert ist damit beauftragt worden, mit den in Frage kommenden Dienststellen sofort Fühlung zu nehmen, damit die alte Zaunführung erhalten bleibt.«[143] Der Eklat war da.

Am 21. August 1939 ließ der Landrat vor Ort feststellen, wie weit der Bau vorangekommen sei. »Das Hauptgebäude und das Dienstgebäude sind unter Dach«, heißt es im Bericht an den Potsdamer Regierungspräsidenten. »Das Hauptgebäude ist innen schon geputzt, beim Dienstgebäude wird jetzt geputzt. Beim sogenannten Garagengebäude ist das Mauerwerk im Rohbau fertig. Es wird daran gearbeitet, so daß der Fertigstellungstermin – 1. Oktober 1939 – voraussichtlich eingehalten wird.«[144]

Drei Wochen später – der Zweite Weltkrieg hatte inzwischen begonnen und in Polen wurde gerade Lodz besetzt – gab der Amtsvorsteher in Wandlitz einen weiteren Bericht über den Stand des Bauvorhabens ab: »In beiden Hauptgebäuden sind Handwerker tätig, Glaser, Tischler, Fliesenleger, Klempner. Die Heizanlagen werden gelegt, Außenwände werden abgeputzt, Innenwände sind fertig. Die Garage ist gerichtet, die Dachkonstruktion wird noch weiter ausgebaut, die Dachdecker arbeiten. Vorplätze und Wege werden gepflastert.« Der Schlußsatz lautete: »Der Zaun ist noch nicht versetzt, die Straße Ützdorf/Prenden ist nach wie vor gesperrt.«[145]

Doch Göring ließ nicht locker, bis Goebbels im Januar 1940 schließlich seinen Anweisungen folgte. »Mit Speer Neueinzäunung von Lanke besprochen«, heißt es in Goebbels' Tagebuch. »Terrain etwas verkleinert. Das war zweckmäßig und notwendig.«[146] »Etwas verkleinert« war eine vornehme Umschreibung. Von den ursprünglich geplan-

ten 850 Hektar und den tatsächlich eingezäunten 500 Hektar waren Goebbels noch 210 Hektar geblieben. Damit war auch der Waldweg von Ützdorf nach Prenden als öffentlicher Verbindungsweg wieder frei. Albert Speer, seit 1937 als Generalbauinspektor für die Reichshauptstadt Berlin eingesetzt und mit besonderen Vollmachten Hitlers ausgestattet, hatte Goebbels zum Einlenken gebracht.

Glaubt man Aussagen von Zeitzeugen, war das Areal anfangs noch nicht hermetisch abgeriegelt. Man habe weiter im Wald Pilze suchen können oder Blaubeeren, ja man sei sogar durch den Zaun gekrochen, anfangs, als es nur einen Wachmann gegeben habe. Und zum »Abfischen« des Sees konnten ausgewählte Leute auch kurz aufs Gelände. Später ließ das die SS-Wache nicht mehr zu. »Da wohnt eben Goebbels«, hieß es in der Nachbarschaft, »die Propagandaschnauze«, sagte man im Volksmund.[147]

Nachdem Ende April 1940 beim Landrat die fehlenden Bauvorlagen eingegangen und geprüft worden waren, konnte dieser am 18. Juni dann dem Potsdamer Regierungspräsidenten abschließend mitteilen: »In der vorgezeichneten Angelegenheit berichte ich, daß die Genehmigung für die Bauten am Bogensee mit Bauschein Nr. 333 am 8. Mai d. Js. erteilt worden ist.«[148] Der Schwarzbau am Bogensee, ohne rechtliche Grundlagen und unter Umgehung bestehender Bestimmungen, war also endlich, über ein Jahr nach Beginn der Bauarbeiten und ein halbes Jahr nach ihrem Abschluß, mit amtlicher Erlaubnis abgesegnet worden.

»... leider etwas teuer« – Windige Finanzierungspraktiken

Der Neubau »wird wunderschön werden«, hatte Goebbels schon Mitte März 1939 frohlockt und wohlwissend hinzugefügt: »aber leider etwas teuer«.[149] Nachdem Naturschutzbestimmungen umgangen worden waren und das Problem der Baugenehmigung nachträglich gelöst werden konnte, blieben die Kosten. Ein Problem für Goebbels.

Mit Datum vom 20. März 1939 hatte der Architekt Bartels eine erste »Aufstellung der in der nächsten Zeit fälligen Zahlungen für das Haus am Bogensee« eingereicht. Für

Einer lenkt, andere schauen zu. Göring und Goebbels bei der Eröffnung der Automobilausstellung in Berlin am 18. Februar 1938. Ein Foto, das auch die Machtverhältnisse symbolisiert.

Straßenbauarbeiten wurde ein Betrag von 50 000 RM veranschlagt, der Zaun sollte 30 000 RM kosten, Ausschachtungs- und Bauarbeiten schlugen mit 25 000 RM zu Buche, »Anzahlungen für die Heizungs-Anlagen etc.« beliefen sich auf 20 000 RM, dem Architekten sollte in dieser Zeit ein Betrag von 25 000 RM zustehen, summa summarum: 150 000 RM.[150] Am 1. April machte Bartels eine weitere »Aufstellung« über zusätzliche 150 000 RM,[151] am 23. Mai forderte er von Staatssekretär Hanke erneut 150 000 RM »für die restlichen Straßenbauarbeiten und für die laufenden Beton-, Maurer-, Gärtner-, Dachdecker- und Klempnerarbeiten«.[152] Im Juli übermittelte Bartels zwei weitere Kostenaufstellungen, diesmal direkt an Goebbels. Einmal sollte ein Betrag von über 170 000 RM auf das »Sonderkonto Haus am Bogensee« bei der Berliner Commerz- und Privatbank entrichtet werden, ein anderes Mal waren

es mehr als 400 000 RM.[153] Rasch wurde die Millionengrenze überschritten.

Der Propagandaminister kam ins Schwitzen. Klagen über die »Geldsorgen wegen Bogensee« finden sich mehrfach in seinen Tagebüchern. Max Amann, Präsident der Reichspressekammer und Zeitungskonzernchef von Hitlers Gnaden, hatte Goebbels zwar im Januar 1939 zu einem Vertrag verholfen, wonach er jede Woche einen Aufsatz für den *Völkischen Beobachter* gegen gutes Geld schreiben konnte. Doch mehr rückte der Geldgeber nicht heraus. »Aber ich werde schon einen Ausweg finden«, sprach Goebbels sich Mut zu.[154] Da aus eigener Kraft die Finanzierung nicht zu schaffen war, mußte der Staat herangezogen werden, damit es nicht zu auffällig war, möglichst nicht das eigene Ministerium. Auf das System war Verlaß. Ein Jahr später, zu Goebbels' Geburtstag im Oktober 1940 war es dann geschafft. Am 2. November 1940 heißt es im Tagebuch: »Winkler war bei Göring. Er hat meine Sache mit Lanke in Ordnung gebracht. Das bereitet mir eine ungeheure Freude. Außerdem nimmt er mir noch eine Unmenge von persönlichen Sorgen ab. Winkler ist überhaupt ein Juwel für mich.«[155]

Wer dieser Winkler war und welche Bedeutung er als Geldbeschaffer und Umverteiler wirklich hatte, ist bis heute nur in Umrissen bekannt. Max Winkler, 1875 in Westpreußen geboren, übernahm im November 1918 das Bürgermeisteramt in Graudenz und wurde 1919 Landtagsabgeordneter der Deutschen Demokratischen Partei in Preußen. In der Weimarer Republik stieg der Finanzfachmann zum »Reichstreuhänder für die abgetretenen deutschen Gebiete« auf und leitete die »Cura-Revisions und Treuhand GmbH«. Insbesondere während der Inflation 1923 gelang es Winkler, günstig Zeitungsverlage zu erwerben. 1933 verwaltete er als »Treuhänder des Reichsbesitzes an Zeitungsverlagen« etwa 20 Unternehmen. Er machte sich unverzichtbar und war von 1920 bis 1933 für sämtliche Reichsregierungen tätig – als »graue Eminenz der deutschen Presse«. Gewaltige Vermögen wurden von ihm auf undurchschaubaren Wegen verschoben, denn Treuhänder werden in der Wirtschaft immer dann eingesetzt, »wenn ein Auftraggeber als Inhaber eines Unternehmens nach außen hin nicht erkennbar werden soll oder will«.[156]

Ein »Juwel« für den Propagandaminister. Max Winkler, seit 1937 Reichsbeauftragter für die deutsche Filmwirtschaft, erledigte alle finanziellen Probleme von Goebbels.

Unter Hitler wirkte Winkler in den ersten sechs Jahren bei der Gleichschaltung der Presse mit. Er wurde 1937 Mitglied der NSDAP und im gleichen Jahr »Reichsbeauftragter für die deutsche Filmwirtschaft«. Winkler forcierte die Verstaatlichung, zahlte Privatbesitzer aus, brachte die Filmindustrie unter Kontrolle und bediente sich einer »Technik der getarnten Vermögenstransaktionen«[157], die sich schon in der Weimarer Republik bewährt hatte. Unter den Nazis lief das in den meisten Fällen praktisch auf Enteignung hinaus, auch wenn formal gesehen Entschädigungen gezahlt wurden.

Im Krieg leitete Winkler die »Haupttreuhandstelle Ost«, verwaltete in den eroberten Gebieten den beschlagnahmten Industrie- und Grundbesitz. »Von Riga bis Konstantinopel habe ich alles, was deutsch gedruckt war, mit der Zeit in die Hand bekommen«, äußerte sich Winkler später stolz über sein Lebenswerk.[158]

Schaden hatte er durch seine Beschaffungspolitik für die Nazis nach 1945 keinen zu erleiden. Er wurde als »entlastet« eingestuft, sein Fachwissen war auch weiterhin gefragt. Die Bundesregierung setzte ihn in den fünfziger Jahren ein, um die Ufa zu entflechten. Winkler half mit, den von ihm selbst unter den Nazis aufgebauten Einheitskonzern aufzulösen. 1961 starb Winkler im Alter von 86 Jahren, über sein Wirken gab er wenig preis.[159]

Für Goebbels war Winkler ein enger Berater und unentbehrlicher Mitarbeiter.[160] Beide schätzten sich und wußten auch, warum. Am 7. September 1940 war Goebbels zu Winklers 65. Geburtstag persönlich erschienen, hatte seine Glückwünsche überbracht und sich erkenntlich gezeigt. »Er freut sich sehr«, trug Goebbels in sein Tagebuch ein, »und bekommt von mir ein nettes Gartenhäuschen geschenkt«.[161] Schon hatte Bartels – seit Anfang 1940 Mitglied der NSDAP,[162] seit August so etwas wie der Chefarchitekt des Propagandaministeriums[163] – einen neuen Auftrag vom Ministerbüro. »Das Gartenhäuschen soll ein Arbeitszimmer und einen Salon, vielleicht auch ein Schlafzimmer, enthalten«, heißt es in dem amtlichen Schreiben zwei Tage später. »Es soll (...) ganz und gar nach den Wünschen des Herrn Dr. Winkler gerichtet werden.« Es handele sich um ein Geschenk des Ministers »zusammen mit der Filmindustrie«. Man bat Bartels, »wegen der Ausführung des Baues sich mit Herrn Dr. Winkler in Verbindung zu setzen«. Was es kosten durfte? »Eine ungefähre Grenze für den Preis mag die Summe von RM 50 000,– sein.«[164]

Solche kleinen Aufmerksamkeiten, mitten im Krieg, blieben nicht unbeantwortet. Winkler revanchierte sich ein paar Wochen später zum Geburtstag von Goebbels. Er schenkte ihm ein Pferdegespann und einen neuen Wagen für die schöne Zeit am Bogensee.[165] Und er bereinigte endlich die leidigen Geldsorgen um das propere Anwesen.

Im Oktober 1940 wurde der »Bericht über die Prüfung der Abrechnung für das Haus am Bogensee« vorgelegt. Die interne Haushaltsabteilung legte Goebbels das Zahlenwerk vor, das zuvor im Büro des Architekten geprüft worden war. Am Ende stand eine Summe von über zwei Millionen Reichsmark.[166] Das Ministerbüro wollte es genau wissen.

Am 1. November 1940 mußte Bartels mehrere Kostenaufstellungen nachreichen. Aus einer sechsseitigen »Aufstellung der Rechnungen für die Bau-, Innenausbau- und Einrichtungsarbeiten für das ›Haus am Bogensee‹« geht hervor, daß sich der Architekt selbst den dritthöchsten Posten genehmigte, sein Honorar schlug mit rund 142 000 RM zu Buche. Am höchsten fiel die Rechnung der Baufirma Wiemer & Trachte mit rund 450 000 RM aus, die Firma Schwarz & Fröhlich berechnete rund 160 000 RM. Die Gartenarbeiten wurden von der Berliner Firma Köhler mit rund 115 000 RM in Rechnung gestellt, der Bernauer Maurerbetrieb von Franz Handwerg verdiente rund 100 000 RM. Steinsetzmeister Pfahl verbuchte ebenso rund 70 000 RM wie die Putzertruppe der Berliner Firma Max Schubring. Die Heizungsanlage wurde von der Spandauer Firma von Walter Koch für rund 66 000 RM installiert, die Theumaer Plattenbrüche berechneten rund 63 000 RM, die Elektroarbeiten wurden von der Berliner Firma Burisch mit rund 50 000 RM aufgeführt.[167]

So beeindruckend detailliert die Aufstellung auf den ersten Blick auch wirkte – Bartels konnte mehrere Posten nicht belegen. Das Ministerbüro mahnte ihn in den folgenden Monaten mehrfach und drängte ihn zur Stellungnahme. »Die Abrechnung erfüllt mich mit gewisser Besorgnis«, hielt der zuständige Haushaltsreferent in einem internen Schreiben fest, »denn es sind 2,3 Millionen Reichsmark ausgegeben und die bisherigen von Bartels

Die Aufstellung der Kosten für das »Haus am Bogensee« vom 1. November 1940. Der Architekt Bartels genehmigte sich selbst den dritthöchsten Posten.

eingesandten Rechnungen betragen nur 420 000,– RM. Es erscheint mir daher sehr zweifelhaft, daß nur noch zwei Rechnungen ausstehen sollen.«[168] Noch mißtrauischer war der Beamte in Goebbels' Ministerium geworden, als er bemerkte, daß verschiedene »der bisher eingesandten Rechnungen (...) erst vor einigen Tagen abgeschlossen worden sind. Es ist mir daher unverständlich, wie Herr Bartels seinerzeit den Herrn Minister hat um Entlastung bitten können, ohne daß er seine Rechnungen ordnungsgemäß abgeschlossen hat.«[169]

Bevor die Unregelmäßigkeiten aufgeklärt waren, nahm die Geschichte eine überraschende Wendung. Im November 1940 wurde in einer Aktennotiz im Ministerbüro festgehalten, daß »die endgültige Abrechnung« nun »zusammen mit dem Büro des Bürgermeisters Dr. Winkler vorgenommen werden« solle. Dafür sei auch ein »Bestandsverzeichnis für die Gebäude am Bogensee« angefertigt worden.[170]

In dem schwer durchschaubaren Geflecht von Winklers Treuhandgesellschaften sollte sich auch für den Propagandaminister eine Lösung seiner Finanzsorgen ergeben. »Winkler macht nun die Sache mit Lanke vollkommen in Ordnung«, heißt es bei Goebbels am 5. November 1940. »Damit nimmt er mir eine Riesensorge ab. Ich habe noch einen ganzen Berg Steuern zu bezahlen. Und weiß kaum, woher das Geld nehmen. Hätte ich nur einen Bruchteil der Summen, die unsere Feinde mir andichten.«[171] Und einen Monat später: »Der Etat von Lanke und meine Steuerangelegenheiten sind nun restlos geregelt. Endlich also auch Ordnung in meiner Finanzlage. Es war auch höchste Zeit. Wenn ich jetzt stürbe, dann stünde mein Fall plus minus 0. Auch ein Lohn für 20 Jahre Dienst am Vaterlande. Meine Familie würde sich wundern.«[172]

Es war in jenem Winter 1940 zu einem Geschäft gekommen, das drei Jahre später im Reichsfinanzministerium noch einmal Fragen aufwarf. Im März 1943 fand in den Räumen des Ministeriums eine geheime Unterredung »in Angelegenheiten der Cautio Treuhand GmbH« statt. Die »Cautio-Treuhandgesellschaft« war das ökonomische Gleichschaltungsinstrument der Nazis.[173] Auch Goebbels' Ministerium war bei dieser Unterredung mit zwei Mitarbeitern vertreten, da vor allem Beteiligungen, Finanzierungen und Übernahmen in Goebbels' Machtbereich auf

der Tagesordnung standen. Das Reichsfinanzministerium kontrollierte die Transaktionen, denn es ging um Reichsbesitz.

Ministerialrat Dr. Otto Getzlaff, Haushaltssachbearbeiter in Goebbels' Ministerium,[174] verfaßte nach der Sitzung vom März 1943 ein Besprechungsprotokoll. Darin findet sich auch ein Hinweis auf Lanke und die in den letzten Jahren angewandte Praxis. Winkler gab in der Sitzung zu Protokoll, daß Goebbels' Anwesen zu den sogenannten Kulturgemeinschaftshäusern gehöre. Zum »Grundstück Lanke« wird unter III.a) ausgeführt: »Als die Frage der Entschuldung und die Übernahme des Grundstücks mit den laufenden Aufwendungen seinerzeit an ihn herantrat, habe er die Sache dem Reichsmarschall vorgetragen und dessen Zustimmung zu seinem Vorgehen erwirkt. Er sei der Meinung, daß diese Angelegenheit daher in Ordnung gehe. Die Kosten für die Bewirtschaftung des Grundstücks beliefen sich auf etwa 70 000,– RM im Jahre, und zwar die Personal- und Sachkosten. Die Abrechnungen werden von einem Amtsrat unseres Hauses geführt.«[175] Goebbels wohnte also kostenfrei in seinem zum »Kulturgemeinschaftshaus« umgewidmeten »Waldhof am Bogensee«.

In einer sechsseitigen »Niederschrift« findet sich auch die Lösung für die Übernahme der Baukosten. Ministerialdirektor von Manteuffel vom Reichsfinanzministerium schlug während der Unterredung einen »Ressortausschuß für Sonderaufwendungen der Ufa-Film G.m.b.H.« vor, der unverzüglich gegründet und »damit als geschaffen angesehen« wurde. »Bereits für diesen Ressortausschuß legte nunmehr Herr Dr. Winkler seine Auffassung dar, daß die Cautio allein ihrem Zweck dienen soll, zu dem sie geschaffen worden ist, Treuhandgesellschaft für das Reich zu sein. Das bedingt«, führte der Finanzjongleur seinen offenbar vorbereiteten Schachzug weiter aus, »daß mit dem jetzt beendeten Geschäftsjahr eine große Reihe von bisher in ihr geführten Geschäften auf die Ufa-Film GmbH zu übertragen sind. Insbesondere gelte das für die verschiedenen Liegenschaften, die die Cautio im Interesse der Filmwirtschaft bisher erworben und unterhalten habe und für die teils die Genehmigung des Herrn Reichsmarschalls vorliegt, teils die Verpflichtung in der Repräsentation der Ufa-Film GmbH als der Spitzengesellschaft des deutschen Films gegeben ist.«

Die Traumfabrik: das Ufa-Gelände in Potsdam-Babelsberg. Aus den Gewinnen der Filmwirtschaft wurde Goebbels' »Haus am Bogensee« finanziert. Die Baukosten in Höhe von knapp drei Millionen Reichsmark wurden als »Sonderaufwendungen« gebucht.

Nach dieser finanztechnischen Argumentation wurden verschiedene Immobilien aufgezählt, darunter »das Haus des Staatssekretärs im Grunewald« – Gesamtwert: 1,05 Millionen RM –, »das Grundstück für Herrn Ministerialdirektor Dr. Naumann«: 220 000 RM und auch Goebbels' Haus auf Schwanenwerder, »für das bisher Anschaffungs- und Unterhaltungsko-sten von insgesamt etwa RM 0,22 Mio. ausgeworfen sind«. Dieses werde »auf die Deutsche Wochenschau GmbH übertragen werden, da es dem Herrn Minister in erster Linie für die Gestaltung der Deutschen Wochenschauen zur Verfügung steht«.

Als kostspieligster Posten in dieser Liste schlug »die Liegenschaft Lanke (Erbpacht) mit einem Bauwert und Er-

haltungskosten von bisher insgesamt etwa RM 2,7 Mio«[176] zu Buche. Zufrieden schloß Max Winkler seine Ausführungen ab: »Durch den Wegfall all dieser Aufgaben wird sich der durch das Umlagesystem finanzierte Etat der Cautio erheblich verringern.« Der Waldhof ging an die Ufa über und belastete nicht mehr den Etat des Finanzministeriums.[177] Umschichtung, Verschleierung, Bereicherung – Goebbels war auf einmal schuldenfrei, lebte auf Kosten der Filmwirtschaft und der Stadt Berlin, letztlich auf Kosten seines »geliebten Volkes«.

Die windige Konstruktion irritierte die Beamten des Landratsamtes in Niederbarnim genauso wie jene im Potsdamer Regierungspräsidium. Ihre Nachforschungen erga-

Der Propagandaminister ließ nicht nur am Bogensee bauen: Goebbels diskutiert mit SA-Stabschef Viktor Lutze, Ufa-Generaldirektor Ludwig Klitzsch und weiteren Mitarbeitern (von rechts) im März 1938 den Neubau der deutschen Filmakademie.

ben im Mai 1942, daß die Reichshauptstadt Berlin »nach wie vor als Eigentümerin des Grund und Bodens im Grundbuch eingetragen« und »für die errichteten Baulichkeiten (...) eine grundbuchliche Eintragung nicht vorgenommen worden« ist. Auch bestehe »kein Vertrag zwischen der Reichshauptstadt Berlin und dem Treuhänder Dr. h. c. Winkler«.[178] Goebbels wurde daraufhin verpflichtet, noch ausstehende Baugenehmigungsgebühren in Höhe von 747,50 RM zu entrichten, da er schließlich für den Bau verantwortlich sei, egal wem das Grundstück letztlich gehöre. Im November 1942 wurden tatsächlich rund 750 RM auf das Konto des Landrats überwiesen, drei Jahre nach Beendigung der Bauarbeiten und zweieinhalb Jahre seit der nachträglichen Genehmigung mit der Erteilung des Bauscheins.[179]

Drei Jahre nach dem Krieg wurde ein Bericht »Über steuerliche Korruptionsfälle von Reichsministern, Reichsleitern usw.« angefertigt. Die entsprechenden Unterlagen im Finanzamt Berlin-Mitte waren in den letzten Kriegstagen verbrannt, doch zwei Finanzbeamte hatten sich private Aufzeichnungen gemacht. Auf dieser Grundlage wurde der umfangreiche Bericht erstellt, in dem auch Goebbels

mehrfach erwähnt wird. Sein Jahreseinkommen für 1943 ist mit rund 425 000 RM angegeben. »Haupteinnahmequelle« sei seine Tätigkeit für den Eher-Verlag gewesen: Seine Leitartikel für die Wochenzeitung *Das Reich* seien anfangs jährlich mit 200 000 RM vergütet worden, 1943 habe er dafür »mindestens 300 000 RM erhalten«.

Im Oktober 1940 habe der Propagandaminister »die Baulichkeiten am Bogensee verkauft«, obwohl er nach dem Gesetzbuch und dem Vertrag vom 1. April 1940 nicht als Eigentümer zu bezeichnen war. »Käuferin war die ›Cautio Treuhand GmbH‹«, heißt es in dem Bericht von 1948 weiter, »eine Reichsfilmgesellschaft, mit der ›formlos‹ vereinbart wurde, daß die Gebäude auf sie übergehen sollten. Der erhebliche Gewinn, den Dr. Goebbels bei dem Verkauf erzielte, konnte durch das Finanzamt Mitte als Spekulationsgewinn zur Einkommensteuer nicht herangezogen werden, weil die Besitzzeit zwischen dem Erwerb und dem Verkauf der Gebäude mehr als zwei Jahre betragen hatte.«[180] Abschließend wird noch vermerkt, daß sich trotz des Verkaufs an den »Wohn- und Nutzungsverhältnissen hinsichtlich der Gebäude durch Dr. Goebbels praktisch nichts geändert« habe.[181]

»Es ist so still und so gemütlich hier draußen« – 30 Privaträume, 40 Dienstzimmer, 60 Telefone

»Das Wohnhaus ist nun fertig und besonders schön geworden«, schwärmte Goebbels Ende Oktober 1939 nach einer Stippvisite am Bogensee. »Es fehlen nur noch ein paar Kleinigkeiten. Wie gerne bliebe ich gleich da.«[182] Und eine Woche später: »Ich fahre mit Magda zum Waldhof am Bogensee. Jetzt ist das Wohnhaus fertig und ganz großartig geworden. Wir richten die Zimmer behaglich ein. Es ist so still und so gemütlich hier draußen. Hier möchte ich bleiben. Aber leider muß ich bald wieder nach Berlin zurück.«[183]

Das neue Wohnhaus war also tatsächlich pünktlich zu Goebbels' 42. Geburtstag so gut wie fertig geworden, zwei Monate nach Kriegsbeginn. Um den Wert des Objektes schätzen zu können, legte Goebbels' Ministerbüro ein Jahr später eine Übersicht über das gesamte Inventar an. Mit diesem 28seitigen Bestandsverzeichnis vom Oktober 1940 bekommt man einen Eindruck vom Anwesen.[184]

Das Hauptgebäude, als Haus 1 bezeichnet, umfaßte mehr als 30 Räume. Es gab einen Speisesaal mit einem großen langen Ausziehtisch, 22 Stühlen, zwei Sesseln, einem Büfett, einem fahrbaren Serviertisch, zwei sechsarmigen Silberleuchtern, einer Stehlampe.

Im Arbeitszimmer, auf der Seeseite gelegen, stand ein Schreibtisch bereit, der Schreibtischsessel war drehbar und hellgrau gepolstert; dazu fünf Sessel, hellgrün und weinrot. Eine Stehlampe sorgte für Gemütlichkeit, ein Kamin für knisternde Wärme, ein Plattenspieler für die Musik, und zwei Rundfunkapparate strahlten die Propaganda

Der fertiggestellte Waldhof, 1939/40. In der Mitte die versenkbaren Fensterscheiben vor der Halle, im Hintergrund ein »Freisitz«: Vom Vordach geschützt, konnte auch an regnerischen Sommertagen auf einer Liege Platz genommen werden.

Grundriß vom Erdgeschoß des Wohnhauses. Der kleine Pfeil kennzeichnet den Haupteingang. Das kurze Giebeldach darüber ermöglichte Goebbels, auch bei Regen trockenen Fußes vom Auto ins Haus zu gelangen. Hinter dem Windfang lag die im Grundriß als Diele bezeichnete Halle, ein geräumiges Kaminzimmer. Links erreichte man durch einen Gang die Privaträume des Ehepaars Goebbels. Der Gang nach rechts führte am Salon, dem Arbeitszimmer und dem Speisezimmer vorbei zum Filmsaal am vorderen Ende des Gebäudes.

HAUS AM BOGENSEE

DES HERRN REICHSMINISTERS DR. GOEBBELS.

ERSTES HAUS
ERDGESCHOSS-GRUNDRISS. M. 1:100.

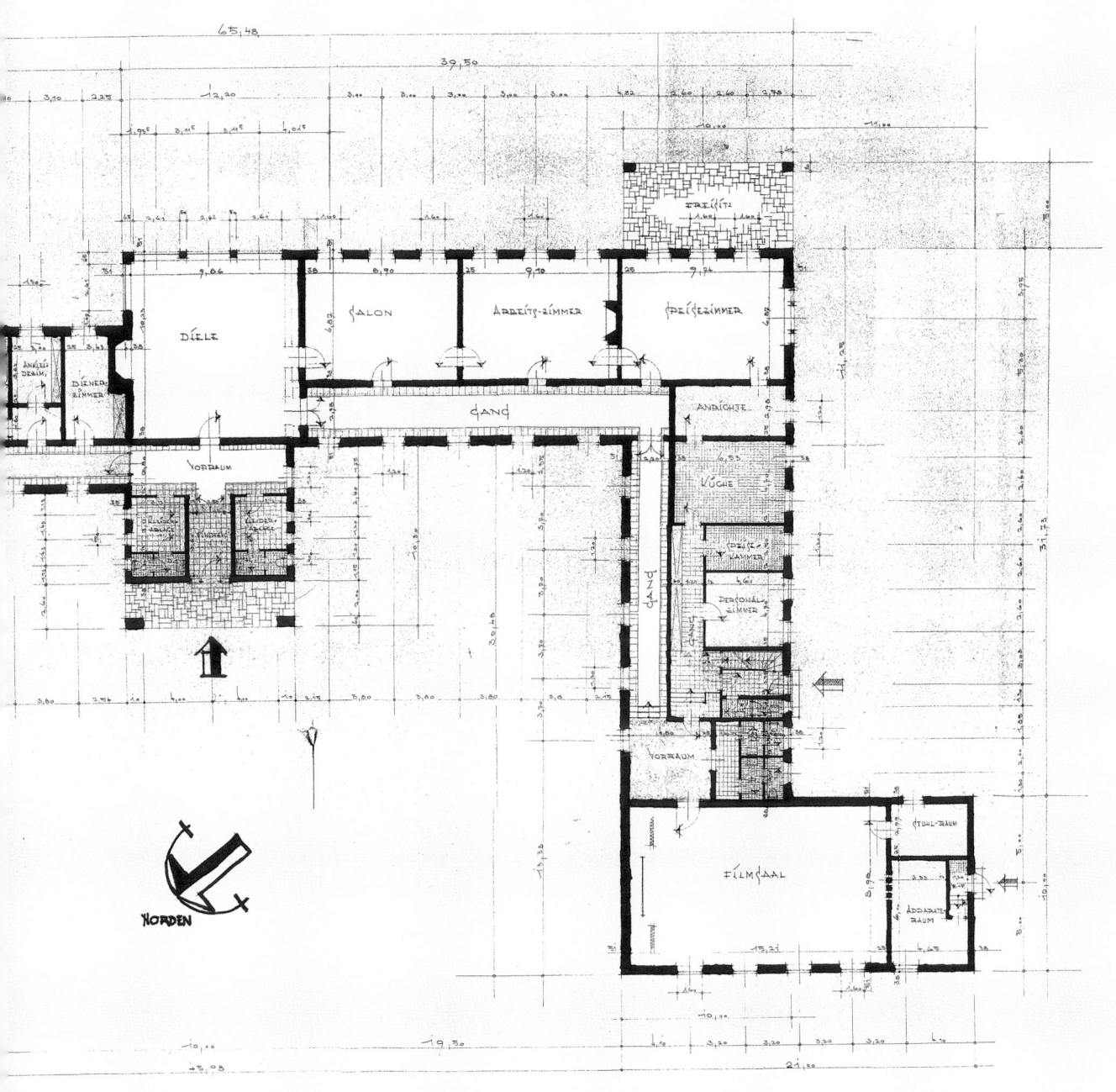

NORDEN

aus. Die »Bibliothektreppe« läßt auf reichhaltigen Buchbestand schließen.

Der Salon, ebenfalls mit Blick zum See, verfügte über zwei hellblaue kleine Sofas und ein großes Sofa, drei hellgraue und drei rosa Sessel, eine Stehlampe, acht Wandbeleuchtungen, einen großen runden Tisch, drei »kleine Tischchen« sowie ein »großes silbernes Zigarettenetui mit 2 Fächern«.

Die sogenannte Halle, im Bauplan als Diele bezeichnet, war für Geselligkeiten vorgesehen. Die Möbel standen locker gruppiert: ein großer runder Tisch, ein Sofa, vier Sessel, zehn Hocker und drei Stehlampen, verschiedene Tische und Tischchen, Polsterbänke und »Ohrenbackensessel«, auch ein Kamin ist verzeichnet. Für Ablenkung war ausreichend gesorgt: Tischtennis konnte gespielt wer-

den, ein Spieltisch war vorhanden, der Rundfunkapparat konnte im Raum herumgefahren werden.

Das fahrbare Radio war offenbar unverzichtbar in Goebbels' Reich. Es diente dem Propagandaminister zur ständigen Überwachung des Senders. Hans-Leo Martin, Goebbels' militärischer Berater und seit 1940 Verbindungsoffizier des Oberkommandos der Wehrmacht zum Propagandaministerium, erinnerte sich später: »Neben seinem Platz stand ein fahrbares Rundfunkgerät auf einer Art Teetisch. Es war dauernd leise angestellt, und Goebbels hörte immer mit einem Ohr hin. Eine falsche Ansage, eine ihm nicht zusagende Programmzusammenstellung veranlaßte ihn aufzuhorchen, und dann wurde einer seiner Referenten beauftragt, seine Wünsche an das Haus des Rundfunks durchzugeben.«[185]

Der Clou in diesem Landhaus waren die großen versenkbaren Fenster zur Terrasse. So etwas gab es in den nationalsozialistischen Kreisen sonst nur im »Berghof« bei Hitler und in »Carinhall« bei Göring. Auf der Terrasse standen fünf Korbstühle und zwei Korbliegestühle bereit für ein Sonnenbad im Sommer. Kam man vom Eingangsbereich, auf der anderen Seite des Gebäudes, links durch den Gang, mußte man an einem Dienerzimmer (mit Schreibmaschine und Telefon) vorbei. Daran schloß sich der Bereich »für den Herrn« an, Ankleideraum, Vorraum, Bad, Schlafzimmer, Frühstückszimmer. Es folgte, im U-Flügel, der Bereich »der Dame«, Boudoir, Schlafzimmer, Badezimmer (mit Vorraum). Das Personal verfügte über einen gesonderten Eingang zum anderen Seitenflügel. Von dort gelangte man auch in die Luftschutzräume (mit einem Tisch, drei Holzstühlen und einem Ruhebett).

Auch sonst war an alles gedacht. Im August 1939 sprach sich Architekt Bartels bei Goebbels dafür aus, »neben den

Links: Mit Hilfe eines rollbaren Radios überwachte Goebbels das Programm; Ansicht eines Modells aus der *Filmwelt* vom 28. Juli 1938.

Rechte Seite oben: Die Halle mit den großen Fenstern zum See. Unten links: Der Salon, neben der Halle gelegen. Unten rechts: Das Speisezimmer.

vorgesehenen Kühlräumen für die Küche und den Weinkeller die Einrichtung eines Bierkühlraumes nebst Bierbüfett und die Einrichtung eines Blätterteig-Kühltisches in der Küche des Wohnhauses« zu planen. Kosten für diese Extra-Ausstattung: rund 6000 RM. Die übrigen Kühlanlagen beider Häuser sollte die Firma Linde »zum Festpreis von RM 11000,–« installieren, wobei auch eine nicht ganz billige »Speiseeis-Bereitung« vorgesehen war. Am Preis sei nichts zu machen, beteuerte Bartels, da »die Fertigstellung nur unter Zurückstellung wichtigster militärischer Aufträge termingemäß« vorgenommen werden könne.[186]

Am Ende des rechten Wohnflügels war ein über 100 Quadratmeter großer Filmsaal gelegen. Darin standen sechs runde Tische und 27 verschiedene Sessel für die Gäste bereit, rot, hellgrau und beige. Dazu ein Flügel, zwei hohe Stehlampen, Wandbeleuchtungen aus Messing.

Eines der Schlafzimmer im Wohntrakt, ausgestattet in Seide und Satin. Magda und die Kinder wohnten anfangs nur sporadisch im Landhaus.

Für die Kinder gab es ein Spielzimmer und zwei Schlafzimmer. Dazu ein Mädchenzimmer mit Bett, Nachttisch, Frisierkommode und einen kleinen Tisch mit Innenspiegel sowie ein Schwesternzimmer und ein Kinderzimmer für Helga und Hilde. Im Dachgeschoß war ein Wohnbereich für den Diener eingerichtet, mit Wohnzimmer, Schlafzimmer, zwei Kammern, einem Bad.

Das separate, etwa 100 Meter vom Wohnhaus gelegene Dienstgebäude bestand aus rund 40 Räumen: einem Arbeitszimmer für Goebbels mit dem Schreibtisch und einem Globus in der Ecke, mit Bücherregalen, vier Sesseln und einem Sofa. Zwei Reichskanzler wachten mit Argusaugen über den Propagandaminister: Saß Goebbels an seinem Schreibtisch, beobachtete ihn der »Führer« direkt gegenüber, mit strengem Blick, in Öl gemalt, die Hand in die Hüfte gestemmt; saß Goebbels im Sessel, hatte er den Reichsgründer Bismarck als sein Gegenüber.

Im holzgetäfelten Konferenzzimmer stand ein langer Tisch mit 16 dunkelgrünen Polstersesseln, eine »Führerbüste« aus Bronze wachte hier über die Beratungen. Das Wartezimmer hielt ein fünfteiliges lindgrünes Sofa und fünf beige Sessel bereit, der Boden war ausgelegt mit grauem Velour, ein Rebhuhn in Bronze sorgte für Atmosphäre. Es gab ein Arbeitszimmer für den Referenten, ein Zimmer für die Sekretärin, ein Adjutantenzimmer, verschiedene Schlafzimmer für die Angestellten, mehrere Badezimmer.

An der Seite befand sich der Eingang für das Personal, der auch zu deren Gemeinschaftsraum führte. Für ihre Freizeit standen dort ein Damespiel, ein Schachspiel, ein Würfelbecher mit sechs Würfeln, vier Patience-Spiele und diverse Bücher zur Verfügung. Es schlossen sich ein Wirtschaftsraum an, eine Waschküche, ein Fahrerraum, ein Mädchenzimmer für »Marie«, ein Mädchenzimmer für die Köchin, eine Kammer und schließlich die Zimmer für die Kriminalpolizei (mit zwei »Eisenbettstellen«) und anderes Wachpersonal sowie ein Fernsprechraum, über den die 60 Telefone des Hauses geschaltet waren.

Die Garage schließlich, auch als »Wohnung Ludwig« bezeichnet, verfügte neben den üblichen Wohnräumen über einen »Telefunkenraum« und eine »Geschirrkammer«, einen Transformatorenraum sowie den Stall. Hier sorgte der Diener Ludwig für die Pferde und die Wagen,

An der Hofseite des Landhauses verliefen lange Gänge, durch die einzelne Zimmer oder Wohnbereiche betreten werden konnten.

Der Filmsaal im Waldhof, mehr als 100 Quadratmeter groß. Hier begutachtete der Propagandaminister die Produktionen der »Wochenschau« oder ließ geladenen Gästen Spielfilme vorführen.

von hier aus kümmerte er sich um den ganzen Betrieb des Anwesens. Dabei achtete er darauf, daß die überall vorhandenen Verdunklungsgardinen bei Gefahr im Verzug auch benutzt wurden. Die ersten Bomben fielen bereits auf Berlin – im Oktober 1940, als das Bestandsverzeichnis von Goebbels' Anwesen erstellt worden war, flogen britische Verbände wiederholt Luftangriffe, und auch am Bogensee gab es mehrfach Fliegeralarm.

Goebbels war voller Besitzerstolz, und der Waldhof verfehlte auch nicht seine Wirkung bei den Besuchern. Beides bezeugt die Schilderung von Hans-Leo Martin: »Als ich zum ersten Mal in Lanke war, konnte ich mich davon überzeugen, daß es sich hier nicht nur um ein ›nettes Haus‹ handelte. Es war vielmehr das, was man einen ›Besitz‹ nennen könnte. Großzügig und luxuriös in seiner Anlage. Mit weit abgesetzten Gästehäusern, natürlich einem

Filmtheater und was so dazu gehört. Im Haupthaus war alles elektrifiziert. Selbstverständlich alles, was üblich im Haus und in der Küche ist, darüber hinaus aber auch eine riesig große Scheibe im Wohnraum, die sich durch Knopfdruck in den Boden versenkte, und das Zimmer auf diese Art um die Terrasse erweiterte. Goebbels war etwas parvenuhaft stolz auf diese Errungenschaften, und als ein plötzlich heraufkommendes Gewitter Kurzschluß verursachte und nichts von den schönen Dingen funktionierte, war es interessant zu beobachten, wie er darauf reagierte. Sein Humor konnte sich nur, da allerdings besonders gut, entzünden, wenn es um die Schwächen anderer Menschen ging. Bei dieser kleinen Panne in Lanke konnte er es nicht einmal zu einem Lächeln bringen. Sein Gesicht verzerrte sich, er schimpfte und verlangte energisch die sofortige Abstellung des Malheurs.«[187]

Die Weltkugel durfte nicht fehlen, weder im Arbeitszimmer im Dienstgebäude am Bogensee (oben und unten rechts), noch in Goebbels' Büro im Propagandaministerium in Berlin.

»Wir besprechen politische und Kriegsprobleme« – Der Waldhof als Ersatzministerium

Die Jahreswende 1939/1940 verbrachte Goebbels am Bogensee. »Um 12h heben wir die Gläser«, heißt es im Tagebuch. »›Gott strafe England!‹« Nachdem der Toast im Kreis von ein paar Gästen ausgegeben war, wurde Goebbels melancholisch – und fanatisch zugleich. »Über dem Bogensee steht hoch der Mond. Fern läuten die Glocken der Dorfkirche. Ein neues Jahr fängt an. Gott gebe uns den Sieg! Den großen Sieg! Dafür wollen wir arbeiten und kämpfen.«[188]

Im ersten Kriegsjahr war der Waldhof für Goebbels die wichtigste Unterkunft. »Wir wollen nun voraussichtlich 2 Monate hier draußen bleiben«, heißt es am 10. März 1940 im Tagebuch, und zur Begründung: »Schwanenwerder wird neu gerichtet.«[189] Sonst lebte die Familie Goebbels in dieser Zeit häufig getrennt. Während Ehefrau Magda mit den schulpflichtigen Töchtern Helga und Hilde auf Schwanenwerder blieb, verbrachten die kleinen Kinder, Helmut und Holde, und ihr Vater viel Zeit am Bogensee. Nur an Wochenenden, zu Feiertagen und in den Schulferien kam die Familie ab und an im Waldhof zusammen.

Bogensee wurde zum Ort der Propaganda. Im Filmsaal zensierte Goebbels die Produkte der Traumfabrik und stellte die Wochenschau zusammen. In seinem Arbeitszimmer befaßte er sich mit Strategien der Propaganda und brachte seine Theorien zu Papier. Am 27. März 1940 heißt es in seinem Tagebuch: »Und ewig unsere Schlagworte wiederholen. Wir sprechen und schreiben nicht für Intellektuelle, sondern für das Volk. Da muß man primitiv vorgehen. Das Volk will mehr in seinem Gefühl und nicht in seinem Intellekt angesprochen werden. Das vergessen unsere Gebildeten allzuleicht. [...] Ewig wiederholen, niemals in der Intensität nachlassen. Das ist überhaupt der Witz der Propaganda.«[190]

Seit Goebbels immer häufiger am Bogensee auch seine Amtsgeschäfte erledigte – sein Amtssitz an der Wilhelmstraße wurde umgebaut und erweitert –, stellte sich heraus, daß der Waldhof eher als Privathaus konzipiert war denn als ein Ersatzministerium. Die Telefonanlage reichte nicht aus. So wandte sich Goebbels' Ministerbüro drei Monate nach Fertigstellung mit einem Schreiben an das Reichsfinanzministerium und bat um eine größere Fernsprechanlage. Der Ort habe sich als Rückzugsmöglichkeit für Goebbels bewährt, zudem sei dies ausdrücklich »in Verfolg einer Anregung des Führers« geschehen, »sich außerhalb Berlins einen Wohnsitz zu schaffen, auf dem, fern vom Geschäftsbetrieb der Reichshauptstadt in Ruhe grundlegende Fragen beraten und Entschlüsse gefaßt werden können«.

Die Anforderungen an den Minister seien aber mittlerweile gestiegen, und mit den Neubauten ergäben sich am Bogensee auch ganz andere Möglichkeiten, wurde in dem Brief vom 12. Januar 1940 weiter argumentiert. »Der außerordentliche Umfang der Dienstgeschäfte bringt es mit sich, daß Reichsminister Dr. Goebbels auch während seines Aufenthalts am Bogensee dienstlich tätig sein muß. Auch die während des Aufenthalts von Reichsminister Dr. Goebbels dort tätigen Adjutanten und Referenten des Propagandaministeriums sowie die aus dienstlichem Anlaß dort empfangenen Persönlichkeiten der nationalsozialistischen Staatsführung und der Kunst, ferner die Vertreter fremder Mächte haben vielfach während des Aufenthalts in Lanke Dienstgeschäfte zu besorgen. Für die sichere Erledigung dieser in der Regel unaufschiebbaren Geschäfte ist die Anlage einer besonders gesicherten und umfangreichen Fernsprechzentrale notwendig geworden.«

Die Anlage werde – laut Auskunft der Reichspostdirektion – etwa 45000 RM kosten, an monatlichen Gebühren würden ca. 1600 RM anfallen. Da die Gebäude am Bogensee nicht als »Amtswohnungen« zu bezeichnen seien, müßten die Anlagekosten »außerplanmäßig zur Verfügung« gestellt werden.[191]

Das Reichsfinanzministerium bremste ein wenig, weil es die Kosten für die Anlage nicht im gewünschten Umfang übernehmen mochte. Im März 1940 gab es deswegen eine »eingehende Verhandlung« zwischen einem Vertreter des Propagandaministeriums und des Finanzministeriums, in der die unterschiedlichen Standpunkte aufeinanderprallten. Der Finanzbeamte verwies »auf die für etwa 8000,– RM erstellte Anlage des Reichsaußenministers« und wollte nicht einsehen, daß Goebbels' Anlage, die schon 60 Nebenstellen hatte, für mehr als das Fünffache ausgebaut werden sollte.[192] Man einigte sich schließlich auf Ko-

»Ewig wiederholen, niemals in der Intensität nachlassen. Das ist überhaupt der Witz der Propaganda«, schrieb Goebbels im März 1940 in sein Tagebuch. Die Aufnahme zeigt ihn 1939 bei der Vorbereitung der alljährlichen Silvesteransprache.

stenteilung. Einspringen mußte wieder Finanzjongleur Max Winkler, so daß die Anlage schließlich Ende 1940 auf 97 Nebenstellen erweitert wurde.[193]

In den ersten drei Monaten des Jahres 1940 nutzte Goebbels sein neues Refugium bereits häufig für Arbeitsbesprechungen oder als Schauplatz von Festen und Empfängen für Künstler. Zwar pendelte er oft zwischen seinem offiziellen Amtssitz an der Wilhelmstraße in Berlin und dem Bogensee, doch erledigte er auch viele Arbeiten draußen im Walde. Beispielsweise kam der getreue Oberbürgermeister von Berlin, Julius Lippert, heraus, ebenso SA-Gruppenführer Arthur Görlitzer, Wilhelm Haegert, ein leitender Mitarbeiter im Propagandaministerium, oder der Hauptschriftleiter des Berliner *12-Uhr-Blattes*, Wilhelm Fanderl. »Wir besprechen politische und Kriegsprobleme«,[194] heißt es bei Goebbels.

Fritz Hippler, seit Sommer 1939 Leiter der Filmabteilung im Propagandaministerium, fuhr regelmäßig zu Goebbels, um mit ihm die »Wochenschau« zu begutachten, zu bearbeiten, zu zensieren. Auch im neu errichteten Filmsaal am Bogensee war das nun möglich. »Im Gegensatz zu früher hatte ich ab sofort jeden Samstag, Sonntag, Montag, und Dienstag abend im Hause Goebbels' zu erscheinen«, erinnerte sich Hippler, »am Wochenende zur Vorführung neuester deutscher Spielfilme, am Wochenanfang zuerst mit dem stummen Rohschnitt der Wochenschau, zu dem ich die Texte verlas, dann mit dem Feinschnitt, den unterlegten Musikpassagen und dem revidierten Text.«[195]

Im Februar 1940 empfing Goebbels zwölf Auslandsjournalisten »zur Aussprache in Lanke. Die großen Kanonen aus vielen Ländern sind dabei«, kommentierte er stolz. »Alle aktuellen Fragen kommen zur Debatte, und ich muß

Neubau des Propagandaministeriums in der Berliner Mauer-
straße, Abbildung aus dem Jahr 1936.

manchmal sehr vorsichtig operieren. Aber es gelingt mir, die Sache zu einem blendenden Erfolg zu bringen. Sie fahren alle sehr befriedigt nach Berlin zurück.«[196] Ende März hatte Goebbels zwölf »der ersten Journalisten in Lanke zu Gast«, darunter Friedrich Hussong, den Leitartikler des *Berliner Lokal-Anzeigers*, Karl Megerle und Richard Jügler, den außenpolitischen Kommentator bzw. Hauptschriftleiter der *Berliner Börsenzeitung*. »Wir politisieren bis in den Abend hinein«, heißt es im Tagebuch. »Ich mache die ganze Situation klar. Kluge und sympathische Köpfe.«[197] Goebbels stimmte die Meinungsführer auf die kommenden Kriegsereignisse ein.

Anfang März war schließlich das Dienstgebäude fertiggestellt worden. Es befriedigte Goebbels sehr, wie er in seinem Tagebuch festhielt.[198] »Ich fühle mich draußen so wohl, daß ich nirgendwo anders mehr sein möchte«.[199]

Am 1. April 1940 wurde der neue Landsitz am Bogensee auch vertraglich unter Dach und Fach gebracht. Doch Goebbels beschäftigte anderes mehr. Die »große Frage« war: »Wann geht's los?« Norwegen und Dänemark sollten angegriffen werden, eine Woche später geschah es.

Sein Terminkalender an diesem Tag war übervoll. In Berlin gab er vormittags Anweisungen für die Provinzpresse, prüfte ein englisches Buch über sich – »strotzend von Lüge und Gemeinheit, aber doch voll von Respekt«, wie er geschmeichelt bemerkte. Er erließ mehrere Verbote gegen Bücher und ausländische Zeitungen, empfing Konstantin Freiherr von Neurath, den »Reichsprotektor für Böhmen und Mähren«, und hörte Leni Riefenstahl an, die über ihre Vorarbeiten zum nächsten Film »Tiefland« berichtete. Nachmittags verschaffte sich Goebbels einen Überblick über die politische Welt- und die konkrete Kriegslage, empfing den Gesandten Werner Daitz, gab dem italienischen Presseattaché in Berlin, Filippo Bojano, für den *Popolo d'Italia* ein Interview und machte die Wochenschau noch fertig. Dann fuhr er zurück zum Bogensee.[200] Irgendwann im Verlauf dieses hektischen 1. April unterzeichnete er auch das Vertragswerk für den Waldhof.[201]

Kaum war alles geregelt, entwickelte der Architekt Bartels wieder neue Ideen zum Ausbau und Umbau. Am 26. April 1940, vierzehn Tage vor dem Überfall auf Frankreich, heißt es bei Goebbels: »Bartels macht mir einige neue Vorschläge für Lanke.«[202] Goebbels zeigte sich dafür empfänglich. Trotz Krieg und Hektik, trotz steigender Belastungen und Materialnot, für den Waldhof sollte es an nichts fehlen.

Mitte September erreichte Bartels eine ganze Liste von Wünschen aus dem Ministerbüro. Stichwortartig wurden vierzehn Punkte aufgeführt, »über die er Bericht wünscht: Neue Stühle in der Halle« sollten her, im Salon »neue Vorhänge«. »Filmraum komplett«, hieß es und in Klammern: »keine Wandbespannung«. Im Vorraum zum Filmsaal sollte die »grüne Bespannung weg«. Der nächste Punkt: »Wände und Flure erneuern«.

Auch der Weg um den See gefiel Goebbels noch nicht. Das wilde Gras sollte entfernt, eine neue Birke vors Haus gesetzt werden. Radioapparaturen sollten in Ordnung gebracht werden, »sämtliche Türen klappern«, auch mit den

»Doppeltüren im Schlafzimmer und Damensalon« sei etwas nicht in Ordnung. Im Dienstgebäude sollte der »Flur zwischen Staatssekretärzimmer und Gemeinschaftsraum mit Teppich« ausgelegt werden, »ebenfalls den entsprechenden Flur im I. Stock«.[203]

Ein nächstes größeres Projekt war der Umbau des Wohnhauses Kaiser auf der Ostseite des Sees. Kaiser – sein langjähriger Diener – wurde nun nicht mehr gebraucht. Am 24. August 1940 erhielt Bartels den Auftrag, das »Wohnhaus von Kaiser im ›Waldhof am Bogensee‹ (...) auf die Möglichkeit eines Umbaues zu einem Gästehaus« zu prüfen. »Es soll als Gästehaus für zwei Familien verwandt werden.« Geeignete »Vorschläge und Pläne« sollten drei Tage später, »bis zum Dienstag, dem 27.8.« vorliegen.[204]

Die Unterlagen, diesmal gezeichnet von Jürgen Schweitzer, dem Partner von Bartels, wurden pünktlich geliefert. Für den Umbau wurden rund 8000 RM veranschlagt.[205] Damit war Goebbels einverstanden, die Kosten mußte ohnehin die Stadt Berlin tragen, denn sie war laut Vertrag für die Bauten auf der östlichen Seite des Sees zuständig. Die Stadt wurde auch beauftragt, für den ehemaligen Diener eine Wohnung bereitzustellen.[206]

Ende September 1940 erwähnte Goebbels die Umbaupläne auch in seinem Tagebuch: »Mit Bartels Neubau des Hauses von Kaiser besprochen, der nun entlassen ist, und dessen Haus ich für meine Mitarbeiter einrichten lassen will. Dann können sie wenigstens mal ihre Frauen mitbringen.«[207] Einen Tag nach dem Auszug von Kaiser, am Montag, dem 7. Oktober, begannen die Umbauarbeiten.

Anfang November stellte Bartels die »Fertigstellung des Hauses etwa am 5. 12. ds. Js.« in Aussicht, sofern »die jetzt dort beschäftigten Leute nicht auch für den Bunkerbau abgezogen werden«.[208] Doch aus der Nutzung zu Weihnachten wurde nichts. Es fehlten noch einige Einrichtungsgegenstände, und der Maler konnte erst Mitte Dezember anfangen. Am 16. Februar 1941, einem Sonntag, besichtigte Goebbels erstmals den Umbau: »sehr gut und gemütlich geworden. Hier können meine Mitarbeiter es schon aushalten.«[209]

Der »Waldhof am Bogensee« mit seinen Neubauten war, so hieß es im Schreiben von Goebbels' Ministerbüro Anfang 1940, »als Ausweichstelle für dienstliche Zwecke« konzipiert worden. Auch »Persönlichkeiten der nationalsozialistischen Staatsführung« sollten empfangen werden oder »Vertreter fremder Mächte«.[210] Doch letzteres war vor allem Göring vorbehalten, der sein »Carinhall« – rund 30 Kilometer nördlich gelegen – für die Diplomatie nutzte. Eine Ausnahme bildete der italienische Botschafter in Berlin, Dino Odoardo Alfieri, der wiederholt herauskam, um sich mit Goebbels politisch abzustimmen.[211]

In den ersten Monaten nach der Fertigstellung nutzte Goebbels die neuen Gebäude für seine Amtsgeschäfte besonders intensiv. So tauchte etwa Hans-Leo Martin, der Verbindungsoffizier des Oberkommandos der Wehrmacht, regelmäßig auf, um die militärische Lage zu erläutern. Am 25. Juni 1940, dem Tag, an dem

Spaß im feinen Zwirn. Goebbels signiert die Manschette des italienischen Botschafters in Berlin, Dino Odoardo Alfieri. Magda Goebbels sieht amüsiert zu, um 1940.

der deutsch-französische Waffenstillstand von Compiègne in Kraft trat, berichtete Martin »von Paris und dem Kampfgeschehen« und zeichnete Goebbels das »Bild einer vollkommen zerschmetterten französischen Bevölkerung«.[212]

In der Nacht zuvor hatte Goebbels im kleinen Kreis seiner Mitarbeiter noch wie gebannt am Rundfunkgerät gelauscht. Im Triumph des Sieges wurde er lyrisch: »Wir hören nachts um 1.35 die Sendung des Rundfunks zum Beginn des Waffenstillstands, die ich sehr wirkungsvoll zusammengestellt habe. Sie macht auf uns und auf das ganze Volk den tiefsten Eindruck. Ich bin wie benommen. Soweit also haben wir es schon gebracht! Die Tränen kommen mir, als die Glocken erklingen. Welch eine gesegnete Stunde. Man möchte sie fassen und nicht wieder loslassen. Der Mond steht hoch über dem Bogensee. Eine silbrig klare Nacht. Schon steigt die blasse Dämmerung herauf. Dann falle ich auch müde ins Bett hinein.«[213]

Auch Friedrich Christian Prinz zu Schaumburg-Lippe, Mitarbeiter des Propagandaministeriums und ehemaliger persönlicher Adjutant von Goebbels, war in jener bedeutungsvollen Nacht vom Juni 1940 am Bogensee. »Am Abend des Tages der Kapitulation Frankreichs vertrat ich ausnahmsweise den persönlichen Adjutanten des Ministers und war darum draußen in Lanke«, erinnerte sich der Prinz. »Goebbels hatte mich zusammen mit den Verbindungsoffizieren der drei Wehrmachtsteile zum Essen eingeladen. Die Zusammensetzung dieser Gesellschaft fiel mir auf, denn sonst war meist nur einer der drei Herren bei ihm. Er stand mit allen persönlich sehr gut, schätzte sie ganz besonders.«

Ein schöner, warmer Abend sei es gewesen, bis spät in die Nacht hätten sie »draußen auf der weiten Terrasse des langgestreckten ebenerdigen Hauses« gesessen. Goebbels sei in sehr guter Stimmung gewesen, »eine schier unbändige Freude« schien er verheimlichen zu wollen, berichtete der adlige Mitarbeiter. Gegen elf Uhr sei Goebbels ans Telefon gerufen worden. »Er kam zurück und tat etwas, was er wohl überhaupt nur sehr selten in seinem Leben getan hat (...), er bestellte plötzlich Sekt.«

Dann sei es feierlich geworden, Goebbels habe etwas gezögert und danach mit unsicherer Stimme eine Ansprache gehalten: »›Meine Herren – es ist fast sicher, daß der Krieg zu Ende ist – eine bessere Nachricht kann es für uns meines Erachtens nicht geben, denn wir haben mit einem Minimum an Opfern eine Position erreicht, die unwahrscheinlich günstig ist. Jetzt kommt es darauf an, der Welt mit geradezu frappierender Großzügigkeit zu beweisen, daß wir nicht nur uns, sondern allen einen gerechten und dauerhaften Frieden sichern wollen. Wir sind entschlossen, Frankreich nichts zu tun, sondern ihm ein Bündnis anzubieten, das die beste Garantie für den Frieden ist.‹«

Wie gebannt hielten die Zuhörer einen Augenblick inne. »Dann freuten wir uns mit ihm so sehr«, so Prinz Schaumburg weiter, »daß uns die Tränen in die Augen kamen. Ich hatte ein ganz starkes Gefühl der Dankbarkeit – vor dem Allmächtigen. Es schien mir, als stünde uns eine Sternstunde der Menschheit bevor.«[214]

Die Propagandaarbeit für Frankreich stimmte Goebbels in den folgenden Wochen am Bogensee im persönlichen Gespräch ab. Major Heinz Schmidtke war seit Sommer 1940 der Leiter der Propagandaabteilung in Frankreich, mehrfach kam er zu Absprachen nach Lanke. »Ich gebe ihm genaue Weisungen mit auf den Weg«, heißt es bei

Juni 1940: Nach der Kapitulation Frankreichs marschieren deutsche Soldaten in Paris durch den Arc de Triomphe.

Mitte der dreißiger Jahre: Karrieren gedeihen gut im Gespräch mit der politischen Macht. Der Schauspieler Willy Fritsch (Mitte) und Friedrich Christian Prinz zu Schaumburg-Lippe, Mitarbeiter im Propagandaministerium, mit Goebbels in der Städtischen Oper in Berlin. Sitzend von links: Leni Riefenstahl, Magda Goebbels und der italienische Botschafter Vittorio Cerruti.

Goebbels im Juli 1940, »nichts gefallen lassen, Sabotage gar nicht aufkommen lassen«.[215] Mit General Ernst Seifert und Leopold Gutterer, einem führenden Mitarbeiter im Propagandaministerium, traf Goebbels am Bogensee »die Vorbereitungen für die Heimkehr unserer Truppen (...). Wir werden sie ganz groß empfangen«, legte Goebbels fest.[216]

Am 18. Juli wurde der Sieg über Frankreich mit Glockengeläut und Truppenparade in der Reichshauptstadt entsprechend gefeiert. »Ganz Berlin war auf den Beinen, um die heimkehrenden Soldaten zu empfangen«, erinnerte sich Prinz Schaumburg. »Goebbels stand als Gauleiter Groß-Berlins neben dem kommandierenden General Fromm, dem späteren Chef des Ersatzheeres, und wurde von Zehntausenden gefeiert wie nie zuvor. Wir glaubten an den Frieden.«[217]

Major Rudolf Wodarg erstattete Goebbels im Waldhof mehrfach Bericht über die »Vorbereitungen der Luftwaffe«.[218] Arbeitsbesprechungen mit leitenden Mitarbeitern des Rundfunks und der Zeitungen fanden im Landsitz statt. Auch die Produktionschefs der Filmgesellschaften ließ Goebbels herauskommen. Seinen italienischen Amtskollegen, Alessandro Pavolini, empfing Goebbels im Juni 1941 »in kleinem Kreise in Lanke«,[219] ausgerechnet am Abend jenes Sonntags, an dem die deutschen Truppen die Sowjetunion überfielen.

Es kam zu Geselligkeiten und Festen mit Künstlern und Bekannten – doch weniger zu Empfängen für »Persönlichkeiten der nationalsozialistischen Staatsführung«. Dafür war die Anlage dann doch nicht repräsentativ genug. Hitler beispielsweise traf sich mit Goebbels lieber auf Schwa-

Hitler mit der ältesten Tochter von Goebbels, Helga, auf dem Obersalzberg, 1937.

nenwerder, wo er eine vertraute Umgebung vorfand und mit den Kindern spielte. Einem solchen Besuch hatte sich dann alles unterzuordnen, wie die Eintragungen vom 9. September 1940 belegen. An diesem Sonntag hatte Goebbels zunächst in Berlin gearbeitet und eine »ausgedehnte« Propagandakonferenz abgehalten. Dann war er zum Bogensee gefahren, um von dort seine Anweisungen zu geben.

Später kam seine Ehefrau Magda heraus und brachte die Töchter Helga und Hilde mit. »Ein nettes Plauderstündchen«, vermerkte Goebbels. »Aber wir fahren bald wieder nach Schwanenwerder zurück, da der Führer uns besuchen will.« Hitler »kommt zum Tee«. Sie unterhielten sich über den Luftkrieg gegen England, der »Führer« wolle »jetzt tabula rasa machen«, heißt es. Dann spielte Hitler mit den Kindern, »als wenn die ganze Welt um uns versunken wäre«. Anschließend drückte Hitler seine »große Sorge um unseren Luftschutzkeller« aus. Nachdem er sich gegen Abend verabschiedet hatte, fuhr Goebbels mit seiner Frau und den Kindern wieder zurück an den Bogensee.[220]

Wilfred von Oven, seit Sommer 1943 der Pressereferent von Goebbels, überliefert in seinen Erinnerungen ein paar Sätze des Propagandaministers, in denen die Unterschiede zwischen den Wohnsitzen deutlich werden: »Beim Mittagessen in der Hermann-Göring-Straße kam der Minister einmal auf seine verschiedenen Häuser zu sprechen. ›Hier wohne ich zu Gast‹, sagte er, ›in Lanke wohne ich zu Gast, aber in Schwanenwerder bin ich zu Hause. Das gehört mir persönlich mit jedem Stuhl und jedem Teppich und jedem Löffel. Und zwar habe ich mir Schwanenwerder erarbeitet, nicht als Minister, sondern als Schriftsteller. Das ist mein Stolz. Und darum fühle ich mich auch in Schwanenwerder so wohl. Das ist mein eigen.«[221] Wie er zu diesem Eigentum gekommen war, führte er aber nicht aus. Das Grundstück für die Erweiterungsbauten hatte er im Zuge der »Arisierungspolitik« 1938 von einem jüdischen Bankdirektor zu einem Preis weit unter Wert erworben.[222]

Glaubt man Goebbels' Eintragungen in seinem Tagebuch, dann waren nur wenige aus der NS-Führung zu Gast am Bogensee. Martin Bormann, der Leiter der Parteikanzlei Hitlers, sollte offenbar erstmals 1942 erscheinen, »um mit mir primär die Zehnjahresfeier am 30. Januar zu besprechen«.[223]

Die Familie Goebbels galt bei den Nationalsozialisten als deutsche Vorzeigefamilie. Immer wieder wurden Aufnahmen von ihr in der Öffentlichkeit verbreitet. Dieses Bild zeigt sie 1939 vor dem Goebbelsschen Wohnhaus auf Schwanenwerder.

Der zweite wichtige Gast aus der Nazi-Führung sollte Rüstungsminister Albert Speer werden, wenn auch erst 1944. Nach den Rückschlägen an nahezu allen Fronten und dem Verlust der Lufthoheit über Deutschland mit den zunehmenden Flächenbombardements galt es, eine entsprechende Gegenpropaganda abzustimmen. »Speer macht uns am Abend in Lanke einen Besuch«, heißt es am 18. Mai 1944. »Er bleibt über Nacht draußen. Wir haben Gelegenheit, uns über tausenderlei Fragen auszusprechen. Er ist sehr nett. Vor allem behandeln wir gemeinsam die Frage des Wiederaufbaus unserer zerstörten Städte. Speer verfolgt hier ein sehr großzügiges und klares Programm, das vor allem den Wiederaufbau der Reichshauptstadt betrifft. Ich glaube, die Wiedererrichtung unserer Städte wird bei ihm in besten Händen liegen. Er ist ein Organisator großen Formats.«[224]

»Künstler sind wie Kinder« – Feste mit Schauspielern

Da Berlin mehr und mehr von Luftangriffen betroffen war, wurde der Waldhof am Bogensee zum Ausweichquartier und Amtssitz. Zugleich traf Goebbels dort vielfach Personen aus dem Kultur- und Medienbereich. Ließ Goebbels seine Einladungen in Filmkreisen verteilen, konnte man den Landsitz als »Kulturgemeinschaftshaus« bezeichnen. So hatte es schließlich Max Winkler mit seiner »Cautio-Treuhandgesellschaft mbH« eingefädelt.[225] Es kamen Schauspieler, Regisseure, Produktionsleiter, Kameraleute.

Der Propagandaminister fühlte sich wohl in diesen Kreisen, er war ihr oberster Herr, hier konnte er glänzen und bestimmen. »Ich bin gerne mit Künstlern zusammen«, notierte er im März 1937. »Sie sind anregend und begeisterungsfähig. Man geht ganz und gerne aus sich heraus.«[226] Gleichzeitig fühlte er sich ihnen überlegen und notierte im November 1937: »Diese Künstler sind wie die Kinder.«[227] Nun, nach der Fertigstellung der Neubauten auf der westlichen Seite des Sees, konnte sich Goebbels diese Runden öfter leisten. Der Waldhof bot das ideale Ambiente.

Fritz Hippler, seit Sommer 1939 Chef der Filmabteilung im Propagandaministerium, zweieinhalb Jahre später dann Reichsfilmintendant unter Goebbels, stellte in seinen Erinnerungen eine Liste jener zusammen, die regelmäßig beim Propagandaminister zu Gast waren. »In diesen Wochen hatte ich pro Woche mindestens ein bis zwei Mal etwa um die fünfzehn Damen und Herren des Films zum Abendessen nach Lanke oder in die Hermann-Göring-Straße zu bitten. Es waren im wesentlichen immer dieselben Namen, auf die Goebbels zurückkam; um nur einige zu nennen, die ich mir im ersten Vierteljahr 1941 in meinem Taschenbuch notiert hatte: Jutta Freybe, Else von

Fritz Hippler (links). Der Regisseur von »Der ewige Jude« stellte mit Goebbels die »Wochenschauen« zusammen.

Möllendorf, Joachim Brennecke, Jenny Jugo, Heli Finkenzeller, Fita Benkhoff, Olga Tschechowa, Lil Dagover, Margot Hielscher, Will Dohm, Irene von Meyendorff, Marika Rökk, Grethe Weiser, Viktor Staal, Hans Leibelt, Paul Hartmann, Mathias Wieman, Werner Hinz, Willy Birgel, René Deltgen, Willy Fritsch, Lizzy Waldmüller, Jaspar von Oertzen, Lotte Koch, Gisela Uhlen, Laura Solari, Hans Bertram, Heinz Welzel, Jansen, Malte Jaeger, Schweikart, Käthe Haack, Hans Söhnker, Kayßler, Veit Harlan, Kristina Söderbaum, Simson, Karl John, Heinz Rühmann, Hannelore Schroth, Wolfgang Liebeneiner, Hilde Krahl, Leni Marenbach, Zarah Leander, L. Ullrich, M. Schneider usw. Dazu die Produktionschefs Jahn, Teichs, Hartl, Schreiber. Natürlich hat nie jemand derartige Einladungen bewußt ausgeschlagen.«[228]

In ihren Lebenserinnerungen hieß es später meist übereinstimmend: Unpolitisch sei man gewesen, nichts habe man gewußt, gearbeitet vor allem. Im übrigen aber sei die Zeit herrlich gewesen, vor allem sehr kameradschaftlich. Und Goebbels habe man gar nicht richtig ernst genommen, eher Scherze über ihn gemacht.[229] So klingt es in vielen Rückblicken, doch nach anderen Berichten war an den Abenden selbst eher Unterwürfigkeit zu spüren.

Im Sommer 1940 verbrachte Goebbels viel Zeit am Bogensee. Von hier aus begleitete er die verschärften Luftangriffe gegen England mit entsprechender Propaganda. Hitler hatte am 1. August die deutsche Luftwaffe aufgefordert, »mit allen zur Verfügung stehenden Kräften die englische Luftwaffe möglichst bald niederzukämpfen«.[230] Da dies nicht gelang, mußten entsprechende Ablenkungsmanöver in die Presse gebracht werden. Immer wieder prüfte Goebbels auch Filme am Bogensee. Mehrfach sah er sich in dieser Zeit »Jud Süß« von Veit Harlan an: »Ein ganz großer, genialer Wurf. Ein antisemitischer Film, wie wir ihn uns nur wünschen können. Ich freue mich darüber.«[231]

Nachdem Ehefrau Magda mit den Kindern im August wieder nach Schwanenwerder umgezogen war – die Schule hatte begonnen –, organisierte Goebbels verstärkt Künstlerabende. Am 24. August, einem Samstag, kamen mehrere Schauspieler an den Bogensee, darunter Veit Harlan und seine zweite Ehefrau, die Schauspielerin Kristina Söderbaum, sowie Käte Haack. Alle drei waren hier gern gesehen. Goebbels hatte dafür gesorgt, daß Käte Haack 1939 von Hitler zur »Staatsschauspielerin« gekürt worden war. Abends sahen sie sich Filmproben aus »Vom Winde verweht« an.[232]

In den Lebenserinnerungen von Käte Haack findet sich kein Wort über diese halb privaten Einladungen an den Bogensee. Nur einmal erwähnt die Schauspielerin »einen Empfang für die Künstler« im Propagandaministerium und fügt dann entschuldigend und etwas kess hinzu: »Das war so eine eigene Sache mit diesen Einladungen. Wenig Künstler gab es damals, die nicht auf die Nazis schimpften, aber wenn die Feste kamen, waren sie alle dabei.«[233] Und ein wenig kokett ergänzte sie noch: »Es war eine Eigenart der damaligen Herren, uns Schauspielerinnen immer ohne Mann einzuladen. Ich weiß nicht, was es sollte! Oder doch?«[234]

Am 27. August 1940 hatte Goebbels eine größere Künstlerschar zu Gast gehabt. »Nachmittags Besuch einiger Künstler, die sich besonders um die Truppenbetreuung verdient gemacht haben«, heißt es in seinem Tagebuch. Zusammengekommen waren die Sängerin und Tänzerin Ursula Deinert, der Konzertpianist und Abteilungsleiter beim Rundfunk Michael Raucheisen, der Kammersänger Karl Schmitt-Walter. Dazu gesellten sich aus der Film- und Theaterbranche Theodor Loos, Hilde Seipp, Mady Rahl und Marika Rökk. »Es ist ganz nett, sich so einmal auszuplaudern«, bemerkte Goebbels. »Eine kleine Entspannung für mich und für die Leute eine Freude.« Sie erzählten sich Geschichten, spazierten durch den Wald, hielten dort Rast und ließen die Musiker für sich aufspielen. »Das ist alles so schön und liegt alles so weit«, freute sich der Propagandaminister.[235]

Marika Rökk gab sich in ihren Lebenserinnerungen beleidigt über spätere Kritik. »Ich habe meine Karriere in Deutschland zur Zeit des Nationalsozialismus gemacht«, bekannte sie. »Das ist mir nach dem Krieg bitter angekreidet worden. Drei Jahre meiner vitalsten Zeit wurden mit Berufsverbot belegt, und man durfte mich ›Spionin‹ schimpfen, bespucken, mir die Tür weisen lassen. Wofür habe ich gebüßt? (...) Ich war total unpolitisch, bin es heute noch. Ich habe mich immer auf meinen Beruf konzentriert.«[236]

Ging es allerdings darum, bei den Mächtigen Pluspunkte zu sammeln, blieb genügend Zeit, um sich einzuschmei-

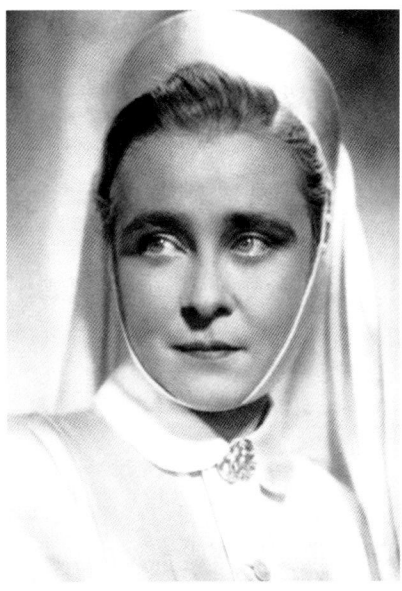

Auch die Staatsschauspielerin Käte Haack, hier 1934 als Nonne in »Hanneles Himmelfahrt«, gehörte zu den Gästen am Bogensee.

cheln. Zur Jahreswende 1939/40 hatten sie und ihr Mann, der Regisseur Georg Jacoby, ein Telegramm an Hitler auf den Obersalzberg geschickt. Darin heißt es: »Möge Sie Führer die Vorsehung auch im kommenden Jahre segnen in Ihrem Kampfe um des deutschen Volkes Freiheit Unabhängigkeit und glücklichere Zukunft. Das wünschen in diesen schicksalshaften Stunden aus vollem Herzen und ehrlicher Dankbarkeit Marika Rökk, Georg Jacoby.«[237]

Mehrfach war Zarah Leander zu Gast bei Goebbels, am 3. September 1940 offenbar auch wieder am Bogensee. Der Minister war tagsüber in Berlin gewesen, hatte einen arbeitsreichen Tag mit vielen Besprechungen hinter sich gebracht, unter anderem auch mit Hitler, hatte noch bei einem »Konzert für Kriegsblinde« eine kurze Rede gehalten und war dann »spät nach Lanke« zurückgekehrt. »Noch so viel im Fluge erledigt«, klagte er. »Das ist eine Hetze.« Und dann: »Eine kleine Plauderei mit Frau Leander. Sie kommt eben aus Schweden zurück. Erzählt sehr interessant von drüben.« Der Propagandaminister vermerkte »interessante Einblicke in die schwedische Mentalität«, verzeichnete dann noch einen Fliegeralarm »gegen Mitternacht bis 4 h«, nichts Gefährliches, nur Leuchtbomben, kein Schaden: »Aber man sitzt eben 4 Stunden nachts auf.«[238] Anderntags notierte er: »wenig Schlaf«. Ehefrau Magda und die Kinder waren währenddessen auf Schwanenwerder.

Fünf Wochen später, Anfang Oktober, erwähnte Goebbels die Leander erneut in seinem Tagebuch, diesmal zusammen mit Anny Ondra, der Ehefrau Max Schmelings. Es waren Herbstferien, Goebbels hatte auch seine Kinder zum Waldhof kommen lassen. Ehefrau Magda hingegen lag hochschwanger in einer Klinik, Ende Oktober 1940 wird sie dem Vater das sechste Kind gebären, das sogenannte Versöhnungskind Heide.

Goebbels hatte am 7. Oktober, einem Montag, zunächst in Berlin gearbeitet und war dann von seinen »großen« Töchtern, der achtjährigen Helga und der sechsjährigen Hilde, in der Hermann-Göring-Straße besucht worden. Gemeinsam besichtigten sie ihr neues Haus nahe dem Amtssitz, »es ist bald fertig und wird sehr schön«. Dann gingen sie Bücher einkaufen, machten einen »Besuch bei der Mutti« und fuhren anschließend an den Bogensee. Am Abend kamen Carl Froelich, der Filmregisseur und Präsi-

»Ich habe mich immer auf meinen Beruf konzentriert.« Marika Rökk mit Fanpost von der Front, um 1940.

dent der Reichsfilmkammer, Zarah Leander, Anny Ondra und Ello Quandt, die Schwägerin von Magda, zu Besuch – »viel beredet und überlegt«, notierte Goebbels.[239]

In ihren Lebenserinnerungen gab sich Zarah Leander betont burschikos. Den Waldhof erwähnte sie nicht, aber den Treffen mit Goebbels sind ganze Passagen gewidmet. »Ich habe über meine Begegnungen mit ihm nicht Buch geführt«, schrieb sie offenherzig, »vermute aber, daß wir uns in den vier Jahren durchschnittlich einmal monatlich, bisweilen häufiger, bisweilen seltener, sahen.«[240] Sie hatte seit 1936 einen üppig dotierten Vertrag bei der Ufa, wurde in Hitler-Deutschland zum Star mit großem Publikum. Zu Goebbels bekam sie, nach eigener Aussage, ein ganz offenherziges Verhältnis. Sie erwähnte allerlei Frechheiten, und sie erzählte auch von einem peinlichen Tête-à-tête mit dem Propagandaminister auf Schwanenwerder – »eine private Einladung familiären Charakters«.[241] Eine Anekdote, die Lida Baarova, die zeitweilige Geliebte Goebbels', noch am Ende ihres Lebens in Rage brachte. »Ich kann mir beim besten Willen nicht vorstellen«, echauffierte sich die Baarova, »daß der kleinwüchsige Minister der üppigen Leander ›die Kleider vom Leibe reißen wollte‹, wie sie es in ihren Memoiren schrieb.«[242]

So drastisch drückte Zarah Leander sich nicht aus. Verständlich aber ist der gereizte Ton der Kontrahentin. Die Leander erwähnte Baarova in ihren Lebenserinnerungen nicht gerade sehr schmeichelhaft, als sie auch »Goebbels' Verhältnis mit der bildhübschen, aber total unbegabten Tschechin Lida Baarova« streifte. Und hinzufügte, daß Goebbels »auf billigste und schmierigste Weise jene ›Prostitutionsbereitschaft‹ karrierebeflissener Mädchen« genutzt habe, »die bei Film (und Theater) Rolle, Vertrag und Erfolg im Bett zu erringen hoffen«.[243]

Zarah Leander machte aus ihrer Nähe zu Goebbels kein Hehl, wie so viele andere ihrer Kolleginnen und Kollegen, ja sie fand sogar anerkennende Worte für ihren »höchsten Chef«: »Ich bescheinige ihm gern, daß er ungemein interessant sein konnte, wenn er sein Wissen ausbreitete (...). Kein Mensch kann behaupten, daß er ein gutaussehender Mann war, doch wenn er sich für ein Thema erwärmte, war er nicht ohne intellektuellen Charme. In solchen Augenblicken wurde er beredt, geistreich, seine dunklen Augen sprühten, und seine Stimme hatte Wärme und Inten-

Zarah Leander machte aus ihrem offenherzigen Verhältnis zu Goebbels kein Hehl. Szene aus »Die große Liebe« von 1942. Darin sang die Leander legendär gewordene Titel wie »Davon geht die Welt nicht unter« oder »Es wird einmal ein Wunder geschehen«.

sität.«[244] Wie ihr selbst aber dieser Kontakt zugute kam, darüber ließ auch Zarah Leander kein Wort fallen.

Im September 1940 hatte Goebbels ein weiteres Mal eine größere Runde aus der Filmwelt zu sich an den Bogensee eingeladen. In dieser Zeit pendelte er zwischen Berlin und dem Waldhof. Auch am 21. September, einem Samstag, hatte er zunächst in der Reichshauptstadt gearbeitet, Besprechungen abgehalten, den weiteren Ausbau des Rundfunks beschlossen, ein Gutachten zur Unterhaltungsliteratur studiert. »Das Volk hat einen starken Drang zum guten Buch«, stellte er in seinem Tagebuch fest. »Leider fehlt es am Papier, um jeden Bedarf zu befriedigen. Ich lasse Papier bei den konfessionellen Druckereien beschlagnahmen.«

Er verschaffte sich einen Überblick über die militärische Lage – »Angriffe auf London nehmen wieder zu«. Am

Nachmittag kamen »Helga und Hilde, die süßen Mädels. Sie sehen aus wie richtige junge Fräuleins. Wir fahren zusammen nach Lanke. Da freut sich die Mutti.« Am Abend waren dann »einige Leute vom Film zu Besuch«: Emil Jannings, der schwergewichtige Charakterdarsteller und einer der Favoriten von Goebbels; die Regisseure Karl Ritter, Gustav Ucicky und erneut Carl Froelich; dazu die Schauspielerin Hilde Krahl sowie Heinz Rühmann. »Wir besprechen viele Filmfragen«, notierte Goebbels, »ich zeige den italien. Film ›Alcazar‹, der auf alle einen ganz tiefen Eindruck macht.«[245]

Hilde Krahl war gerade erst zum Publikumsliebling geworden, in Gustav Ucickys »Postmeister« hatte sie neben Heinrich George die Hauptrolle gespielt. Seit 1936 war sie Mitglied der NSDAP, danach begann ihre Bühnen- und Filmtätigkeit.[246] An ihren Besuch am Bogensee erinnerte

Der Propagandaminister mit seinen Stars: Marianne Hoppe
(links), Emil Jannings (rechts), Veit Harlan (stehend), 1937.

den arischen Maßstäben, die er gemeinsam mit seinem Führer vertrat, eher zu den Schrumpfgermanen.«[248]

Hilde Krahls späterer Ehemann, der Schauspieler und Regisseur Wolfgang Liebeneiner, wurde von Goebbels im Juni 1938 bereits als »jung, modern, strebsam und fanatisch« beurteilt.[249] Unter den Nazis machte Liebeneiner eine Blitzkarriere und stieg bis zum Produktionschef der Ufa auf.[250] Im Februar 1942 war Liebeneiner, zusammen mit Emil Jannings, am Bogensee zu Gast, um »einige Szenen aus dem gerade in der Dreharbeit befindlichen Bismarck-Film« vorzuführen und mit Goebbels »eine Unmenge von Filmproblemen zu besprechen«.[251] Im Mai 1943, nach Liebeneiners Ernennung zum Produktionschef der Ufa, heißt es bei Goebbels: »Man kann in Zukunft viel von ihm erwarten.«[252]

Auch Heinz Rühmann zählte zu Goebbels' Günstlingen, auch er war einer der sehr gern gesehenen Gäste, auch seine Karriere blühte erst unter den Nazis so richtig auf. In seinen Lebenserinnerungen gab sich Rühmann sehr diskret. Den Namen des Propagandaministers erwähnte er nur auf ein paar Seiten, einen Besuch am Bogensee überhaupt nicht. Seine Nähe zum Regime war Rühmann nach 1945 nur wenige Worte wert.[253]

In den folgenden Jahren lassen sich die Schauspieler Joachim Brennecke, Albert Hehn, Else von Möllendorff[254], Viktor de Kowa[255], Heidemarie Hatheyer[256], Paul Verhoeven[257] und andere als Gäste im Waldhof ausmachen. Laut Hans-Leo Martin war Ilse Werner am Bogensee,[258] laut Zarah Leander auch Willy Birgel und der Komponist Theo Mackeben.[259]

Die Schauspielerin Olga Tschechowa erinnerte sich an zwei Einladungen zum Bogensee. Anfang 1941 sei ihr aufgefallen, daß das Haus von Goebbels »klein und gemütlich« war, »das Grundstück dagegen auffallend groß«. Sie habe den Propagandaminister daraufhin gefragt, warum er das Gelände nicht weiter ausbaue. »Der erste Teil seiner Antwort kommt schnell und sicher, der zweite zögernd und entlarvend: ›Der Grund gehört nicht mir, sondern der Stadt und – für wen soll ich noch bauen? Wenn ich nicht mehr lebe, sollen meine Kinder den Haß nicht ausbaden müssen, der mir gilt ...‹«[260]

Im Mai 1941 war auch der Schauspieler Hans Söhnker am Bogensee. »Dr. Goebbels lud eine Gruppe von Film-

sich Hilde Krahl offenbar nicht. »Ich hatte das Glück, bei den Festen und offiziellen Veranstaltungen der Naziführung nie anwesend zu sein«, heißt es in ihren Memoiren, »weil ich zwischen Wien und Berlin pendelte, und immer wenn ein Empfang in Berlin war, weilte ich gerade in Wien und umgekehrt.«[247]

»Nur einem Empfang bei Goebbels (...) konnte ich nicht ausweichen«, räumte die Schauspielerin dann doch ein. »Bei diesem Fest sagte Goebbels: ›Und jetzt wird uns Frau Marika Rökk etwas zum besten geben!‹ Und Marika Rökk tanzte und sang dazu aus voller Kehle: ›Ich brauche keine Millionen, mir fehlt kein Pfännig zum Glück ...‹ Beim Refrain ›Miir fäält nur eine Kleinigkeit, 'ne winz'gä Kleinigkeit, und diese Kleinigkeit bist du, nur du, nur du!‹ spielte sie kokett Goebbels an, der mit steinerner Miene dasaß, zählte er doch mit seinen Einmeterachtundfünfzig nach leuten, darunter Alf Teichs, Christian Kayßler, Fita Benkhoff, Irene von Meyendorff und mich, in sein privates Domizil nach Lanke ein.« Es war, genau genommen, der Abend des 10. Mai 1941. Ein historisches Datum, wie sich später herausstellte. Die Produktionsfirma hatte den Filmschaffenden ein Auto zur Verfügung gestellt, doch keiner wußte, wo sich der Landsitz genau befand, kreuz und quer seien sie durch die Gegend gefahren.

»Schließlich hielten wir an und fragten einen zufällig auf der Straße daherkommenden Mann: ›Sagen Sie mal, wo ist hier das Schloß von Minister Goebbels?‹ Worauf der

nur die Schultern zuckte und brummte: ›Det weeß ick nich. Hier hat der ’n Schloß und der ’n Schloß.‹« Schließlich fanden die Schauspieler das Anwesen im Wald. »Wir fuhren einen Drahtzaun entlang«, erinnerte sich Söhnker, »ein von SS-Posten bewachter Eingang wurde uns geöffnet, und wir kamen in ein wunderschönes Haus mit Blick auf den See.«[261]

Goebbels trug das Zusammensein nur am Rande ein, Namen erwähnte er in seinen Aufzeichnungen nicht. »Einige Leute vom Film«, heißt es nur, sehr spät sei es geworden, einen Luftalarm habe es gegeben.[262] Hans Söhnker,

Jung, strebsam, fanatisch: Goebbels ernennt den Regisseur und Staatsschauspieler Wolfgang Liebeneiner im Frühjahr 1943 zum Produktionschef der Ufa und erhebt ihn – anläßlich des 25jährigen Jubiläums der Ufa – zum Professor. Regisseur Veit Harlan sieht zu.

der als Gegner der Nazis galt, schilderte die Atmosphäre an jenem Abend genauer. Politische Gespräche habe es gegeben – oder eher einen Monolog des Gastgebers. »Der Minister sprach, wir lauschten.« Von militärischen Erfolgen schwärmte Goebbels, die deutsche Schlagkraft rühmte er und begeisterte sich für die aussichtsreiche Taktik. Söhnker habe dann eine etwas vorlaute Bemerkung auf den angeblichen Verbündeten Rußland gemacht – Goebbels ließ sich provozieren. Seine Andeutungen konnten als Kriegsdrohung verstanden werden.

Später am Abend sei Goebbels dann – »in einer dringenden Angelegenheit« – ans Telefon gerufen worden. »Lange Zeit kam er nicht wieder. Das Essen drohte kalt zu werden. Wir schnippelten an unserem Fleisch herum. Es wurde immer weniger, obwohl wir uns bemühten, einen kleinen Respekthappen auf unseren Tellern zu lassen. Und dann sagte jemand: ›Nee, nun ist Schluß!‹ und wir putzten den Rest weg.«

Als Goebbels schließlich in die Runde zurückkehrte, habe er merkwürdig zerstreut und geistesabwesend gewirkt, berichtete Söhnker weiter. Eine richtige Unterhaltung sei nicht mehr in Gang gekommen und so hätten sie sich bald verabschiedet. »Am nächsten Morgen lasen wir in den Zeitungen, warum der Minister am Vorabend nach dem Telefongespräch so schweigsam geworden war. Rudolf Hess, der Stellvertreter Adolf Hitlers, war auf eigene Faust nach England geflogen und dort gefangengenommen worden. Wir hatten, ohne es zu wissen, in Goebbels' Haus einen historischen Augenblick erlebt.«[263]

Es blieb nicht der letzte Abend, an dem die politischen Ereignisse den Versammelten die Stimmung verdarben. Am 29. Oktober 1943 feierte der Propagandaminister seinen 46. Geburtstag. »Abends habe ich eine kleine Gesellschaft zu Hause zu Besuch«, notierte Goebbels, ohne die Namen zu nennen. »Es wird natürlich nur über den Krieg geredet. Man kommt aus dem Thema Krieg überhaupt nicht mehr heraus. Es ist zwecklos, den Versuch zu unternehmen, ihm irgendwie zu entrinnen. Es verfolgt uns bis in die Träume hinein.«[264] Für Ablenkung hatte man dennoch gesorgt. Denn der Kurierfahrer, der die Gäste abholte – unter anderen Käte Haack und ihre Tochter, die damals 21jährige Schauspielerin Hannelore Schroth –, hatte auch den Auftrag erhalten, »Filme mit nach Lanke zu neh-

men«. Auf einer gesonderten Liste waren sechs Titel genannt, die aus der Adjutantur zu holen seien, sowie 16 weitere aus der Hermann-Göring-Straße.[265] Doch es half nichts. Die Unbekümmertheit der ersten Jahre wollte sich nicht mehr einstellen.

»So laßt uns also total Krieg führen« – Propaganda für den »Endsieg«

Ein Jahr nach der Fertigstellung des Waldhofs war das Wohnpalais am Berliner Amtssitz in der Hermann-Göring-Straße hergerichtet, pünktlich zu Goebbels' 43. Geburtstag im Oktober 1940. Der Propagandaminister hatte immer wieder etwas zu bemängeln gehabt, der Einzug verzögerte sich. Im Tagebuch heißt es am 23. Oktober: »Ich will ab Anfang nächster Woche wieder in Berlin wohnen. Dann ist unser neues Haus ganz fertig. Das erleichtert mir doch sehr die Arbeit und erspart mir viel Zeit.«[266]

Der Geburtstag wurde bereits im Palais gefeiert. »Wir gehen durch unser neues Haus, was den Kindern einen riesigen Spaß macht. Ihre kleinen, niedlichen Zimmer erwecken bei ihnen hellsten Jubel.«[267]

In den nächsten Monaten war Berlin wieder der Lebensmittelpunkt des Propagandaministers, der Waldhof diente nur noch als Ausflugs- und Erholungsziel. Wiederholt hatte Goebbels zuvor davon geschwärmt, wie friedlich seine »Waldidylle« wirke, wie fern des Krieges und still. Doch bereits im Spätsommer und Herbst 1940 war auch sein Ausweichquartier 40 Kilometer vor den Toren Berlins nicht mehr ganz sicher. Englische Militärmaschinen flogen über sein Landhaus, deutsche Flugabwehrkanonen waren zu hören, es gab Bombenalarm. Seit Juni 1940 hatten deutsche Bomber englische Städte angegriffen, Mitte August begann die Luftschlacht um England; die britische Luftwaffe reagierte. »Feindliche Flugzeuge über Berlin«, notierte Goebbels am 26. August 1940 in seinem Tagebuch am Bogensee. »Einige Stunden Luftalarm. Wir beobachten von hier draußen aus die große Flakkanonade. Ein majestätisches Schauspiel.«[268]

Einen Tag später hielt der Propagandaminister einen vierstündigen Luftalarm für Berlin fest, und er fürchtete,

Im zweiten Kriegsjahr begannen die alliierten Bombenangriffe auf die deutsche Hauptstadt. Goebbels fürchtete, auch sein Land-sitz und das nahegelegene »Carinhall« von Göring könnten zum Ziel werden. Britischer Bomber über Deutschland.

in seinem Waldhof selbst zum Ziel zu werden. »Die Eng-länder sind dauernd über Carinhall und Bogensee ge-kreist. Das wäre so ein fetter Brocken gewesen. Gefunden aber haben sie uns nicht.«[269] Im September 1940 schrillten am Bogensee mehrfach die Sirenen, am 11. September heißt es im Tagebuch: »In Lanke werfen sie gleich über unser Haus Raketbomben.«[270]

Anfang Oktober 1940 notierte Goebbels den Abschuß eines englischen Bombers in der Nähe seines Landhauses: »Mit lautem Krach stürzt er zu Boden. Endlich einer von

der Flak heruntergeholt. Das ist doch wenigstens etwas.«[271] Am nächsten Tag schaute sich der Propagandaminister die Absturzstelle näher an. Er fand »ein Haufen Eisen und Metall, dazwischen verkohlte Teile von 3 Leichen. Ein schauderhafter Anblick. Aber immer besser die Engländer als wir.«[272]

Die Situation in Berlin wurde Anfang 1941 bedroh-licher. Man begann, Kinder aus den Städten zu evakuieren, organisiert und von Staats wegen. Goebbels' Kinder waren bereits im Februar längere Zeit auf dem Obersalzberg,

Ehefrau Magda mußte zur Kur nach Dresden; im März kamen die Kinder nach Bischofswiesen bei Berchtesgaden, im Mai schließlich ins Salzkammergut nach Bad Aussee. Goebbels selbst zog in den Waldhof. »Welch eine göttliche Ruhe hier draußen!« schwärmte er.[273] »Es ist draußen still und friedlich wie am Ende der Welt.«[274] Er pendelte erneut zwischen dem Bogensee und Berlin hin und her, obwohl er vor einem halben Jahr noch erkannt hatte, wieviel Zeit ihn das kostete. Im Tagebuch notierte er nun wieder: »Im tiefen Frieden des Waldes läßt sich besser, ruhiger und gesammelter arbeiten.«[275] In dieser Zeit entstand dort auch das Buch *Die Zeit ohne Beispiel*, eine »Sammlung meiner Kriegsaufsätze«.[276]

Die Propagandavorbereitungen für den Überfall auf die Sowjetunion liefen auf Hochtouren. »Bzgl. Rußland ist es uns gelungen, einen großartigen Nachrichtenschwindel aufzuziehen«, trug Goebbels in sein Tagebuch am Bogensee ein. »Man weiß im Ausland vor lauter Enten überhaupt nicht mehr, was falsch und was richtig ist. So muß es auch sein. Das ist die Atmosphäre, die wir brauchen.«[277] Am 22. Juni 1941, morgens um 3.15 Uhr, überfiel die deutsche Wehrmacht den Bündnispartner Sowjetunion.

Unterstützend wurde ein »großer Propagandafeldzug gegen den Bolschewismus eingeleitet. (...) Tendenz: der Schleier fällt, Moskau ohne Maske«, heißt es in Goebbels' Tagebuch am 6. Juli. »Der Bolschewismus ist eine Menschheitsgeißel, eine schlimme Erkrankung der Seele, die aus-

Solche Bilder schürten Goebbels' Euphorie: Die deutsche Infanterie marschiert in Richtung Moskau, Juli 1941.

gebrannt werden muß. Wir müssen alle dem Führer danken, daß er diese Gefahr angefaßt hat und beseitigt. Die Großkampagne gegen den Bolschewismus beginnt sofort. Alle Propagandamittel sind eingesetzt.«[278]

Während Goebbels auf seinem Landsitz den Frieden im Walde genoß, diktierte er »einen schneidenden Aufsatz gegen den Bolschewismus«. Zufrieden bemerkte er: »Hier kommt man allmählich wieder ins altgewohnte Fahrwasser.«[279] Am nächsten Tag, Montag, den 7. Juli 1941, findet sich sein Artikel unter der Überschrift »Der Schleier fällt« auf der Titelseite des *Völkischen Beobachters*: »Der Bolschewismus entpuppt sich als ein ekelerregendes Gemisch von Phrase und Armut, von starrer Doktrin und vollkommenem Mangel an staatskonstruktivem Denken, von großartigen sozialistischen Redensarten und jammervollster sozialer Verkommenheit: ein Massenbetrug in des Wortes wahrster Bedeutung.« Der Nationalsozialismus sei dazu da, die Welt von diesem Übel zu befreien: »Der Krieg, den wir gegen den Bolschewismus führen, ist ein Krieg der gesitteten Menschheit überhaupt gegen seelische Fäulnis, gegen den Verfall der öffentlichen Moral, gegen den geistigen und physischen Blutterror, gegen eine kriminelle Politik, deren Urheber auf Leichenbergen sitzen, um Ausschau zu halten, wen sie sich als nächstes Opfer auswählen sollen. (...) Der Marschbefehl des Führers an die deutsche Wehrmacht in der Nacht zum 22. Juni war eine welthistorische Tat. Sie wird wahrscheinlich als die entscheidende in die Geschichte dieses Krieges eingehen. Die Soldaten, die nach diesem Befehl marschieren, sind in Wahrheit die Erretter der europäischen Kultur und Zivilisation gegen die Bedrohung durch eine politische Unterwelt. Deutschlands Söhne sind wieder einmal angetreten, um mit dem Schutz des eigenen Lebens zugleich auch den Schutz der gesitteten Welt zu übernehmen. In der Lehre des Nationalsozialismus geschult und gefestigt, ziehen sie in stürmendem Heerbann nach Osten, zerreißen den Schleier vor dem größten Völkerbetrug, den die Geschichte kennt, und geben damit ihrem eigenen Volke und der Welt die Möglichkeit, zu sehen, was ist, und zu sehen, was kommen wird. In ihrer erhobenen Hand halten sie die Fackel, damit das Licht der Menschheit nicht verlösche.«[280]

Ende August 1941 war ein größerer Bunker am Amtssitz in der Hermann-Göring-Straße fertiggestellt worden.

Martin Bormann (1900–1945), seit 1941 Leiter der Parteikanzlei.

schen Nachrichtenpolitik darzutun«.[283] Zehn Tage später erschien der siegesgewiß endende Aufsatz in der Wochenzeitung *Das Reich*: »Unser Glaube an den Enderfolg beruht nicht auf Illusionen, sondern auf Tatsachen, und siegen werden wir, weil die Tatsachen am Ende doch immer stärker sind als die Illusionen.«[284]

Ende Mai erschien der nächste Leitartikel im *Reich*. Angesichts der schlechten Versorgungslage im Land wollte der Propagandaminister das Augenmerk auf den Alltag richten: »Der kleine Mann soll endlich auch einmal wissen, wofür er kämpft«, notierte Goebbels in seinem Tagebuch. »Man kann nicht auf die Dauer sein Leben nur für Ideale einsetzen; sie müssen auch einen realen Hintergrund haben.«[285] Im *Reich* war zu lesen, es gehe nun darum, »einen vollgedeckten Frühstücks-, Mittags- und Abendtisch« zu erhalten, »kurzum, es ist ein Krieg um ein menschen-

Goebbels ließ seine Kinder nach Berlin zurückholen, Schwanenwerder wurde wieder zum gemeinsamen Wohnsitz. Im November zog sich der Propagandaminister noch einmal für eine Woche an den Bogensee zurück, um sich in der Abgeschiedenheit seines Waldhofs vor allem auf seine Rede vor der Deutschen Akademie zu konzentrieren. Danach blieb er einige Monate ganz in Berlin und fuhr erst im Februar 1942 wieder an den Bogensee. Er suchte die Ruhe, um sich »draußen in Lanke mit einer ganzen Reihe von grundsätzlichen Fragen und Plänen für die nähere Zukunft zu beschäftigen«.[281] Seine Familie und vor allem Magda schienen dabei nur zu stören. Goebbels wohnte selten mit ihnen zusammen, versuchte aber in seinen Tagebüchern, das Bild einer heilen Familie zu zeichnen.

Im Mai 1942 verlegte Goebbels für knapp vier Wochen seinen Wohnsitz an den Bogensee. »Ich will, wenn es eben die Arbeit erlaubt, vierzehn Tage bis drei Wochen mit einem kleinen Stab draußen bleiben«, heißt es am 30. April in seinem Tagebuch.[282]

Derweil wuchsen die Zweifel an der deutschen Kriegführung. Im Winter 1941/42 war der Feldzug gegen die Sowjetunion steckengeblieben. Von da an waren Durchhalteparolen gefragt. Mitte Mai verfaßte der Propagandaminister im Waldhof einen langen Artikel, »um die Glaubwürdigkeit der deutschen Nachrichtenpolitik unter Beweis zu stellen und gleichzeitig die Unseriosität der gegneri-

Das Reich, Titelseite vom 17. Januar 1943, mit Goebbels' programmatischem Leitartikel »Der totale Krieg«.

73

Broschüre mit dem Text der berüchtigten Goebbels-Rede vom »totalen Krieg« von 1943.

handlung stehenden Themas ein richtiger Triumph«, faßte Goebbels das Ergebnis zusammen, »dabei festzustellen, daß alle meine Gedanken und Wünsche, die ich seit anderthalb Jahren immer wieder vertrete, nun mit einem Ruck in die Wirklichkeit übersetzt werden sollen.«[287] Gelinge es, »das zivile Leben soweit zu beschneiden, daß es in der Lage ist, einige hunderttausend wehrfähige Männer abzustoßen, dann brauchen wir uns über die Zukunft keine allzu großen Sorgen zu machen«, glaubte Goebbels, und so schieden Bormann und Goebbels höchst einvernehmlich. Endlich sollte der »totale Krieg« umgesetzt werden. An der Jahreswende 1942/43 erhielt Goebbels grünes Licht für eine neue Aufgabe, der er sich fortan mit Feuereifer widmete.[288]

Gaststätten und Modegeschäfte sollten geschlossen werden, Frauen oder Ausländer aus den besetzten Gebieten die Arbeit von Männern übernehmen, alle überhaupt erreichbaren Kräfte für den »totalen Kriegseinsatz« mobilisiert werden. Die »weniger kriegswichtige Produktion« sei »in die kriegswichtige« zu überführen. »Das ist des Rätsels Lösung.« Die Verwaltung sei »radikal zu überholen« und ein »Aktionsprogramm« zu entwickeln. Die Pläne dafür hatte Goebbels schon lange fertig.[289]

Befriedigt stellte der Propagandaminister am Ende seines Bogensee-Aufenthaltes im Januar 1943 fest: »Es ist vielleicht ganz gut, daß ich mich um Weihnachten herum für fast zwei Wochen aus der unmittelbaren Tagesarbeit in Berlin etwas zurückgezogen habe. Ich habe doch draußen in Lanke Gelegenheit gehabt, die ganze Kriegslage wieder einmal vom grundsätzlichen Standpunkt zu überprüfen, und bin hier zu wahrhaft verblüffenden Schlüssen gekommen.«[290]

Bereits im Februar 1941 hatte Goebbels in seinem Waldhof einen Artikel für *Das Reich* verfaßt, »Über den totalen Krieg«, notierte er in seinem Tagebuch.[291] Vierzehn Tage später, am 2. März, erschien der Aufsatz, wie üblich auf Seite eins, unter der Überschrift: »Über die geistige Kriegführung«. Goebbels machte sich Gedanken über die Anforderungen des »modernen Krieges«. Der Krieg sei nicht mehr allein von den Soldaten zu gewinnen, das gesamte Volk habe – »auf allen Ebenen unseres öffentlichen und privaten Lebens« – mitzukämpfen. Der Nationalsozialismus habe die Lehren aus dem verlorenen Ersten Weltkrieg

würdiges nationales Dasein, das wir als verschämte Arme bisher zu führen nicht in der Lage waren«.[286]

Die Weihnachtsfeiertage und den Jahreswechsel 1942 verlebte Goebbels im Waldhof. Diesmal hatte er auch die Kinder dabei, Ehefrau Magda kränkelte und mußte am ersten Feiertag wieder zurück in die Klinik. Am 28. Dezember 1942 kam es am Bogensee zur folgenreichen Begegnung mit Martin Bormann, dem Leiter der Parteikanzlei Hitlers. Fünf Wochen zuvor hatte die sowjetische Offensive begonnen, die militärische Lage um Stalingrad wurde immer dramatischer. Goebbels' Vorstellungen von einer »totalen Kriegführung« waren das zentrale Thema in der Besprechung mit Bormann, Hitler zeigte sich nun aufgeschlossener. »Es ist für mich trotz des Ernstes des zur Be-

18. Februar 1943: Goebbels im Berliner Sportpalast. Nach der Niederlage von Stalingrad wollte der Propagandaminister die deutsche Bevölkerung auf den »totalen Krieg« einschwören. Seine Rede wurde landesweit im Radio übertragen.

gezogen, es gehe jetzt »um die seelische Bereitmachung des deutschen Volkes für seinen entscheidenden geschichtlichen Schicksalskampf«. Auf »propagandistisches Trommelfeuer« komme es an, auf »politische Soldaten«, nicht nur militärische, und auf »eine Heimat, die in einem gänzlich unpathetischen, aber um so fanatischeren Heroismus ihr nationales Leben verteidigt«. Churchill klinge »wie eine Stimme aus dem Grabe (…). Er ist eine typisch insulare Erscheinung, ohne Blickweite und ohne gedankliche Kühnheit.« Das Deutsche Reich hingegen sei »nicht nur militärisch, sondern auch seelisch und geistig« gerüstet.[292] Seit seiner Begegnung mit Bormann verfolgte Goebbels seine Idee mit wachsendem Eifer. In den folgenden Tagen und Wochen finden sich immer wieder Bemerkungen und

Hinweise zum Stichwort. »Wir können uns für das kommende Jahr nur zum Vorsatz machen«, trug Goebbels am 1. Januar 1943 in sein Tagebuch ein, »mit aller Energie zu arbeiten, den Krieg auf allen Gebieten total und radikal zu führen. Denn nach wie vor bleibt der Hauptsatz meiner Kriegsphilosophie bestehen: Der radikalste und totalste Krieg ist der kürzeste, und er bringt den entscheidensten Sieg.«[293]

Goebbels' Überlegungen lag ein Konzept von Erich Ludendorff zugrunde, der im Ersten Weltkrieg die deutsche Kriegführung im Osten geleitet hatte. Ludendorff legte seine Überzeugungen 1936 schriftlich nieder: Clausewitz' Theorien von einem politischen Krieg seien seit dem Ersten Weltkrieg überholt, der Krieg sei nicht mehr bloß

Sache der Soldaten, sondern berühre »auch unmittelbar Leben und Seele jedes einzelnen Mitglieds der kriegführenden Völker«.[294] Galt dem preußischen General Clausewitz der Krieg noch als Mittel zum Zweck, stilisierte Ludendorff den Krieg zur »höchsten Lebensäußerung des Volkes«. Das war ganz in Goebbels' Sinne.[295]

Den Kriegsverlauf betrachtete der Propagandaminister als eine persönliche Herausforderung: »Wir befinden uns bei Stalingrad tatsächlich in einer außerordentlich prekären Situation«, bekannte er am 31. Dezember 1942 in seinem Tagebuch. Und weiter: »Es wird meine Hauptaufgabe in den nächsten Wochen sein, die innere Kriegführung so zu radikalisieren, daß von einer Schonung der Heimat zu Lasten der Front keine Rede mehr sein kann.«[296]

Am 17. Januar 1943 veröffentlichte *Das Reich* einen langen Leitartikel des Propagandaministers unter dem Titel: »Der totale Krieg«. Verfaßt hatte Goebbels den Text in seinem Landhaus: »In diesem Artikel reite ich eine sehr scharfe Attacke gegen den kleinen Kreis von Parasiten und Faulenzern, der immer noch nicht einsehen will, daß dieser Krieg um unser Leben geht und daß man deshalb ihm gegenüber auch eine entsprechende Haltung einnehmen muß.«[297] Er wolle »jetzt frisch von der Leber weg« sprechen. Er habe deshalb »eine bisher im Kriege noch nicht dagewesene Schärfe« gewählt, da der Krieg »in ein Stadium eingetreten« sei, »in dem wir mit Mundspitzen nicht mehr auskommen; es muß jetzt gepfiffen werden.«[298]

Sowjetische Soldaten im Straßenkampf in Stalingrad, Januar 1943. Die Schlacht um Stalingrad bedeutete den Wendepunkt im Zweiten Weltkrieg und den Anfang vom Ende des »Dritten Reiches«.

»Wer diesen Krieg verliert«, schrieb Goebbels in seinem Leitartikel, »der wird von der Bühne der schicksalbestimmenden Mächte abtreten müssen; wer ihn gewinnt, der ist damit auch endgültig Herr seines eigenen Schicksals geworden.« Alle Anstrengungen müßten unternommen werden, vor allem müsse sich das Volk vollkommen einig sein. »Die kleinen Wehwehchen dieser parasitären Nichtstuer« im Volk seien »zu nichts nütze«. Wer zuviel geschont werde, »der kränkelt, wie Nietzsche sagt, am Ende an seiner Schonung«. Der Krieg »bei uns« sei »eine Sache des ganzen Volkes« und diene nicht wie »im Sowjetsystem (...) einer kleinen usurpatorischen, meist jüdischen Führungsschicht (...). Wir Nationalsozialisten sind einmal ausgezogen, um das Reich zu erobern. Wir wußten genau, daß wir dabei mit unserem Leben spielten und daß wir es verlieren würden, wenn wir den Kampf verlören. Das erst gab uns die Kraft, ihn zu gewinnen. Heute stehen wir als Volk vor derselben Alternative. Diese Erkenntnis macht uns nicht schwach, sondern stark. Erst das Gefühl, auf uns selbst gestellt zu sein, vermittelt auch das Bewußtsein der absoluten und souveränen Sieghaftigkeit. Der Feind will uns total vernichten. So laßt uns also total Krieg führen, um total zu siegen.« Denn: »Je radikaler und totaler wir den Krieg führen, umso schneller kommen wir zu seinem siegreichen Ende.«[299]

Am 18. Februar 1943, vierzehn Tage nach der Niederlage von Stalingrad, hielt der Propagandaminister seine berüchtigte Rede im Berliner Sportpalast. 14 000 Zuhörer waren anwesend, der Rundfunk übertrug landesweit, und die »Wochenschau« brachte einen ausführlichen Zusammenschnitt des inszenierten Schauspiels. Goebbels wollte das Stimmungstief nach der Niederlage von Stalingrad überwinden und neue Siegeszuversicht im Volk verbreiten. Die Juden, wiederholte er immer wieder, seien die eigentlichen Feinde der Deutschen. Sie müßten mit aller Kraft bekämpft und zusammen mit dem Bolschewismus endgültig besiegt werden.

Goebbels' pathetische Rede war erfolgreich, wochenlang wurde sie sowohl landesweit wie im Ausland debattiert. Auch Hitler hatte die Rede als ein »psychologisches und propagandistisches Meisterstück erster Klasse« gelobt.[300] Doch zum führenden Organisator des »totalen Kriegs« ernannte Hitler den Propagandaminister (noch) nicht.

»Die Familie wird nach Lanke übersiedeln« – Ausweichen vor den Bomben

Im April 1943 verbrachte Goebbels wieder eine Woche am Bogensee, »um zuerst einmal den Versuch zu unternehmen, mich von meiner Hautkrankheit zu befreien. (...) Das Jucken ist so stark geworden, daß ich kaum noch Kleider tragen kann«, klagte er.[301] Dennoch empfing er Besuch: Josef Terboven kam, der nach der Besetzung Norwegens im April 1940 zum Reichskommissar von Norwegen ernannt worden war; Ende Mai bis Anfang Juni war der schweizerische Schriftsteller John Knittel am Bogensee zu Gast – »ein ausgemachter Deutschenfreund«, wie Goebbels in seinem Tagebuch festhielt, neben Knut Hamsun zählte er ihn zu den »besten Freunden des Reiches aus dem geistigen Europa«.[302]

Ende Mai bereitete Goebbels am Bogensee eine Rede vor, die er am 5. Juni auf einer erneuten Kundgebung im Sportpalast hielt. Auch diese war wieder dazu gedacht, die Stimmung im Volk zu verbessern, erhielt aber deutlich geringeres Echo als die vorangegangene. Eine Woche später stimmte Goebbels sich in seinem Landhaus mit dem Staatssekretär im besetzten Frankreich, Graf Fernand de Brinon, ab. Anfang Juli vertiefte er sich in den Entwurf einer Rede vor Heidelberger Professoren und Studenten.

In den Sommermonaten kam Goebbels wieder häufiger an den Bogensee. Die Kinder verbrachten ihre Sommerferien im Waldhof. Anfang August schließlich begann eine neue Phase. Am Nachmittag des 1. August, einem Sonntag, fuhr das Ehepaar Goebbels von Berlin an den Wannsee hinaus. Sie begannen, die Villa auf Schwanenwerder zu räumen. »Die Familie wird nach Lanke übersiedeln«, notierte Goebbels.[303] Gleichzeitig wurde auch der Wohnsitz in der Hermann-Göring-Straße in Berlin großteils geräumt – die Hauptstadt war zu unsicher geworden. Im Juni 1943 hatte Goebbels bereits Ausweichquartiere für das Propagandaministerium in Bernau und in Wandlitzsee belegen lassen. Allerdings sei er entschlossen, notierte Goebbels damals, »solange in Berlin zu bleiben, als ich irgendeine Unterkunftsmöglichkeit finde«.[304]

Schon mehrfach hatte sich der Propagandaminister in seinem Tagebuch besorgt über die Kriegsentwicklung ge-

Idylle für Goebbels' Kinder in Schwanenwerder 1940 (oben) und fern des Krieges am Bogensee 1943 (unten).

äußert: »Es taucht mehr und mehr die Frage auf«, schrieb er beispielsweise am 17. Juli 1943, »wie wir mit einem Zweifrontenkrieg, in den wir jetzt immer mehr und mehr hineinrutschen, überhaupt fertig werden sollen. Der Zweifrontenkrieg ist immer Deutschlands Unglück gewesen, heute wie früher.«[305]

Evakuierungsmaßnahmen wurden im engsten Kreis des Regimes beratschlagt, Ausweichquartiere für verschiedene Ämter in Augenschein genommen. Hitler erließ eine Verordnung, »daß der Sitz der Reichsregierung nach wie vor Berlin bleibe«. Goebbels zeigte sich darüber erleichtert. Doch für seine eigene Familie wurde dem Propagandaminister die Situation in der Hauptstadt zu gefährlich. »Wir nehmen gewissermaßen Abschied von unserem schönen Hause in Schwanenwerder«, notierte Goebbels. »Wer weiß, ob wir es noch einmal in heilem Zustand wiedersehen!«

Auf mehreren Seiten wurde das Inventar aufgelistet, das an den Bogensee geschafft werden sollte. Alles, was dem Ehepaar Goebbels wertvoll erschien, wurde in den Landsitz gebracht, vor allem »Kunstgegenstände und wertvolle Möbel«, wie im Tagebuch zu lesen ist.[306]

Der 1. August 1943 war ein heißer Sommersonntag. Die Berliner Bevölkerung versuchte, sich ein wenig vom Bombenkrieg abzulenken. Das Strandbad Wannsee war überfüllt. Den Propagandaminister beruhigten diese anscheinend sorglosen Menschen. »Auf meiner Hin- und Rückfahrt nach und von Schwanenwerder ziehen wahre Riesenprozessionen von Menschen durch die Straßen zum und vom Strandbad«, notierte Goebbels. »Man hat nicht den Eindruck, daß die Reichshauptstadt irgendwie nervös wäre. Die Menschen gehen ihrer Erholung nach.«[307]

Am 4. August war der Umzug abgeschlossen und Goebbels zufrieden: »Wir haben jetzt unsere Familienangelegenheiten in Ordnung gebracht. Die Kinder und Mutter kommen nach Lanke; Magda soll, wenn sie ihre Kur beendet hat, zu mir nach Berlin übersiedeln. Ich selbst werde vorläufig in der Berliner Wohnung bleiben. Jedenfalls brauche ich mir jetzt um die Familie selbst keine dringlichen Sorgen mehr zu machen; ich kann mich jetzt ganz den öffentlichen Angelegenheiten widmen.«[308]

Fortan gingen Goebbels' Kinder in Wandlitz zur Schule. Seine Mutter, die jüngste Schwester Maria sowie deren Ehemann, der Filmemacher Max »Axel« Kimmich, bezo-

Die Kinder auf dem Weg zum Bogensee, Sommer 1943. Der Propagandaminister hatte seinen Nachwuchs aus Furcht vor dem alliierten Bombenkrieg im August 1943 in sein Landhaus bringen lassen, wo sie fortan wohnten.

gen das umgebaute Blockhaus des ehemaligen Dieners Kaiser auf der östlichen Seite des Sees. Pressereferent Wilfred von Oven erinnerte sich später: »Die Familie Goebbels ist mit Sack und Pack, mit Kindern und Hunden, Kindermädchen und Zofen, Schwiegermutter und Tanten hier in die ländliche Stille am ›Bogensee‹ übersiedelt, seit der Aufenthalt in Berlin durch die ständigen Luftangriffe mehr als unbehaglich geworden ist. Die Kinder besuchen die Dorfschule der nächstgelegenen Ortschaft. Jeden Morgen werden die vier Ältesten mit dem Ponnywagen ins Dorf gefahren und mittags wieder abgeholt. Es wäre gewiß einfacher, ihnen einen Hauslehrer zu halten. Aber der Minister hält auch unter diesen erschwerten Umständen an

seinem Grundsatz fest, daß seine Kinder keine Extrawurst gebraten bekommen«.[309]

Goebbels kam im Sommer 1943 meist nur übers Wochenende an den Bogensee. Mitte Oktober blieb er für anderthalb Wochen, stellte die »Wochenschau« zusammen, studierte Denkschriften und Eingaben, stimmte sich mit Werner Naumann, seinem wichtigsten Mann im Ministerium, ab und ließ Gerhard Schach, den Gaustabamtsleiter von Berlin, zur Besprechung kommen. Sorge bereitete Goebbels die Kriegsentwicklung: »Die Lage ist ernst, aber nicht katastrophal«, trug er am 20. Oktober in sein Tagebuch ein. »Wenn das Kriegsglück uns etwas günstig ist, dann müßte es wohl gelingen, der Krise Herr zu werden.

Aber es würde sehr tragisch werden, wenn das nicht der Fall wäre.«[310]

Seit dem Sommer 1943 war die Rote Armee von Osten kommend auf dem Vormarsch, die Wehrmacht verteidigte nur noch mühsam, Amerikaner und Briten bombardierten die deutschen Städte pausenlos. Goebbels hatte alle Hände voll zu tun, die Bevölkerung im Glauben an den »Endsieg« zu halten.

Seine Aufgabe als Leitartikler fiel ihm zunehmend schwer: »Augenblicklich über den Krieg zu schreiben oder zu sprechen, das ist eine undankbare Sache«, notierte er in seinem Tagebuch am Bogensee.[311] Am 24. Oktober war im *Reich* von ihm zu lesen: »Über der Wandelbarkeit des Kriegsglücks steht die Standhaftigkeit eines kriegführenden Volkes, das mit jedem Ungemach und jeder Widerwärtigkeit der Entwicklung fertig wird, sofern es im Kampf dagegen niemals ermattet. Selbst in den dunkelsten Zeiten unserer Geschichte haben unsere großen historischen Vorbilder so gehandelt und damit am Ende das Schicksal immer wieder zu ihren Gunsten gewandt. Wie könnten wir es wagen, uns neben sie zu stellen, wenn wir es ihnen darin nicht gleichtun wollten!«[312]

Auch der nächste, am 31. Oktober im *Reich* erscheinende Leitartikel entstand am Bogensee. »Wohin man schaut«, schreibt Goebbels den Rückzug der Wehrmacht klein, »sind zwar an vielen Stellen unserer weltweiten Fronten schwere, ja schwerste Kämpfe und zu einem erheblichen Teil auch rückläufige Bewegungen unserer Truppen festzustellen, Zeichen eines beginnenden oder auch nur für die nähere oder weitere Zukunft zu erwartenden militärischen oder moralischen Fiaskos des Reiches aber selbstverständlich nirgendwo zu entdecken.«[313]

Die offiziellen Geburtstagsfeierlichkeiten in Berlin verlegte der Propagandaminister diesmal schon auf den Vorabend des 29. Oktober, um ein verlängertes Wochenende am Bogensee zu verbringen. In der Nacht zum Freitag fuhr er mit Ehefrau Magda und Pressereferent Wilfred von Oven hinaus. »Vom Wilhelmsplatz haben wir eine knappe Stunde Fahrt bis zu unserem Wochenendhäuschen, wie wir das Anwesen nennen, das den deutschen Film 3 Millionen Mark gekostet hat«, trug von Oven in sein Tagebuch ein. »Wir durchfahren die nördlichen Berliner Vororte. Niemand nimmt von unserem unauffälligen Panzerwagen

Notiz. Nur wenn wir mal an einer Straßenbahnhaltestelle oder einer Straßenkreuzung stoppen müssen, glotzen die Vorbeigehenden in das Innere. Aber selten erkennt jemand unter dem breitrandigen Hut den Doktor.«

Bei der Ankunft zeigte sich von Oven begeistert. Voller Bewunderung beschrieb er die Bequemlichkeit und die gediegene, kostspielige Ausstattung der Gebäude. »Das ›Haus am Bogensee‹, wie sich das Anwesen laut Inschrift am Giebel des Haupthauses nennt, ist mit allem nur erdenklichen Komfort ausgestattet. Es stellt eine ideale Synthese zwischen den Wundern der Natur und den Vorzügen der Großstadt-Zivilisation dar. (...) Auch auf viele kleine, technische Raffinements, die der Minister so liebt, ist selbst hier draußen nicht verzichtet worden. Die Hausbar in der Halle ist in der Wand versenkt und elektrisch ein- und ausfahrbar. Die großen, von der Decke bis auf den Boden reichenden Fenster versinken nach einem Druck auf einen Knopf lautlos und langsam im Fußboden (...). Überall dicke Teppiche, an den Wänden wertvolle Gemälde. Die Möbel sind modern. Nur in der Halle hat man der ländlichen Umgebung Konzessionen gemacht. Um den riesigen Kamin, in dem zu dieser Jahreszeit schon die dicken Buchenscheite prasseln, stehen alte, hochlehnige Sessel, die der Halle den Stil eines alten Landsitzes verleihen.«[314]

Seinen 46. Geburtstag feierte der Propagandaminister zunächst im Kreis der Familie. »Magda und die Kinder bereiten mir mit Mutter, Axel und Maria eine sehr schöne Geburtstagsfeier. Vor allem die Kinder haben einander übertroffen in Aufmerksamkeiten und Geschenken, die sie selbst gebastelt haben und womit sie mir eine große Freude bereiten.«[315]

Wilfred von Oven war ebenfalls angetan vom inszenierten Bilderbuchidyll: »Wir sind natürlich von Berlin aus telefonisch angemeldet worden. So stehen, als unser Wagen jetzt auf den Hof einbiegt und genau vor dem Portal hält, sämtliche sechs Kinder wie die Orgelpfeifen aufgebaut zwischen den Säulen des Vorbaues. Ein wirklich reizendes Bild: die durchweg hübschen, gesunden Kinder, zum Empfang des Vaters mit ihren besten Kleidern angetan und dem seltenen Gast glücklich und erwartungsvoll entgegensehend, dahinter die gleichfalls strahlende, besonders nett zurecht gemachte Mutter. Der Diener Emil steht etwas abseits in seiner schmucken, schwarz-weiß-roten Livrée, die Hände

Die Rote Armee drängte seit dem Frühsommer 1943 die Deutsche Wehrmacht immer mehr zurück. Doch der Krieg dauerte weitere zwei Jahre. Deutsche Panzer beschießen sowjetische Soldaten, Mai 1943.

auf dem Rücken, Gesicht und Haltung unbewegt, wie sich das gehört.«[316] Der Propagandaminister liebte Inszenierungen bis in die eigene Familie hinein.

Den Abend verbrachte Goebbels mit einigen Gästen. Die Schauspielerin Käte Haack mit ihrer Tochter, der Jungschauspielerin Hannelore Schroth, sowie Gräfin Welczek, die Ehefrau eines deutschen Diplomaten, waren eigens in Goebbels' Dienstwagen an den Bogensee chauffiert worden. Auch Oberstleutnant von Bibra vom Führerhauptquartier und Wilfred von Oven waren anwesend. Man redete über den Krieg, und Goebbels ereiferte sich über das Nationalkomitee Freies Deutschland, das im Juli 1943 bei Moskau von kommunistischen Emigranten und deut-

schen Kriegsgefangenen gegründet worden war, um das deutsche Volk und die Wehrmacht zum Sturz des Hitlerregimes aufzurufen. Besonders regte ihn der »Verrat« in militärischen Kreisen auf. Kriegsgefangene deutsche Offiziere hatten sich im September 1943 zum »Bund deutscher Offiziere« zusammengeschlossen und General Walther von Seydlitz-Kurzbach zum Präsidenten gewählt.

Goebbels habe sich an jenem Abend besonders über Seydlitz erregt, erinnerte sich von Oven, und die Wehrmacht »in Bausch und Bogen« als unzuverlässig beschimpft. (Ein zweiter Name, der fiel, war jener von Wilhelm Pieck, der nach Kriegsende am Bogensee ein neues Kapitel deutscher Geschichte einleiten sollte.) Der russische Offizier,

Familie Goebbels vor dem großen Kamin in der »Halle« des Waldhofs, Filmaufnahme Sommer 1943. Magda Goebbels hielt sich eher selten am Bogensee auf; auch nachdem die Kinder dorthin übergesiedelt waren, blieb sie bei ihrem Mann in Berlin.

klagte Goebbels, habe dem deutschen etwas Wesentliches voraus: »seinen fanatischen, durch nichts ins Wanken zu bringenden Glauben an seine revolutionäre Idee und ihren Führer Stalin«.

»Es wird ein sehr ausgedehnter Abend«, notierte von Oven. »Nur selten läßt sich der Minister in seinem Monolog unterbrechen. Das Thema beschäftigt ihn offensichtlich ungewöhnlich stark. Er deutet Schritte an, die er zur Revolutionierung der Wehrmacht unternehmen will.«[317]

Im November und Dezember 1943 kam Goebbels nur noch sporadisch an den Bogensee. Am 11. November feierte das Ehepaar Magdas 42. Geburtstag mit einer kleinen Gesellschaft. Nach den verheerenden Bombenangriffen auf Berlin, Ende November, Anfang Dezember, bekam

Bogensee, das ursprünglich als Refugium vor dem großstädtischen Betrieb gedacht gewesen war, eine neue Bedeutung: »Es war so gemütlich und nett hier draußen, daß man fast den Eindruck hatte, im Frieden zu leben,« schrieb der Propagandaminister am dritten Adventswochenende in sein Tagebuch.[318]

Das Idyll im Wald konnte über den Krieg hinwegtäuschen. Doch selbst Goebbels, der die Kriegslage gern beschönigte, erwähnte nun immer häufiger auch die allgegenwärtigen Zerstörungen. Während er die Weihnachtsfeiertage am Bogensee verbrachte, vermerkte er in seinem Tagebuch die »Zeichen der wachsenden Krise im Osten. Hier müssen wir uns noch auf einige Überraschungen gefaßt machen«.[319]

»... wenn nicht die zwölfte Stunde schon geschlagen hat« – Das Ende

»Manchmal legt man sich die bange Frage vor«, schrieb Goebbels Ende Juli 1944 am Bogensee, »ob wir mit unseren Maßnahmen zum totalen Krieg noch zeitig genug kommen. Jedenfalls ist es ganz kurz vor 12, wenn nicht die zwölfte Stunde schon geschlagen hat.«[320] Die Hoffnungen auf einen militärischen Sieg sanken, selbst beim Propagandaminister, über dessen Landsitz eine der Einflugschneisen alliierter Bomberverbände verlief.

Am 10. August 1943, wenige Tage nach dem Umzug der Familie Goebbels an den Bogensee, hatte der Architekt Bartels einen Bericht vorgelegt, wie man den Landsitz am besten gegen feindliche Flugzeuge tarnen könne. Der »Tarnungs-Sachverständige des Luftgaukommandos Dahlem«, Bau-Assessor Hermes, hatte in einer Besprechung »die dringende Notwendigkeit der Tarnung« bestätigt und vorgeschlagen, die hellen Wege mit Schlacke zu bedecken oder grau anzustreichen sowie die weißen Außenwände der Gebäude mit grauer Farbe zu übermalen.

Ferner sollten »über Firsthöhe des Wohnhauses und des Dienstgebäudes« Tarnnetze aus dichtem Draht angebracht werden, die derart gespannt seien, »daß sie Anschluß an den Wald bekommen und dadurch die charakteristische Kontur der Lichtung im Luftbildausschnitt verändern«. Es werde mit einer Tarnfläche von ca. 8000 Quadratmetern gerechnet, dafür seien rund 13 Tonnen Eisen und »150 fm Rundholz« erforderlich. Der Propagandaminister entschied, daß »sofort eine vom Luftgaukommando zu benennende Spezialfirma mit den Arbeiten – nach Klarstellung der Kosten – beauftragt« werde.[321]

Goebbels hatte noch einmal nachgefragt, ob die Tarnung mit Netzen wirklich nötig sei. Nachdem die Experten darauf bestanden hatten, da »ohne Benutzung von Tarnnetzen eine befriedigende Wirkung nicht erzielt werden könne«, stimmte er schließlich zu. Das Anwesen dürfte nach den Arbeiten nicht wiederzuerkennen gewesen sein.

Der Landsitz war also weitgehend getarnt, als die Amerikaner am Morgen des 6. März 1944 einen schweren Angriff gegen die Reichshauptstadt flogen. »Zum ersten Male wird Berlin mit einem großen Tagesangriff bedacht«, heißt

es bei Goebbels. »Auch über Lanke entwickelt sich ein großes Schauspiel der abfliegenden amerikanischen Verbände.«[322]

Pressereferent Wilfred von Oven beschrieb, wie Goebbels dieses »Schauspiel« erlebte: »›Das müssen Sie sehen!‹ ruft er und reicht mir das Glas. Ich habe die im Sonnenlicht hell blinkenden metallenen Vögel noch kaum richtig gesehen, da nimmt er mir das Glas auch schon wieder aus der Hand. ›Da, etwas weiter rechts, ein zweiter Pulk!‹ ruft der Minister. ›Und hier ein dritter!‹ Er läuft quer über den Rasen, auf dem die ersten Schneeglöckchen und Krokusse bereits hervorkommen, zu einem Platz, von dem aus er glaubt, bessere Beobachtungsmöglichkeiten zu haben. Ich sehe ihn dabei zum erstenmal von seiner sonst stets ruhigen, gemessenen Gangart in Laufschritt übergehen, ein rührend unbeholfener Anblick. (...) Beim Mittagessen ist der Angriff und das eben gesehene Schauspiel natürlich das große Thema. Alle Einzelheiten berichtet der Minister den atemlos lauschenden Kindern.« Goebbels, der sich selbst und seine Familie zur Sicherheit aufs Land gebracht hatte, »ist stolz, daß die Berliner sich bisher nicht haben unterkriegen lassen, obwohl Berlin bereits heute die meist bombardierte Stadt Deutschlands und wohl der Welt ist.«[323] Am Bogensee mußte während des Krieges mehrfach Fliegeralarm gegeben werden – bombardiert wurde das Anwesen jedoch nicht.

Am Nachmittag jenes 6. März 1944 begann Goebbels wieder einen Artikel für das *Reich* zu schreiben. Thema war das »englische Problem«. Er hielt es »für das hervorstechendste der gegenwärtigen Lage. Man muß deshalb am Feind bleiben und nach dem Grundsatz handeln, daß steter Tropfen den Stein höhlen wird.«[324] Propaganda bestand für Goebbels unter anderem darin, stetig und unbeirrt das gleiche zu wiederholen. Zweifel waren nicht für die Öffentlichkeit bestimmt – auch nicht unmittelbar nach einem feindlichen Bombenangriff: »Wir Deutschen sind in diesem Kriege trotz allem doch wieder die Bahnbrecher einer neuen Zeit. Wir tragen den anderen Völkern die Fackel voran. Wir haben diesem Jahrhundert unseren Stempel aufgedrückt, und es wird einmal in einer späteren geschichtlichen Würdigung unseren Namen tragen.«[325]

Auch in der angespannten Endphase des Krieges – mit der baldigen Invasion der Alliierten wurde schon ge-

rechnet – fuhr der Propagandaminister weiterhin an den Bogensee. »Das Wetter ist wunderbar schön«, notierte Goebbels Ostern 1944, »es scheint zur Invasion geradezu einzuladen.«[326] Der Krieg befinde sich in einem »ausgesprochen kritischen Stadium« – und Goebbels begann sich in der zunehmend unwirklichen Kulisse des »Waldidylls« Bogensee, wo die Kinder Ostereier suchten und die Familie am reichlich gedeckten Tisch feierte, zu fürchten »vor dem, wie man sagt, fürchterlichsten Blutbad der Geschichte«.[327]

Ein paar Tage später, am 18. April 1944, feierte Goebbels' Mutter am Bogensee ihren 75. Geburtstag. Die beiden älteren Brüder des Propagandaministers, Konrad und Hans, waren mit ihren Ehefrauen zu Besuch gekommen. Goebbels betrachtete sie voller Genugtuung. Konrad, der

den Partei-Verlag in Frankfurt am Main leitete, sei »ein prima Nazi« und auch Hans, Direktor einer Versicherungsgesellschaft in Düsseldorf, sei »ein in der Wolle gefärbter Nationalsozialist«. Allein dessen Sohn Lothar erschien dem Propagandaminister »etwas vorlaut und etwas dummdreist«.[328]

Goebbels genoß diesen Abend offenbar und erzählte von Oven ausführlich über seine Jugend. Unter bescheidensten Verhältnissen sei er groß geworden, die gute Stube, mit »Plüschmöbeln und Nippessachen«, sei nur zu besonderen Anlässen benutzt worden, das tägliche Leben habe sich in der Küche abgespielt. »Das Essen war denkbar einfach«, plauderte Goebbels. »Hering mit Pellkartoffeln zum Beispiel – Sie wissen ja, mein Leibgericht – war ein ausgesprochenes Festtagsessen.«

Streng und karg sei die Erziehung gewesen. Statt zu spielen, hätten sie mit der Mutter am Küchentisch Heimarbeit gemacht. Geschenke habe es selbst zu Weihnachten nicht gegeben. »Sparsamkeit und Anspruchslosigkeit waren für uns absolut selbstverständlich.« Er aber, das jüngste und noch dazu mißgestaltete Kind, sei zu Höherem bestimmt worden. Sein Vater habe ihn angetrieben, »zu büffeln und zu pauken«, und ihm ein Klavier geschenkt, was einer Sensation gleichgekommen sei. Täglich habe er fortan die gute Wohnstube zum Üben betreten dürfen. »Ich galt in der Familie als eine Art Halbgott oder Wunderkind. Der Joseph, der wird bestimmt noch wer weiß was, war die allgemeine Meinung.«

Auch im Winter habe er dann wie besessen mit Mantel, Schal und Pudelmütze in der ungeheizten Stube geübt und dank seines Fleißes und seiner Musikalität bald der Familie vorspielen können. Der Vater habe ihn Abitur machen und in Heidelberg studieren lassen. Auch dies sei eine entbehrungsreiche Zeit gewesen, er habe sich als »Paria« gefühlt, verfemt und gerade noch geduldet, »nicht etwa weil ich weniger leistete oder weniger klug war als die anderen, sondern allein weil mir das Geld fehlte, das den anderen aus der Tasche ihrer Väter so überreichlich zufloß.« So, erklärte der Propagandaminister, sei er zur nationalsozialistischen Idee gekommen.[329]

Drei Wochen später war Berlin Ziel eines weiteren schweren Tagesangriffs der Amerikaner. Goebbels sah von seinem Landsitz aus, wie schwere Kampfgeschwader 20 bis 30 Minuten über den Bogensee zogen. Die Hauptstadt wurde schwer getroffen. Das Metropol-Theater sei zerstört, hieß es in ersten Berichten, Verkehrsverbindungen seien unterbrochen, Gas- und Strombetriebe fielen aus, Wohnviertel in Prenzlauer Berg brannten. Auch in der Nähe des Propagandaministeriums explodierte eine Bombe, Fenster und Rahmen zum Wilhelmplatz wurden zerstört, das Haus blieb jedoch noch weitgehend unbeschädigt.

Währenddessen erholte sich Goebbels im Waldhof bei klassischer Musik. Im Radio waren »Die Jahreszeiten« von Haydn zu hören. Der Propagandaminister fühlte »sich wie in eine fremde Welt entrückt, wenn man den Tönen ewiger deutscher Musik lauscht. Aber es ist eine Welt, die langsam im Schwinden begriffen ist.«[330]

Trümmerlandschaft und die Bergung von Verschütteten aus einem Keller in Berlin, 1943.

Am 23. Mai 1944 kam Sepp Dietrich mit seiner Frau zu Besuch. Dietrich galt als einer der ältesten Anhänger Hitlers. Seit 1928 war er Befehlshaber von Hitlers persönlichem Sicherheitsdienst. Unmittelbar nach der Machtübergabe war Dietrich zum SS-Gruppenführer ernannt und schließlich Kommandeur der »Leibstandarte Adolf Hitler« geworden. 1934 leitete er das Mordkommando in der Röhm-Affäre, wofür er zum SS-Obergruppenführer befördert wurde. Im Krieg kämpfte Dietrich an der Front und erhielt höchste Auszeichnungen. Bis zuletzt blieb er ein enger Vertrauter Hitlers, der ihn im Dezember 1944 noch zum Oberbefehlshaber der 6. SS-Panzerarmee für die Ardennenoffensive machte.

Mit Dietrich sprach Goebbels im Waldhof am Bogensee über Kriegsstrategien, über Göring und die Führung der Luftwaffe. »Sepp Dietrich ist ein zwar einfacher, aber sehr instinktsicherer politischer Kopf«, faßte der Propagandaminister diese Begegnung im Tagebuch zusammen. »Seine Urteile über Tatsachen und über Personen sind absolut stichhaltig.«[331] Goebbels war zufrieden und fühlte sich in seinen Ansichten bestätigt. Er hatte Informationen aus erster Hand bekommen und glaubte nun, wieder sicherer in seinem Urteil über die Kriegsereignisse zu sein.

Unbeeindruckt vom Kriegsgeschehen ging das Leben auf dem Waldhof seinen Gang. Bis Ende 1944 wurde am Bogensee sogar noch gebaut, erweitert und verschönert. Im Juni brach Ehefrau Magda zu einer mehrwöchigen Kur nach Dresden auf, und Goebbels fuhr ab und an zum Landsitz, um sich mit seinen Kindern »etwas zu beschäftigen«. Am 11. Juni 1944 notierte der Propagandaminister: »Wir machen kleine Spaziergänge durch das Gelände, besuchen die von Woche zu Woche wachsende Tierhaltung auf dem Gesindehof. Hier ist vor allem Hilde in ihrem Element.«[332]

Am Vortag hatte Goebbels einen Leitartikel für das *Reich* verfaßt. Fünf Tage zuvor waren die Alliierten in der Normandie gelandet. Schwer sei es, sich dazu nun in der Öffentlichkeit äußern zu müssen, notierte der Propagandaminister in seinem Tagebuch. Am 18. Juni war im *Reich* zu lesen: »Die Dinge befinden sich noch in jeder Beziehung im Fluß. Weder nach dieser noch nach jener Seite ist eine Entscheidung gefallen, und sie steht auch nach der vorgegebenen Lage vorerst nicht zu erwarten. (...) Das Vordringen des Bolschewismus in Europa« drohe jedoch siegreich zu enden, da Amerikaner und Engländer »nur auf ununterbrochenen Druck des Kreml« zur Invasion bereit gewesen seien. Arme Soldaten hätten hierbei ihr Leben riskiert, ohne etwas gewinnen zu können, denn »reicher werden nur die Hintermänner der jüdischen Hetzblätter, die Wortführer der Haß- und Vernichtungsprogramme gegen das deutsche Volk, die Schieber und Gauner, die Drückeberger und Börsenspekulanten, die aus dem Patriotismus ein blühendes Geschäft machen und auf den Bergen von Soldatenleichen ihre kapitalistischen Trutzburgen errichten.«

Das deutsche Volk müsse »durch dieses Inferno« hindurch. Tapferkeit und Heldenmut seien nötig, Furcht aber sei nicht angebracht. Der Krieg sei »noch in keiner Weise entschieden«, freilich: »Wir stehen in der ernstesten und entscheidendsten Phase dieses Krieges.« Heimat und Front müßten zusammenstehen, jeder habe »für das Ganze« zu kämpfen. Die deutschen Soldaten kämpften »unerschütterlich wie ihre Väter 1917 und 1918 in den Stahlgewittern«, sie wankten und wichen nicht; zum Unterschied wüßten sie aber diesmal, daß die Heimat hinter ihnen stünde. »Wie zur Beschwörung erhebt sie ihre leidgezeichnete Hand, um ihre Söhne zu segnen, die mit ihren Leibern vor ihr stehen. Der Weg zum Reich geht nur über ihre Leichen. Die Nation schaut mit Ruhe und Gelassenheit den kommenden Dingen entgegen. Sie weiß ihr Schicksal und Leben in guter Hut.«[333]

Im Juni 1944 wurde am Bogensee der Bunker fertiggestellt. Auch Hitler sei »glücklich« gewesen, »daß meine Familie jetzt in Lanke einen festen Bunker erhält; denn er hatte sich etwas Sorge bei den Tagesangriffen auf die Umgebung von Berlin gemacht«.[334] Während der Propagandaminister alles dafür tat, den Krieg nicht enden und keine Gedanken an Kapitulation aufkommen zu lassen, schützte er seine eigene Familie mit allen Mitteln vor den Bomben. Um weiterhin arbeitsfähig zu bleiben und die Propaganda anzuheizen, wurden Behelfsheime auf dem Gelände des Waldhofes errichtet. Bereits im November 1943 hatte Goebbels am Bogensee ein solches Behelfsheim begutachtet, »das als erste Probe aus dem Leyschen Wohnungshilfswerk draußen aufgebaut worden ist«. Es sei »sehr primitiv«, bemerkte der Propagandaminister, könne aber »zweifellos als Aushilfe wertvolle Dienste leisten«. Drei solcher Häuser sollten »nach verschiedenen Mustern« errichtet werden, »damit ich sie einmal bewohnen und durchprobieren lassen kann«.[335]

Im Mai 1944 besichtigte Goebbels mit seinen Kindern die neu errichteten beiden Behelfsheime, die sehr gemütlich ausgefallen seien. »Sie sollen als Ausweichquartiere für meine Mitarbeiter dienen, wenn wir einmal in Berlin ganz ausgebombt wären.«[336] Vier Monate später änderte Goebbels seine Meinung und forderte sogar Robert Ley, den Leiter der Deutschen Arbeitsfront, auf, das ganze Programm einzustellen. Günstiger sei es, halbzerstörte Wohnungen wieder herzustellen. »Im übrigen erfreuen die Behelfsheime sich keiner allzu großen Beliebtheit. Sie haben keinen Wasser-, keinen Gas- und keinen Elektrizitätsanschluß, und im Winter wird es auch sehr schwer sein, sie zu heizen.«[337]

Doch im November 1944 hatte Goebbels auf dem Gelände am Bogensee zwei neue Behelfsheime, die »einen tadellosen sauberen und gepflegten Eindruck machen. Ich kann mir vorstellen, daß eine kleine Arbeiterfamilie sich in einem solchen Behelfsheim zur Not sehr gemütlich einrichten kann.«[338] Architekt Bartels war wieder tätig geworden. Ende September 1944 hatte er Goebbels' Staatssekretär Werner Naumann und dem Geldbeschaffer Max Winkler mitgeteilt, zwei norwegische Blockhäuser beschaffen zu können. Naumann entschied daraufhin, eins für Goebbels zu bestimmen, das andere für den Reichswirtschaftsminister Walther Funk.[339]

Ende Juni 1944 verstärkten die Sowjets ihre Offensive gegen die deutschen Truppen. Viele Deutsche glaubten nicht mehr an den »Endsieg«, einige hofften noch auf die propagierte neue »Wunderwaffe«, die »V 1« (für »Vergeltung 1«). Goebbels versuchte die Bevölkerung von der Notwendigkeit des Kampfes zu überzeugen. Schrecklich seien die Aussichten nach einer möglichen Niederlage: Es gehe »um unser nacktes Dasein«, drohte der Propagandaminister am 2. Juli im *Reich*: »Kriegszielsetzung unserer Feinde« sei es, »uns als Volk und Nation mit Stumpf und Stiel auszurotten (...), um damit das deutsche Problem ein für alle Mal und endgültig in ihrem Sinne zu lösen«. Alle Kräfte müßten mobilisiert werden. Der Krieg werde, »wie tausend Beispiele beweisen, offenbar nicht total, wenigstens nicht total genug« geführt. »Sache des Volkes« sei es, »die Ausschöpfung unserer gesamten nationalen Kraft für die Zwecke des Krieges« zu ermöglichen.

Und Goebbels ließ seinen Artikel enden: »Erst dann, wenn jeder von sich sagen kann, daß der Versuch einer weiteren Steigerung seiner Leistung wegen Überbeanspruchung seiner Kraft zu einer Minderung seiner Leistung führen würde, erst dann ist der totale Krieg Wirklichkeit geworden. Wie weit sind viele von uns noch davon entfernt! (...) Geschenkt wird uns nichts. Umsonst ist der Tod, und selbst der kostet das Leben.«[340]

Gegen Ende des Krieges hofften die deutschen Propagandisten auf die »Wunderwaffen«, hier eine »V 1«.

Am 20. Juli 1944 scheiterte der Anschlag auf Hitler, fünf Tage später wurde Goebbels zum »Reichsbevollmächtigten für den totalen Kriegseinsatz« ernannt. Davon hatte der Propagandaminister seit Jahren geträumt. Er wurde damit zum mächtigsten Mann hinter Hitler und erhielt »praktisch diktatorische Vollmachten im Innern«.[341] Goebbels war zum Kriegsherrn der Heimatfront geworden, er verfügte nun über alle Reichs- und Parteibehörden.

Am 29. August fuhr Goebbels nachmittags an den Bogensee, »um in Ruhe arbeiten zu können«. Er verfaßte im Waldhof einen neuen Leitartikel, in dem er »eine Reihe von Grundthesen unserer gegenwärtigen Kriegführung« aufstellte.[342] Am 10. September erschien der Aufsatz im *Reich* unter dem Titel: »Unser Wille und unser Entschluß«.

Tapferkeit und Ausdauer seien in kritischen Situationen gefragt, appellierte Goebbels an seine Leser, allein »männlichen Mut« könne man einer Belastung entgegensetzen, »die dicht bis an die Grenze der Erträglichkeit« heranreiche. Der Krieg, »den wir zu führen gezwungen sind, geht um unser Leben«, wiederholte der Propagandaminister. Die feindlichen Truppen wollten den Krieg bis zum Oktober entschieden haben, »schon allein deshalb, weil sonst die politischen Konfliktstoffe, die das gegnerische Leben immer mehr zersetzen, in gefährlicher Weise und vorzeitig zur Entzündung kommen«. Darüber hinaus hätten sie »Angst vor unseren neuen Waffen sowie vor der in Gang befindlichen Steigerung unseres Rüstungs- und Menschenpotentials«. Der Gegner stünde also unter zeitlichem Druck, worin eine Chance läge.

Jeder einzelne habe jetzt keine andere Aufgabe, »als unermüdlich und Stunde um Stunde sich dem Kriege und seinen gebieterischen Pflichten zu weihen und davon nicht abzulassen, bis der Sieg unser ist«. Nur der gerate in Gefahr, der nicht mehr an sich glaube und »zu nervösen

und übereilten Entschlüssen greifen« müsse. Das Leben des einzelnen gelte nur noch wenig, das Leben des Volkes sei alles. »Denn das Reich muß bestehen. Es muß aus diesem Waffengang gestärkt und gefestigt für alle Zeiten hervorgehen. Das ist unser Wille und unser Entschluß; er entspringt aus der Unerschütterlichkeit, mit der wir allen Gefahren trotzen.«[343]

Die Ruhe am Bogensee nutzte Goebbels weiter, um für den Krieg zu trommeln. Den nächsten Artikel verfaßte er am 4. September, der Titel lautete diesmal: »Zu allem bereit und entschlossen«. An die Presse und den Rundfunk gab er zudem die Anweisung, »die Sprache der deutschen Nachrichtenmittel jetzt besonders hart, männlich und charaktervoll« zu gebrauchen. »In einer Krise darf man sich nicht das geringste Schwächezeichen geben, weil der Feind nur daraus Kapital schlagen würde.«[344]

22. Juli 1944: Goebbels und Göring (rechts) besichtigen nach dem mißglückten Attentat auf Hitler den zertrümmerten Tisch in der »Wolfsschanze«, unter dem die Bombe zwei Tage zuvor explodiert war.

Wie eine Predigt ließ Goebbels seinen Artikel im *Reich* enden. »Vom Führer bis zum letzten Mann und bis zur letzten Frau, ja bis zum letzten Kind ist die Nation zu allem bereit und zu allem entschlossen. Die neue Welt, die wir uns erträumen, ist nicht verloren; sie wird nur unter furchtbaren Wehen und Schmerzen geboren. Von ihr lassen wir nicht, bis das Schicksal uns segnet.«[345]

Mitte September mußte Goebbels für eine Woche ganz an den Bogensee ziehen. Im Garten seines Berliner Hauses in der Hermann-Göring-Straße war eine Luftmine explodiert. Die Decke des Filmsaals war eingestürzt und das Dach abgedeckt worden, »so daß das Haus praktisch vorerst überhaupt nicht mehr bewohnt werden kann«,[346] notierte Goebbels.

Am 16. September erwähnte Goebbels eine »sehr wichtige Unterredung« mit Staatssekretär Wilhelm Stuckart vom Reichsinnenministerium. »Die Fragen der Evakuierung spielen jetzt eine ausschlaggebende Rolle, und zwar vor allem in der Hinsicht, ob wir das Prinzip der ›verbrannten Erde‹ anwenden wollen oder nicht. Stuckart neigt hier zu einem etwas gemäßigten Standpunkt, den ich nicht billigen kann. Wenn wir schon Krieg führen, dann müssen wir uns schon an einer Stelle dazu entschließen, radikal und konsequent vorzugehen, und das ist meiner Ansicht nach die Stelle, an der der Feind die deutsche Reichsgrenze überschreitet.«[347]

Das bedeutete: Die eigene Zivilbevölkerung sollte nun zur Geisel deutscher Soldaten werden. Die deutsche Wehrmacht sollte auch das eigene Land zerstören und verwüsten, um die alliierten Truppen in ihrem Vormarsch zu behindern. Eisenbahnanlagen, Schienen, Brücken, Häfen sollten gesprengt werden, damit sie nicht vom Feind genutzt werden konnten. Hitler befahl, daß nichts von Wert dem Feind in die Hände fallen dürfe.[348]

»Diesem Standpunkt muß absolut beigetreten werden«, pflichtete Goebbels dem »Führerbefehl« bei, »auch wenn wir dadurch noch so schwere materielle Verluste im eigentlichen Reichsgebiet erleiden und die Bevölkerung diese Stellungnahme zum Teil nicht versteht. Wir können jetzt in dieser Beziehung auf die Bevölkerung nicht mehr so viel Rücksichten nehmen; es geht jetzt um das Letzte, und wenn die Nation um ihr Leben kämpft, dann darf man nicht vor dem Letzten zurückschrecken.«[349]

Göring erläutert Hitler in der »Wolfsschanze« seine Kriegsstrategien, Sommer 1944.

Zwei Tage später kam Goebbels' Staatssekretär Werner Naumann mit neuen Nachrichten aus dem »Führerhauptquartier«. Die Lage im Westen sei immer noch »außerordentlich kritisch«, habe Hitler erklärt, im Osten könne man die Situation »weiterhin als stabil ansehen«. Goebbels sprach sich bei dieser Gelegenheit wieder für die »Verfechtung der offensten Wahrheit« aus und echauffierte sich erneut über »das geschichtliche Versagen Görings und Ribbentrops«. Wäre er, Goebbels, für die Außenpolitik verantwortlich, würde er versuchen, »die außenpolitische Isolierung« zu überwinden und »zu einer Beilegung des Konflikts nach der einen oder der anderen Seite zu kommen. Es muß unser Ziel sein, den Zweifrontenkrieg zu überwinden. Einen Zweifrontenkrieg hat Deutschland noch niemals gewonnen.«[350]

Am 19. September klagte der Propagandaminister in seinem Tagebuch, wie schwer es ihm mittlerweile falle, seine

»zwanzig Schreibmaschinenseiten [für das *Reich*] zusammenzubringen (...). Während ich früher an einem Leitartikel höchstens eine oder anderthalb Stunden arbeitete, arbeite ich heute einen ganzen Nachmittag daran.« Er dürfe diese Tätigkeit aber »unter keinen Umständen« einstellen, befahl er sich selbst, denn: »Das Volk erwartet am Freitagabend die Verlesung meines Leitartikels so wie seine tägliche Brotration.«[351]

Ende Oktober kam Goebbels zu einem verlängerten Geburtstagswochenende an den Bogensee. »Abends habe ich draußen in Lanke einige meiner Mitarbeiter und Freunde des Hauses zu einer kleinen Vorgeburtstagsfeier versammelt«, notierte er.[352] Goebbels' persönlicher Pressereferent Rudolf Semler erinnerte später an diese »Party«. Kaffee, Cognac und Kuchen habe es gegeben, dann seien die üblichen Reden gehalten worden. An die Triumphe von 1933 wurde erinnert und Hoffnung für die Zukunft ausgedrückt – eine Widerspiegelung des offiziellen Tenors aller politischen Erklärungen in den letzten achtzehn Monaten.

Goebbels habe auch ein paar Geschenke bekommen: zwei Gänse, einen alten Berliner Druck, zwei schöne Ölgemälde und eine Bronzefigur. Hitler schickte einen Präsentkorb mit eingemachtem Obst, Wein, Spirituosen und 2000 Zigaretten aus der Schweiz. Am Abend stießen ein paar Freunde von Goebbels zur Feier dazu. Zwei Filmschauspieler, die Semler namentlich nicht nannte, Staatssekretär Werner Naumann, Hans Schwarz van Berk, der SS-Standartenführer mit Sonderaufgaben im Propagandaministerium, sowie der Maler Conrad Hommel mit seiner Ehefrau, der Bildhauerin Barbara von Kalckreuth.[353]

Als am Abend alle um das Kaminfeuer saßen, habe dann Hitler angerufen und Goebbels zum Geburtstag gratuliert. Der Jubilar war sehr stolz: »Eine Minute vor zwölf ruft der Führer persönlich an, um mir seine Glückwünsche zu übermitteln. Ich bin darüber sehr beglückt. (...) Zu mir ist der Führer zu meinem Geburtstag außerordentlich herzlich. Er bittet mich vor allem dafür zu sorgen, daß ich gesundheitlich keinen Schaden nehme, denn er könne mich im Augenblick überhaupt nicht entbehren.«[354]

Laut Semler war das Telefonat zwischen Hitler und Goebbels sehr kurz. Strahlend sei der Propagandaminister nach zwei Minuten aus dem anderen Raum zurückgekehrt

und habe seine Frau ans Telefon geschickt. Magda Goebbels sei länger im Nebenzimmer geblieben. Nach einer Weile sei sie ungeheuer aufgeregt zu den Gästen zurückgekommen und habe – mit Tränen in den Augen – erzählt, wie groß die Hoffnung für die Zukunft sei. Der Führer habe ihr versichert, zu Weihnachten werde er dem deutschen Volk einen großen militärischen Triumph schenken, der Gezeitenwechsel werde kommen. Die ganze Party sei wie infiziert gewesen von diesen kühnen Prophezeiungen, bemerkte Semler, man glaubte wieder, Hitler führe doch noch etwas im Schilde.[355]

Auch zu Magdas 43. Geburtstag, zwei Wochen später, am 11. November, versammelten sie sich wieder im Waldhof. »Die Geschenke sind in diesem Jahr rar«, notierte Goebbels, »aber umso herzlicher ist die Gesinnung.« Erneut war das Künstlerehepaar Hommel aus Bayern angereist, auch die Ehefrau von »Reichsbühnenbildner« Benno von Arent kam zu Besuch, »so daß wir einen kleinen Kreis haben, in dem man sich wieder einmal offen unterhalten kann«.[356]

Am nächsten Morgen, Sonntag, den 12. November 1944, fuhr Goebbels nach Berlin. Zufrieden stellte er fest, daß »das Reich an diesem Sonntag ganz im Zeichen der Vereidigung des Volkssturms« stand. Hitler hatte durch einen Erlaß vom September 1944 alle 16- bis 60jährigen Männer zur »Verteidigung des Heimatbodens« verpflichtet. Militärisch ausgebildet oder für den Kampf ausgerüstet waren sie nicht, viele trugen lediglich Nahkampfwaffen, mitunter auch nur einen Spaten als »Waffe«. Wer sich weigerte auszurücken, hatte mit seiner Hinrichtung zu rechnen.[357]

Goebbels selbst leitete die zentrale Veranstaltung in der Mitte Berlins. Vom Balkon des Propagandaministeriums am Wilhelmplatz hielt er eine Ansprache. Goebbels war zufrieden mit seiner Arbeit: »Die Kundgebung trägt ausgesprochen kämpferischen Charakter. Der Wilhelmplatz mit seinen versengten und verbrannten Ruinen bildet eine zeitgemäße Silhouette zu dieser Kundgebung.«[358]

Danach marschierte der »Volkssturm« durch das Brandenburger Tor. Die Parade machte einen erbarmungswürdigen Eindruck. »Als das Bataillon nachher in Zwölferreihen Unter den Linden am Minister vorbeimarschiert«, bemerkte Pressereferent von Oven, »stehen Pimpfe und Fronturlauber auf den Bürgersteigen und müssen sich das

»Geschenkt wird uns nichts. Umsonst ist der Tod, und selbst der kostet das Leben«, so Goebbels im Juli 1944. Er verabschiedete am 12. November 1944 das letzte Aufgebot: schlecht ausgerüstete Jugendliche und alte Männer.

Lachen verkneifen.«[359] Nach der Verabschiedung der Jugendlichen und alten Männer in den zu erwartenden Tod zog sich der Propagandaminister wieder auf seinen Landsitz zurück.

Anfang November 1944 hatte Hitlers Sekretärin, Gerda Christian, Goebbels aufgesucht. Sie redeten über die Zustände im »Führerhauptquartier« in Ostpreußen, und der Propagandaminister sprach sich dafür aus, Hitler möglichst bald nach Berlin zu holen. »Im Hauptquartier bei Rastenburg ist ein normales Arbeiten fast nicht mehr möglich. Im übrigen haben wir jetzt nicht nur eine Ost-, sondern auch eine Südost-, eine Süd- und eine Westfront. Berlin liegt wieder im Zentrum des Reiches, und deshalb

müßte von hier aus der Krieg nicht nur politisch, sondern auch militärisch geführt werden.«[360]

Das »Dritte Reich« fiel in Trümmer. Die Städte im Westen wurden fortlaufend bombardiert, Berlin war bereits verwüstet. Die lange versprochenen und angekündigten Wunderwaffen erwiesen sich als Reinfall, die Ardennenoffensive vom Dezember scheiterte, und die deutsche Luftwaffe war praktisch am Ende. Die Stimmung in der Bevölkerung war verzweifelt.

Goebbels fuhr weiterhin immer wieder an den Bogensee. »Draußen die Kinder und die Familie sind geradezu mein buon retiro«, notierte der Propagandaminister, »das Glück, ein Zuhause zu besitzen, ist gerade in dieser ernsten Zeit unermeßlich groß.«[361] Am 19. Dezember feierte das

91

Ehepaar seinen 13. Hochzeitstag im Waldhof. Goebbels war mittags mit seiner Frau von Berlin aufgebrochen, am Bogensee wurden sie fröhlich empfangen: »Die Kinder stehen schon am Portal und singen uns einen Willkommensgruß entgegen. Im ganzen Hause herrscht Jubel und Trubel.«[362]

Seine »Heiligabendrede« an das deutsche Volk sprach Goebbels bereits am Vorweihnachtstag auf Tonband, um am Nachmittag an den Bogensee fahren zu können. Abends sah er sich im Filmsaal seines Landsitzes »Unter den Brücken« von Helmut Käutner an. »Käutner ist der Avantgardist unter unseren deutschen Filmregisseuren«, urteilte Goebbels, der gerade gesehene Film sei »ein ausgezeich-

Die Folgen des verlorenen Krieges im Osten: deutsche Flüchtlinge, 1945 in Berlin.

netes Kunstwerk«.[363] Heiligabend saß die Familie um den Christbaum, man beschenkte sich, später lauschten sie gemeinsam der Weihnachtsansprache im Radio. Die Stimmung war bedrückt.

Zum Jahreswechsel kam Karl Hanke, mittlerweile Gauleiter von Schlesien, zu Besuch. Hanke versuchte, Zuversicht zu verbreiten, und berichtete, die Schanzarbeiten seien fertiggestellt, man sei überzeugt, die Sowjets bei einer kommenden Großoffensive aufzuhalten. Am Abend des 30. Dezember stellte Goebbels die »Wochenschau« fertig. Es seien »hervorragende Bilder aus unserem Angriffsraum im Westen« zu sehen, notierte der Propagandaminister. »Charakteristisch daran ist, daß die in unsere Gefangenschaft geratenen Amerikaner nicht mehr das siegessichere Lächeln zur Schau tragen wie während der Invasion. Sie machen einen sehr kleinlauten Eindruck. (...) Sie können nicht verstehen, daß zwischen der Theorie der Propaganda ihrer Führungen und der harten Praxis ein so klaffender Unterschied besteht.«[364]

Am Silvestertag, einem Sonntag, erschien unerwartet der »Volksheld Nummer 1«: Oberstleutnant Hans-Ulrich Rudel, »der Panzerknacker der Luftwaffe«, wie Wilfred von Oven ihn voller Hochachtung bezeichnete. Rudel galt als erfolgreichster deutscher Kampfflieger des Zweiten Weltkriegs, der mehr Einsätze geflogen haben soll als jeder andere deutsche Pilot. An der Ostfront, so hieß es, habe er mehr als 500 sowjetische Panzer zerstört. Im März 1944 war Rudel in sowjetische Kriegsgefangenschaft geraten, hatte aber fliehen können.

Rudel war an diesem Silvestersonntag auf dem Weg zu Göring. Mit ihm sollte er zu Hitler kommen. Was es zu besprechen gab, wußte er nicht. »Wir dürfen ihm leider den Grund seiner Kommandierung nach Berlin nicht verraten«, erinnerte sich von Oven, »um dem Führer nicht die Freude der Überraschung zu verderben, wenn er ihn heute abend außer der Reihe zum Oberst befördern und ihm eine Auszeichnung verleihen wird, die eigens für Rudel geschaffen wurde: Das goldene Eichenlaub mit Schwertern und Brillanten zum Ritterkreuz.«

Der Kampfflieger machte einen hervorragenden Eindruck auf Goebbels' Pressereferenten. Klein und kräftig sei der 29jährige, ruhig spreche er, »fast bescheiden, aber keineswegs schüchtern«. Er glaube »felsenfest an seinen guten Stern, hält sich sogar für kugelfest«. Der junge Mann verbreitete offenbar Zuversicht und brachte die Gesellschaft auf andere Gedanken. Rudel erzählte von seinen Einsätzen über Budapest. Er halte die russische Infanterie für schlecht, die Panzer und Flugzeuge dagegen seien gut und »mit dem besten Menschenmaterial bemannt«. Man fachsimpelte über den Krieg.

»Nach dem Essen, dessen Einfachheit (es gab Kartoffelsuppe) Frau Goebbels mit der Plötzlichkeit der Einladung zu entschuldigen bittet, trinken wir in ihrem Salon sehr gemütlich eine Tasse Kaffe. Einen Likör lehnt Rudel ebenso ab wie Zigaretten. Er ist von eiserner Enthaltsamkeit.«

Anschließend setzten sie die »außerordentlich lebhafte Unterhaltung« fort. An der Front mangele es weniger an deutschen Waffen, meinte Rudel, sondern es fehle an Menschen. Es müsse weiter mobilisiert werden. Goebbels war ganz seiner Meinung. Der Propagandaminister ereiferte sich über die seiner Überzeugung nach verfehlte deutsche Kriegführung und meinte, »Standhaftigkeit und Ausdauer [seien] die höchsten Tugenden einer kriegführenden Nation«.

Zum Abendessen gab es Gänsebraten, anschließend setzte man sich »in der Halle vor dem flackernden Kaminfeuer« zusammen. Gegen Mitternacht wurde der Radioapparat auf höchste Lautstärke gestellt. Der Diener brachte Sekt, man stand beisammen und lauschte der Rezitation Heinrich Georges, dem »preußischen Bekenntnis von Clausewitz«. Danach ertönte, »von zarten Geigen getragen«, das Deutschlandlied.

»Mit dem letzten Glockenschlag hebt das eherne Dröhnen der Rheinglocken an, das in den machtvollen Gesang des Liedes ›O, Deutschland hoch in Ehren‹ übergeht. Wir haben uns erhoben. Frau Goebbels weint. Auch wir anderen sind in ergriffener Stimmung. Wir heben unsere Gläser, stoßen an und begrüßen uns mit leise gemurmelten Glückwünschen. Der Badenweiler Marsch klingt auf. Der Führer spricht. Es ist fünf Minuten nach zwölf.«[365]

Am 20. Januar 1945 fuhr Goebbels nachmittags noch einmal zum Bogensee, »um die Kinder wiederzusehen« und dringende Arbeiten zu erledigen, die er in Berlin nicht durchführen könne. Melancholisch stellte er fest: »Lanke liegt im tiefsten Frieden. Die Landschaft ist von Schnee

Der hochdekorierte »Panzerknacker der Luftwaffe«, Oberst Hans-Ulrich Rudel.

überdeckt. Es ist frostklar; ein herrliches Wetter, das einem in normalen Zeiten nur die größte Erquickung bereiten könnte.«[366]

Goebbels hatte gehofft, »hier draußen, im Kreise seiner Familie, wieder einen klaren Kopf zu bekommen, eine Nacht richtig zu schlafen«, notierte von Oven. Vergeblich, ständig läutete das Telefon. »Die verzweifelten Gauleiter der bedrohten Ostgaue bitten um Rat, Hilfe und Unterstützung. Millionen-Trecks, zu Pferd, zu Wagen, zu Fuß, haben sich westwärts in Bewegung gesetzt.« Am Abend saßen sie zu dritt vor dem Kaminfeuer und besprachen – »düster und niedergeschlagen« – die Lage der Dinge. »Der Minister überhäuft sich und andere mit bitteren Anklagen, über deren jeder das Wort ›zu spät‹ steht.«

Über Goebbels' Landhaus zogen die Flieger der Alliierten hinweg. Luftbild des Areals am Bogensee von 1944.

Magda habe zu verstehen gegeben, daß sie und ihr Mann mit dem Leben längst abgeschlossen hätten. Ginge das nationalsozialistische Deutschland unter, wollten auch sie sterben. Mit diesem Gedanken habe sie sich vertraut gemacht. Über das Schicksal ihrer Kinder sei sie jedoch noch nicht hinweg. »Gewiß sagt mir die Vernunft«, habe Magda überlegt, »daß ich sie nicht einer Zukunft überlassen darf, in der sie als unsere Kinder der jüdischen Rachsucht schutz- und rechtlos ausgeliefert wären. Aber wenn ich sie hier so herumtollen sehe, kann ich mich auch nicht mit dem Gedanken abfinden, sie zu töten. Das ist doch wohl das Schwerste, was einer Mutter überhaupt zugemutet werden

kann.« Bis tief in die Nacht hätten sie so beisammengesessen, seien aber zu keinem Resultat gelangt.[367] Am andern Morgen fuhr der Propagandaminister wieder nach Berlin zurück.

Eine Woche später kam Magda mit den Kindern Helga, Hilde und Helmut zu Besuch nach Berlin. »Es ist ein etwas trauriges Wiedersehen«, notierte Goebbels. »Sie haben das Elend des Rückstroms aus dem Osten in Wandlitz gesehen und sind dadurch natürlich tief beeindruckt.« Er habe bisher immer versucht, »die Kinder dem Kriege nach Möglichkeit fernzuhalten. Aber nun trägt er ja seine Schrecken auch in unsere eigene Umgebung hinein.« Karl Hanke habe er versucht zu erreichen, aber keine Verbindung mehr bekommen. »Breslau scheint eingeschlossen zu sein.«[368]

Gerüchte besagten, die sowjetische Armee sei inzwischen bis nach Wriezen, westlich der Oder, vorgedrungen. Bis zur Stadtgrenze Berlins waren es nur noch 40, 50 Kilometer. Ähnlich kurz war die Entfernung von Wriezen an den Bogensee. »Zwischen Wriezen und Berlin steht nichts«, bemerkte von Oven. »Keine Pak, keine Panzersperre, kein einziger Soldat. 70 Kilometer kann ein Panzer in zwei Stunden zurücklegen. Die gemeldeten hundert Russenpanzer können also ohne Schwierigkeiten gegen Mittag durchs Regierungsviertel fahren.« Goebbels habe wie elektrisiert reagiert. Er habe einen Verteidigungsplan aufstellen lassen und das letzte Aufgebot bestellt. Mehrere hundert Panzer hatten in Bahnhöfen bereitgestanden, um in Gebiete verladen und verschickt zu werden, die gar nicht mehr zu erreichen waren. Jetzt wurden die Panzer in Berlin gebraucht. Sämtliche Waffen- und Munitionsvorräte aus den Berliner Waffenfabriken wurden ausgeliefert. Benzin wurde bestellt, letzte Soldaten wurden abkommandiert, Panzerfäuste in einem Sonderzug von Leipzig herangeholt. Goebbels erklärte Berlin zur Festung, Gräben wurden am Stadtrand ausgehoben, Barrikaden und behelfsmäßige Panzersperren im Zentrum gebaut. Das Regierungsviertel sollte um jeden Preis verteidigt werden.

Am 31. Januar 1945 ließ Goebbels seine Familie endgültig nach Berlin holen. Einen Tag zuvor habe Göring bereits »Carinhall« geräumt, hieß es. Ganze Reihen von Lastwagen brachten kostbare Wandteppiche, Gemälde und wertvolle Möbel fort, glaubte man in der Umgebung Goebbels'.[369] »Man kann nicht wissen«, diktierte der Propagandaminister später, »ob nicht doch ein paar vorstoßende Panzerspitzen auf den Gedanken kommen, nach Lanke einzubiegen und dort ein furchtbares Unglück anrichten. Es gelingt mir auch, die ganze Familie bis zum Nachmittag nach Berlin hereinzubekommen. Ich bin froh, nun die Kinder um mich zu haben.« Die »alten Damen« seien »durch das abrupte Abreisen von Lanke etwas bestürzt« gewesen, ergänzte Goebbels, er habe sie aber wieder beruhigen können.[370]

Mit Sack und Pack seien die letzten Bewohner vom Bogensee nach Berlin gebracht worden, berichtete Wilfred von Oven. Zunächst kamen Magda und die sechs Kinder mit dem notwendigsten Gepäck, dann »nach und nach auch Groß- und Schwiegermütter, Dienstboten, Hunde und sonstiges Zubehör«. Das Berliner Haus in der Hermann-Göring-Straße, bis dahin still und wenig bewohnt, »ist damit ab heute ein turbulentes Flüchtlingslager geworden«.[371]

Drei Monate später hatte der Kampf um Berlin ein Ende. Am 18. April 1945 habe der Propagandaminister bereits seine eigene Schlußbilanz gezogen, berichtete Wilfred von Oven. An diesem Abend verbrannte Goebbels seine persönlichen Papiere: Schriftstücke, akademische Diplome, Briefe, Dokumente, Bilder der Eltern und Aufnahmen aus der Kindheit. »Dann hält er ein großes Foto in der Hand, das er lange und aufmerksam betrachtet. ›Sehen Sie‹, sagt er, ›das ist eine vollendet schöne Frau.‹« Es war eine Porträtaufnahme von Lida Baarova, der geliebten Schauspielerin.[372]

Goebbels wurde noch einmal befördert. Er blieb, bis zuletzt, der treueste Gefolgsmann seines »Führers«. Das politische Testament Hitlers, ausgestellt am 29. April 1945, machte Goebbels zu seinem Nachfolger. In einem zertrümmerten Reich sollte der Propagandaminister und Generalbevollmächtigte für den »totalen Krieg« der erste Mann sein und nun zum Reichskanzler werden. Am 30. April 1945 nahm sich Hitler das Leben, einen Tag später folgten ihm Goebbels, die Ehefrau Magda und die sechs Kinder.

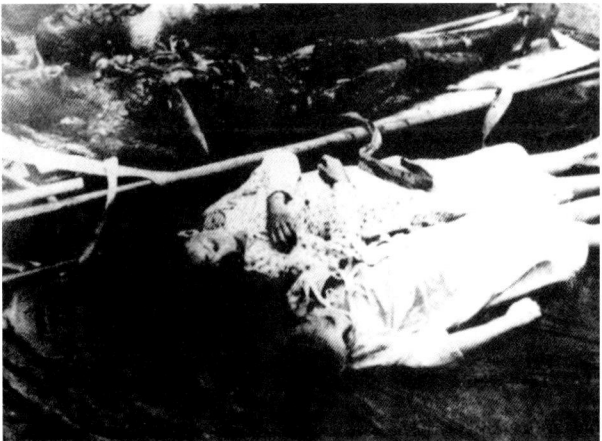

Das Ende. Die Leichen von zwei Goebbels-Kindern und ihren Eltern im Klinikum Berlin-Buch, Anfang Mai 1945.

DDR-Zeit

»Die Schäden im Innern der Häuser sind recht bedeutsam« – Plünderung des Inventars

Im April 1945, wenige Tage vor der Kapitulation Berlins, besetzten Truppen der Roten Armee das Gelände am Bogensee.[1] Es kam noch zu letzten Kämpfen mit versprengten Soldaten und SS-Verbänden, auch von Plünderungen und Zerstörungen nach der Eroberung ist in den spärlichen Zeitzeugenberichten die Rede. Was aus dem Bogensee-Inventar geworden ist, bleibt bis heute unklar.

Generalmajor Wiktor Antonowitsch Wershbizki befehligte in den letzten Kriegswochen das 80. Korps der Roten Armee. Er war vor einer SS-Eliteeinheit gewarnt worden, die das Gelände am Bogensee noch bewachte. »Am 25. April«, erinnerte sich General Wershbizki in den achtziger Jahren, »nach starkem Bombardement und aufopferungsvollem Kampf von Panzern und Infanterie, waren diese SS-Verbände vernichtet. Mehr als 150 Gefangene wurden gemacht.« Wershbizki sprach von einem ganzen »Komplex von Gebäuden«, die oberhalb und unterhalb der Erde durchkämmt werden mußten. Elf Sendemasten hätten in den Himmel geragt, ein Rundfunksender sei in einem Eisenbetonbunker untergebracht gewesen. Man habe einen Empfangsraum vorgefunden, ein Kino, einen Konzertsaal, ein Amtszimmer sowie eine Telefon- und Fernschreibzentrale.

Vom Inventar war keine Rede. Aber der General ließ sich in voller Montur fotografieren, mit einem Erinnerungsstück aus Goebbels' Landsitz, einem Torpedomodell aus Stahl mit der Widmung: »Herrn Dr. Goebbels zur Erinne-

Soldaten der Roten Armee besetzten Ende April 1945 das Areal am Bogensee.

rung an die Tauchfahrt am 18.1.1942 bei der 25. U-Flottille.«[2]

Goebbels' erobertes Areal wurde zehn Monate lang von der sowjetischen Armee genutzt und diente vorübergehend auch als Militärlazarett. Am 27. Februar 1946 hatte der letzte Soldat das Gelände verlassen. Ein paar Tage danach wurde der Waldhof am Bogensee von deutschen Amtsvertretern erstmals offiziell besichtigt. Das Protokoll vom 6. März listete den Bestand auf. Festgehalten wurden beide Häusergruppen, »das ältere Blockhaus mit dem Gästehaus, je 6 Räume umfassend, und auf der anderen Seite des Sees das neue Herrenhaus mit dem geräumigen Gästehaus und dem Garagenhaus mit nahegelegener Baracke«.

Das Herrenhaus bestehe aus etwa 18 Zimmern, das Gästehaus habe etwa 30 Zimmer, hinzu kommen jeweils zahlreiche Wirtschafts- und Baderäume, sowie Toiletten. Im Garagenhaus seien zwei Chauffeurwohnungen, sechs Auto- und vier Pferdeboxen untergebracht. Keines der Gebäude sei durch den Krieg beschädigt worden. Geringe Schäden an Dächern und Fenstern seien jedoch durch die Sprengung des Bunkers entstanden.

»Im Gegensatz zu den Außenfronten sind die Schäden im Innern der Häuser recht bedeutsam«, hieß es weiter. »Die meisten Möbelstücke, sämtliche Bilder, Teppiche, Raumschmuck, Geschirr usw. sind entfernt, die kostbaren Stofftapeten und auch Fußbodenbelag herausgeschnitten. Zurückgeblieben sind zahlreiche eingebaute Schränke, verschiedene Sessel auch von historischem Wert, einige Truhen und Schränke mit Holzschnitzereien, 1 wertvolles Spinett, Bettgestelle, Garderobenschränke usw. in den Gästezimmern und schließlich zahlreiche künstlerisch ausgeführte Decken- und Wandbeleuchtungen.«

Der Wert der »zweifellos von Russen entführten Gegenstände« sei unschätzbar, wurde festgestellt, man müsse umgehend Vorsorge treffen, »daß wenigstens die historisch und künstlerisch wertvollen Stücke baldigst nach Berlin in Sicherheit gebracht werden, da immer wieder mit Russenbesuchen zu rechnen ist«.

Wie die Gebäude fortan genutzt würden, sei momentan noch ungewiß. Für ein Schullandheim seien die Räumlichkeiten »offenbar zu schade«, auch fehlten hierfür die benötigten größeren Räume. »Die bevorzugte Lage und die gediegenen Bauten lassen die Einrichtung eines Säug-

ВОТ ОНА, ПРОКЛЯТАЯ ГЕРМАНИЯ!

Oben: Soldaten der 1. Polnischen Armee, die sich dem 7. Gardekorps der Roten Armee angeschlossen hatten, bei einer Rast im Abschnitt Wandlitz-Basdorf. An der Wand steht geschrieben: »Hier ist es, das verdammte Deutschland!«
Links: Das ursprüngliche Goebbels-Blockhaus auf der östlichen Seite des Bogensees wurde unmittelbar nach dem Krieg von der sowjetischen Armee genutzt. In den fünfziger Jahren brannte es ab.

lings- oder Genesungsheimes als zweckmäßig und wünschenswert erscheinen.«[3]

Die Instandsetzungskosten schätzte man auf etwa 80 000 RM. Zunächst sollten die Dächer repariert und der entfernte Zaun erneuert werden. Der 58jährige Franz Sorgatz, der bereits für Goebbels das Anwesen verwaltet hatte, wurde übernommen und sollte durch einen Tages- und Nachtwächter unterstützt werden.

Fünf Tage nach dieser Amtsbegehung wurden die Weichen dann in die gewünschte Richtung gestellt. Aus einem Säuglings- oder Genesungsheim wurde jedoch nichts, denn die neuen Machthaber hatten das Gelände auch bereits in Augenschein genommen und anderes damit im Sinn. Am 11. März 1946 stellte die Polizeibehörde des Abschnitts Wandlitz einen Übergabe-Vertrag an den Vertreter des Provinzialjugendausschusses, Werner Hornig, aus. Anwesend waren der Vertreter der Stadtkommandantur Bernau, Hauptmann Jegoroff, sowie der Chef der Polizei Wandlitz, Ammann. Auf Befehl des Generalmajors Fedotow vom 1. März 1946 und des Adjutanten des Militärkommandanten in Wirtschaftsfragen der Stadt und des Bezirkes Bernau, Major Starkowski, vom 9. März wurde »die Übergabe der gewesenen Villa Goebbels und das dort befindliche Mobiliar an den Vertreter des Provinzialjugendausschusses vollzogen«. Ziel war es, eine Provinzialschule für aktive Jugendfunktionäre zu errichten.[4]

Bei der Übergabe wurde eine genaue Inventarliste angefertigt. Doch von Kostbarkeiten ist auch in diesem Verzeichnis wenig die Rede.[5] Offenbar war das meiste bereits geplündert worden, denn allein bei Goebbels' Umzug von Schwanenwerder an den Bogensee, im August 1943, hatte die Familie viele wertvolle Gegenstände wie Gobelins, Silberbestecke oder Intarsienmöbel mitgenommen.[6] Diese Dinge waren ebenso verschwunden wie zwei Werke Rembrandts, »Bildnis des Vaters« und »Bildnis der Mutter«, die Goebbels' Finanzierungshelfer, Max Winkler, im Herbst 1941 gekauft hatte. 100000 RM waren dafür zu entrichten gewesen. Die beiden Gemälde kamen als »Leihgabe« in den Waldhof am Bogensee.[7]

Auch die für Goebbels in Paris gekauften Antiquitäten, Wandteppiche, Porzellan- und Kunstgegenstände im Gesamtwert von 2,3 Millionen Francs waren verschwunden, die Anfang der vierziger Jahre über den Antiquitätenhändler Brandl aus Berlin, Budapester Straße 2, beschafft worden waren. Mehrere Gegenstände aus diesem Bestand wurden in den Waldhof geliefert.[8]

Goebbels hatte also viele Kunstgegenstände und Antiquitäten in seinen Landsitz schaffen lassen. Von einer rechtzeitigen Räumung der Gebäude vor Kriegsende – wie im Fall Göring – ist bei Goebbels aber nichts bekannt. »Da die ganze Familie in solchen Zeiten zusammengehört«, hatte Magda Goebbels am 10. Februar 1945 ihrem Sohn aus erster Ehe, Harald, berichtet, »haben wir ›Bogensee‹ geschlossen und sind alle nach Berlin zurückgezogen.«[9] Vom In-

ventar keine Rede. Das meiste wird wohl tatsächlich zur Beute der sowjetischen Truppen oder der ansässigen Bevölkerung geworden sein. So erinnerte sich beispielsweise der erste Schulleiter der wenig später gegründeten Jugendhochschule, Werner Goetze, daran, daß die Innenausstattung zu einem großen Teil von der Bevölkerung geplündert worden war oder »kilometerweit verstreut« im Wald herumlag. Einige »requirierte Möbel« seien mit Hilfe der Volkspolizei aus Privatwohnungen zurückgeholt, anderes sei aus den umliegenden Wäldern wieder zusammengesammelt worden. Dabei handelte es sich allerdings offenbar nur um Gebrauchsmöbel wie Tische und Stühle.

Werner Goetze vermerkte aber abschließend noch »als Kuriosum (...), daß wir von den Nazis gestohlenes wertvolles französisches Mobiliar vom Königshof Ludwig des XIV. über unsere Verwaltungsstellen den französischen Museen wieder zuführten«.[10] Um was für Stücke es sich dabei handelte, verriet Goetze nicht. Die Spuren der meisten Wertgegenstände verlieren sich. Auch im Fall Bogensee kann das Thema »Beutekunst« die Fahnder noch eine ganze Weile beschäftigen.

»Der lang erwartete Tag der Eröffnung ist nun endlich angebrochen« – Gründung der FDJ-Zentraljugendschule

»Wenige Tage vor Beginn des I. Parlaments [der FDJ] konnten wir am Bogensee bei Bernau die Jugendhochschule der FDJ, heute Jugendhochschule ›Wilhelm Pieck‹, eröffnen«, berichtete Erich Honecker in seiner Autobiographie *Aus meinem Leben*. Mit Heinz Keßler, dem Mitbegründer der FDJ und späteren Minister für Nationale Verteidigung, sei er »mehrmals nach hierfür geeigneten Gebäuden in der Berliner Umgebung auf die Suche gegangen«, die vorgefundenen am Bogensee »entsprachen unseren Vorstellungen und dem geplanten Zweck«. Der Parteivorstand der SED habe zugestimmt und sie bei ihrem Vorhaben unterstützt. »Regelmäßig kamen Wilhelm Pieck und andere Genossen als Lektoren zum Bogensee.«[11]

So einfach, knapp und gradlinig, wie es Erich Honecker in seiner Lebensbeschreibung darstellt, wird es kaum ge-

Lehrgangsteilnehmer an der Zentralschule der Freien Deutschen Jugend, 1946. Noch ist die alte Beschriftung aus der Goebbels-Zeit nicht entfernt. Die Schule trug in der ersten Zeit nach dem Krieg auch offiziell den Namen »Waldhof am Bogensee«.

wesen sein. Aber in der Tat hatte Honecker, anfangs Vorsitzender des Zentralen Jugendausschusses, bereits im Sommer 1945 eine zentrale Schulungs- und Ausbildungsstätte gefordert. Und nachdem das weitgehend unbeschädigte Anwesen am Bogensee dem Brandenburger Provinzialjugendausschuß am 11. März 1946 übergeben worden war, ging alles ziemlich schnell.

Zwei Wochen nach der Übergabe schrieb Honecker an die Sowjetische Militäradministration in Deutschland (SMAD) und bat darum, eine zentrale Jugendleiterschule einzurichten.[12] Anfang April 1946 schließlich übernahm das Zentrale Organisationskomitee der FDJ den Gebäudekomplex, um dort die Zentralschule aufzubauen, erinnerte sich Werner Goetze.[13] Am 22. Mai 1946 lud die »Zentraljugendschule der Freien Deutschen Jugend, Waldhof am Bogensee« zu ihrem ersten Lehrgang.

»Der lang erwartete Tag der Eröffnung ist nun endlich angebrochen«, heißt es im Tagebuch der Zentraljugendschule. »Bereits am 20.5. trafen 40 Schüler ein. Sie benutzten die beiden Tage, um Streifzüge durch Wald und Flur zu machen. Der Eindruck von dieser Gruppe ist ein durchaus günstiger. (...) Pünktlich um 14 Uhr versammeln sich die Schüler und die Lehrer im großen Lektionsraum. (...) Die Feier beginnt mit einem gemeinsamen Lied: ›Wann wir schreiten Seit' an Seit'‹.«[14]

Am nächsten Tag schrieb Bernt von Kügelgen in der *Berliner Zeitung:* »Das weitläufige Gebäude ist noch in gutem Stand. Von der Einrichtung ist jedoch nicht mehr viel geblieben. Sie stellt daher eine merkwürdige Mischung aus braunem Bonzenluxus und zeitgemäß improvisierter Primitivität dar: ein Kennzeichen unserer ›Zwischenzeit‹, die aus der einen Lebensform in eine neue höhere hinüberführt. Die mächtigen Mahagonitische mit eingelegten kostbaren Mosaiken im großen Saal, der jetzt als Lektionsraum dient, sind von kläglichen, abgelegten Hockern aus irgendeiner Fremdarbeiterbaracke umstanden. Ein einfaches Feldbett mit Bretter›matratze‹ – und daneben der Traum von einem Nachttisch aus edlem Holz, mit allen Schikanen moderner Nachttisch-Architektur. Durch die Räume, in denen vor einem Jahr noch Offiziere und Adjutanten sich hölzern, hackenklappend und liebedienernd bewegten, springen heute Jugendliche, räumen, putzen, flicken, hämmern. Ständig schwebt Lachen in der Luft. In einem Zimmer donnert es von innen gegen eine Schranktür. Ein Mädel wurde spaßeshalber im Kleiderschrank der schönen Magda eingesperrt. Aus den Fenstern fällt der Blick auf Wälder, Wiesen, auf den Bogensee – ein herrliches Stück Welt, das jetzt der Jugend erschlossen wird!«[15] Die

Teilnehmerurkunde mit der neuen Bezeichnung »Jugendhochschule«. Herbert Häber, später Mitglied des SED-Politbüros, erhielt sie im Juli 1947 zum Abschluß eines zweimonatigen Lehrganges.

erste Losung, die an der Zentraljugendschule angebracht war, hieß: »Unser Weg die Arbeit, unser Ziel Friede, Freundschaft, Völkerverständigung«.[16]

Der Geist einer neuen Zeit und einer anderen deutschen Republik sollte hier gelebt werden. Der Historiker Wolfgang Leonhard war vom Herbst 1945 bis zum März 1949 für die Parteischulung zuständig, ehe er dann wegen der zunehmenden Stalinisierung nach Jugoslawien floh. Als Dozent lernte er in jenen Gründerjahren auch die Jugendhochschule am Bogensee kennen. »Die Jugendlichen waren in der Regel zwischen 18 und 20 Jahren alt«, erinnerte sich Leonhard. »Ich selbst war zu dieser Zeit erst 25 und freute mich stets darauf, die Jugendschule zu besuchen. Die Schule lag an einem schönen See, von Wäldern umgeben. Die Jugendlichen waren aufgeschlossen, und wir konnten noch frei und ungezwungen diskutieren.«

Die FDJ-Schule Bogensee sei damals noch keineswegs eine »kommunistische Kaderschmiede« gewesen. Unter den Jugendlichen habe es Anhänger unterschiedlicher Richtungen gegeben, im Lesesaal konnte man nicht nur die SED-Zeitung *Neues Deutschland* und das FDJ-Organ *Junge Welt* lesen, sondern auch *Der Morgen* der Liberaldemokraten und die *Neue Zeit* der Ost-CDU.

»In den Seminaren diskutierten die Jugendlichen über ›Demokratie‹, die ›antifaschistisch-demokratische Republik‹, über ›den Kampf gegen den Nazismus‹ und die ›Blockpolitik‹. Begriffe wie ›Kaderschmiede‹ und ›Kampfreserve der Partei‹ gab es ebenso wenig wie einen Unterricht in ›Marxismus-Leninismus‹. Nach den Vorträgen hagelte es Fragen, die Diskussionen waren engagiert und offen. (...) Ich erinnere mich, daß wir nach Seminaren und Aussprachen gemeinsam mit den Jugendlichen durch den Wald gingen, im See badeten und uns ungezwungen unterhielten.«[17]

Der Lehrplan des ersten Lehrgangs vom 22. Mai bis 6. Juli 1946 bestätigt die Erinnerungen Leonhards. In den Lektionen wurde »Das Wesen des Kapitalismus« behandelt oder »Der Imperialismus und seine Besonderheiten in Deutschland«, aber auch »Staat – Staatsformen – Verfassungen«. Dabei wurde der Staatsaufbau Englands, Frankreichs und Amerikas ebenso berücksichtigt wie der Staatsaufbau der Sowjetunion und der »Aufbau der Selbstverwaltungsorgane in der sowjetischen Besatzungszone«.

Erich Honecker im Präsidium einer Festveranstaltung zu Ehren der Oktoberrevolution in der Lektionsbaracke der Jugendhochschule Ende der vierziger Jahre.

Tragender Bestandteil dieses ersten Lehrgangs war eine vielteilige Lektion über die geschichtliche Entwicklung Deutschlands von den Bauernkriegen über die Geschichte Preußens, die beiden Weltkriege bis in die Gegenwart des Neuaufbaus. Im Zentrum stand »der deutsche Raubimperialismus in seiner faschistischen Prägung und sein völliger Bankrott«.

Die Blockparteien CDU und LDP stellten sich den Schülern ebenso vor wie die SED; die Gewerkschaften und die Jugendbewegung wurden erläutert. Sogar die evangelische und katholische Kirche schickten Geistliche, um über ihre Jugendarbeit zu berichten – der sonntägliche Kirchgang war selbstverständlich.

Daneben wurden die Schüler auf künftige praktische Aufgaben vorbereitet. Verschiedene Seminare kreisten um Themen wie: Wie mache ich eine Wandzeitung, wie gestalte ich einen Heimabend, wie führe ich eine Diskussion, wie halte ich eine freie Rede, wie leite ich eine Versammlung, wie schreibe ich einen Zeitungsartikel oder ein Manuskript für den Rundfunk.

Auch kulturelle Themen wurden gegen Ende des knapp siebenwöchigen Lehrgangs behandelt: die Bedeutung und Aufgabe der Kunst im menschlichen Leben, die Baustile und Einführungen ins Theater sowie in das kulturelle Schaffen der Gegenwart. Außerdem übten sich die Teilnehmer auch praktisch im Laienschauspiel. Manchmal fuhr man an einem Sonntagvormittag nach Berlin, um zum Beispiel eine Vorstellung des Deutschen Theaters zu besuchen.[18]

Wolfgang Leonhards Eindruck von der ersten Zeit an der Zentraljugendschule der FDJ bestätigt auch Herbert Häber, der 1946, mit 16 Jahren, in die FDJ eingetreten war und im Frühsommer 1947 am 6. Lehrgang der Jugendhochschule am Bogensee teilgenommen hatte.[19] Ein solches Studium dauerte damals zwei Monate. Häber war vom 31. Mai bis zum 30. Juli am Bogensee. Für ihn sei es »eine recht lustige und interessante Zeit« gewesen, es habe eine offene, diskutierfreudige Atmosphäre geherrscht.

Die Anreise zum Schulungsheim war zu jener Zeit noch abenteuerlich und beschwerlich. Häber brauchte für die

Oben: Ab Mai 1946 fand im ehemaligen Kaminzimmer von Goebbels der Unterricht statt. Rechts steht noch der Globus des Propagandaministers, links ist als Symbol der neuen Zeit das FDJ-Banner angebracht. Unten: Bis zum Ende der Zusammenarbeit der vier Besatzungsmächte im Juni 1948 wurden vor dem Hauptgebäude der Jugendhochschule jeden Morgen die Fahnen der Alliierten gehißt.

FDJ-Chef Erich Honecker (am Pult) und DDR-Präsident Wilhelm Pieck während des III. Parlaments der FDJ 1949 in Leipzig.

Fahrt von seiner Heimatstadt Zwickau über Berlin und Wandlitz bis zur FDJ-Schule am Bogensee zwei Tage. Bei seiner Ankunft habe er ein zentrales Gebäude gesehen, »das dem Goebbels als Wohnhaus diente«, daneben einen Luftschutzbunker, »der gesprengt war, aber noch da war, er war im Grunde genommen nur zerrissen, denn man konnte ja so einen Bunker nicht so einfach zerstören«. Und im Wald habe es »kasernenähnliche Gebäude« gegeben, in denen zu Nazi-Zeiten die SS-Wache untergebracht gewesen sei. In diesen ehemaligen sogenannten Behelfsheimen wurden in der Folgezeit die neuen Schüler einquartiert.

»Diese Schule stand, obwohl sie Schule der Freien Deutschen Jugend hieß, unter Viermächte-Verwaltung oder -Aufsicht«, betont Häber. »Jeden Morgen wurden an diesem Brunnen vor dem damaligen Hauptgebäude, der ehemaligen Villa Goebbels', die Fahnen der vier Siegermächte hochgezogen. Dann erschienen regelmäßig die Jugend-

offiziere des Kontrollrats Berlin, also der vier Besatzungsmächte. Die machten sich mit dem Lehrplan vertraut und ließen sich die Liste der Referenten und Lektoren vorlegen. Die Absicht war klar: Sie wollten darauf achten, ob wir auch zu guten Demokraten erzogen werden.«

Laut Häber stammten die Jugendlichen aus allen Regionen des damals noch ungeteilten Deutschlands, und der Unterricht sollte bürgerlich-demokratisch sein. »Deshalb war es für uns auch nicht verwunderlich, daß wir zum Beispiel Parlamentarismus übten. Die Schüler wurden in Fraktionen aufgeteilt, jeder konnte sich aussuchen, in welcher Fraktion er wirken wollte, und dann wurde Parlament geübt. Da mußten Anträge eingebracht werden, da mußte eine Opposition dagegensprechen, dann wurden Abstimmungen durchgeführt – also das haben wir damals richtiggehend trainiert.«

Der Unterricht habe in der Regel im größten Raum stattgefunden, dem ehemaligen Filmsaal Goebbels', wo nun auch gegessen wurde. »Und wenn besonders wichtige Gäste kamen«, erzählt Häber, »dann ging es in den Kaminraum. Da stand ein großer Globus noch, von Goebbels wohl, dort hatte man einen freien Blick nach draußen, und da waren auch diese versenkbaren Fenster. Wurden die heruntergelassen, konnte man gleich auf die Terrasse rausgehen. Und wenn nun Persönlichkeiten kamen wie Wilhelm Pieck beispielsweise, dann setzte man sich in diesen Kaminraum. Da gab es nur Stuhlreihen, da konnte man keine Tische stellen. Und dann konnte der Gast an einem Stehpult eine Ansprache halten oder einen Vortrag.«

Häber erinnert sich noch lebhaft, wie die unterschiedlichsten Dozenten von ihren Erlebnissen während der Nazi-Zeit erzählten. Sie waren Zeitzeugen, die versuchten, Lehren aus der Geschichte der deutschen Arbeiterbewegung zu ziehen oder zu erklären, wie es zur deutschen Katastrophe gekommen war.[20] »Allerdings gab es auch schon Vorträge in Richtung, ich würde mal sagen: historisch-dialektischen Materialismus, also philosophisch angelegte Vorträge. (...) Gerade durch Referenten wie Wolfgang Leonhard, der zu dieser Zeit als Abgesandter der SED-Führung und dann der Parteihochschule der SED als einer der ganz ausgezeichneten Theoretiker des neuen Deutschland galt. Und da gab's noch ein, zwei andere Dozenten, die ähnliches vermittelten. Und das hat mich ja von Anfang an auch interessiert.«[21]

Im Gegensatz zu Herbert Häber und Wolfgang Leonhard meint der Historiker Hermann Weber, schon in der Anfangszeit undemokratische Tendenzen ausgemacht zu haben. Weber nahm als 17jähriger am ersten Lehrgang teil. Im Tagebuch der Zentraljugendschule heißt es am 26. Juni 1946: »Selbstkritik fortgesetzt. (...) Hermann Weber ist sehr umstritten. Seine etwas eigenwillige Art hat bedingt, daß ihn mancher falsch eingeschätzt, ja abgelehnt hat. Sein über dem Durchschnitt stehendes Wissen wird anerkannt, doch wirft man ihm vor, daß er auf die anderen manchmal mit einer gewissen Ironie herabsieht. Weber kann diesen Vorwurf entkräften.«[22]

Das waren harte, erste Prüfungen, die berüchtigte Selbstdenunziation, die sich »Kritik und Selbstkritik« nannte. Der an den Pranger Gestellte hatte sich bis zur Selbstaufgabe zu verleugnen, wollte er weiter Mitglied der Bewegung bleiben. Individualismus war nicht erwünscht.

Weber war vom kommunistischen Parteiapparat ausgewählt und von Mannheim an den Bogensee delegiert worden. Die Merkwürdigkeiten seien bereits damals auffällig gewesen, sagt Weber: »Es war schon seltsam, als alle Westdeutschen, ich glaube, wir waren so 24 oder 25, plötzlich zu Delegierten des I. Parlaments der FDJ gemacht wurden. Denn wir hatten ja kein Mandat. In Mannheim, wo ich herkam, gab's überhaupt keine FDJ. Und so merkte man doch, es wird gelenkt und gesteuert von oben her. Das war eher Scheinmitbestimmung und Scheinliberalismus. (...) Und rückblickend muß ich sagen, wenn man dann auch die Akten inzwischen kennt, merkt man das noch deutlicher: Es war schon der Versuch, nach außen offen eine Einheitsjugendorganisation zu präsentieren, aber, wie Ulbricht das in anderem Zusammenhang sagte, doch alles fest in der Hand zu behalten.«[23]

Auch Weber gibt allerdings zu, daß die Atmosphäre an der Zentraljugendschule zunächst recht liberal gewirkt habe. Die Referenten seien aus verschiedenen politischen Lagern gekommen. Man habe sich offen gegeben. Alltägliche Probleme hätten den Alltag in dieser Aufbauphase zunächst mehr bestimmt als ideologische Vorbehalte. Es seien zum Beispiel keine Betten vorhanden gewesen, weshalb Stroh zum Schlafen besorgt wurde. »Beim Essen war, wie damals üblich, ›Schmalhans Küchenmeister‹. Ich erinnere mich, daß wir tagelang harte Erbsen bekamen und jeder unter Magenverstimmung litt. Abends wurde am Lagerfeuer gesungen, und das ›frohe Jugendleben‹ verdrängte die Probleme.«[24]

Auch Herbert Häber erinnert sich noch lebhaft an die Versorgungsprobleme, die allerdings mit der allgemein schlechten Situation unmittelbar nach dem Krieg zusammenhingen: »Wir waren unter anderem verpflichtet, Pilze zu sammeln im Wald, um die Küche anzureichern. Denn die Verpflegung war damals – für meine Verhältnisse – phantastisch, aber für heutige Ansprüche natürlich indiskutabel. Es gab relativ genug Scheiben von Kommißbrot, irgendwie aus sowjetischen Beständen, nehme ich an, ganz wenig Butter, ein Stückchen Wurst pro Tag, meist Jagdwurst. Und zu Mittag gab es in der Regel eine Art Mehlsuppe, mal mit ein paar Nudeln, mal mit ein paar Körnern Reis, mal mit ein paar Kartoffelstückchen – wir nannten sie ›Bogenseegrund-Suppe‹, weil sie ungefähr so

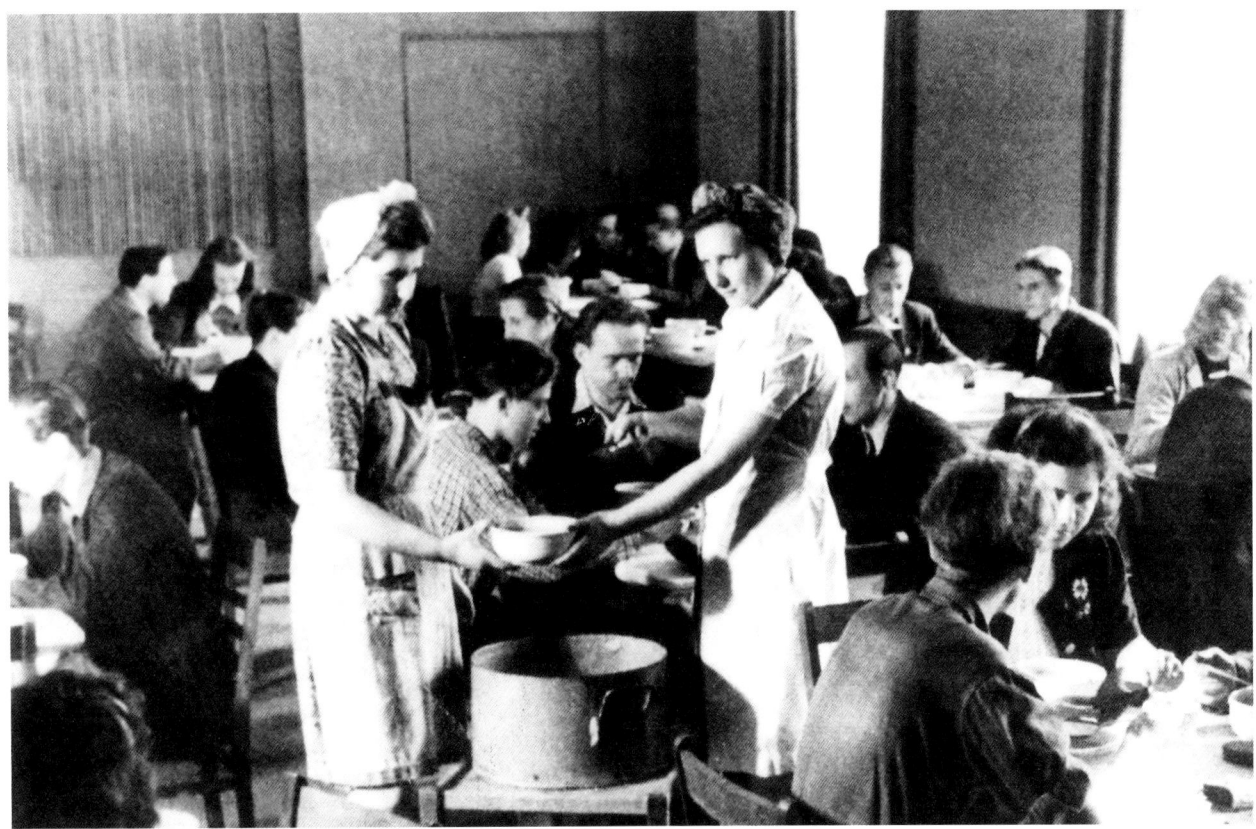

Essenausgabe im ehemaligen Filmsaal von Goebbels. Lehrgangsteilnehmer erinnern sich an die dünnen Mehlsuppen der Nachkriegsjahre, intern »Bogenseegrund-Suppe« genannt.

trübe war wie ein Seegrund. Aber für uns war es trotzdem eine wunderbare Sache, jeden Tag ein warmes Mittagessen zu haben.«[25]

Hermann Weber stellte rasch einen Wandel des Unterrichts fest. »Disziplin war natürlich großgeschrieben, Diskussionen und Kritik wurden abgewürgt, und nur eine Schein-Mitbestimmung der Schüler zugelassen. Zwar waren FDJ-Uniformen noch ebenso unbekannt wie der spätere Konformismus, aber es gab doch schon etwas Ähnliches wie ›Antreten‹ und Fahnenappell. Dies und das ›Elite-Verhalten‹ einiger Wortführer erinnerte mich fatal an die Nazizeit, deren Ablehnung mich ja zum Kommunisten gemacht hatte.«[26]

Herbert Häber sieht das in anderem Licht: »Sicher, wir wurden behandelt als eine Art Avantgarde, nicht Auserwählte und nicht so hofiert, aber: Avantgarde. Das sind die

jungen Leute, auf die wir bauen können in allen deutschen Gauen sozusagen, in allen deutschen Landesteilen. Aber als ich zurückkam von der FDJ-Schule, kriegte ich keine große Funktion. Ich war zunächst weiter der Laufbote beim Jugendausschuß in Zwickau.«[27]

Hermann Weber ging noch etwas anderes gegen den Strich. »Die Humorlosigkeit empfand ich als weiteres Manko. Zum Beispiel hatte ein Schüler, der ausgezeichnet Goebbels persiflierte, nicht nur Lacher auf seiner Seite, sondern er wurde offiziell gerügt. Kurzum, für einige von uns war das abstoßend, wir hatten bald genug. Vorfristig verließen Herbert Müller und ich die Schule mit der Begründung, wir würden zu Hause im Westen gebraucht.«[28] Hermann Weber wurde später zu einem anerkannten Historiker, der den Stalinismus in seinen zahlreichen Studien scharf kritisierte.[29]

Interesse für den historischen Ort am Bogensee gab es weder direkt nach dem Krieg noch während der DDR-Zeit. Wolfgang Leonhard glaubt, daß das weniger etwas mit Verdrängung zu tun hatte als mit Desinteresse. »Wir wußten, daß es das frühere Landhaus Goebbels' war, aber es war kein Thema. Früher war eben Goebbels auf dem Gelände, und jetzt sind wir da, hieß es.«[30]

Bis zum Herbst 1946 war auf dem Gelände auch noch die Provinzialschule der FDJ Mark Brandenburg untergebracht.[31] Ende Oktober verzichtete die Brandenburgische Provinzialleitung der FDJ, »in Erkenntnis der Notwendigkeit, in den Gebäuden des Waldhofes am Bogensee eine Jugendhochschule zu errichten«. Die Vertreter des Zentralrates würden »diese Angelegenheit« nun direkt mit dem Magistrat der Stadt Berlin regeln, hieß es in dem Schreiben Ende Oktober 1946.[32]

Am 8. Oktober 1946 hatte der Landrat des Kreises Niederbarnim in einem Brief an den Berliner Magistrat moniert, daß er nicht wisse, »auf Grund welcher Vollmachten« die FDJ derzeit das Gelände am Bogensee verwalte. Vom Landrat selbst sei der gesamte Besitz »nach den Bestimmungen der Bodenreform zur Enteignung (...) vorgeschlagen« worden. Nach vorliegenden Informationen »soll das gesamte Vermögen im Eigentum des Kriegsverbrechers Goebbels gestanden haben, so daß die Enteignung unbedingt durchzuführen ist«.[33]

Beim Berliner Magistrat, Abteilung Berliner Stadtforsten, waren unterdessen Gerüchte bekannt geworden, die FDJ betreibe »die Übereignung der früher von Goebbels besetzten 200 ha großen städtischen Waldfläche am Bogensee an Neusiedler«. Das Landratsamt Bernau sei über den Plan unterrichtet, und das Stadtforstamt Lanke habe Meldung erstattet. Man sei sehr besorgt um den künftigen Bestand des Waldes, die Übereignung an Neusiedler »würde unweigerlich eine totale Vernichtung des fraglichen Waldes bedeuten«.[34]

Vorausgegangen war ein Protestschreiben des Berliner Magistrats vom September 1946. Es sei bekannt geworden, hieß es darin, daß »die Besitzung ›Waldhof am Bogensee‹ (ehem. Goebbelssches Haus am Bogensee) von dem russischen Militärkommandanten der Stadt Liebenwalde dem Zentralamt der Freien Deutschen Jugend der Mark Brandenburg zum Geschenk gemacht worden sein« soll. »Eine

derartige Schenkung kann, sofern sie tatsächlich erfolgt ist, von uns nicht anerkannt werden.«[35]

Am 3. Dezember 1946 machte der Magistrat von Groß-Berlin von neuem unmißverständlich klar, daß das Forstgelände am Bogensee »nach wie vor« zum städtischen Forstbesitz Lanke gehöre und »ebenso wie die darauf errichteten Gebäude niemals dem früheren Benutzer übereignet gewesen« seien. »Wie alle anderen der Stadt Berlin gehörenden Waldteile« sei der Lanker Wald von der Bodenreform ausgenommen. Auch die Gebäude gehörten wieder der Stadt Berlin, da sie Goebbels »nur auf Lebenszeit zur freien Verfügung überlassen worden« seien. »Die Benutzung der Gebäude durch die Freie Deutsche Jugend zu Unterrichtszwecken ändert nichts an dem Eigentumsrecht der Stadt Berlin.«[36]

Am 28. Februar 1947 bestätigte die örtliche Abteilung Bodenreform in Bernau die Position des Berliner Magistrats. Das Gelände am Bogensee unterliege nicht »den Bestimmungen der Verordnung zur Durchführung der Bodenreform vom 6.9.45«, hieß es in einer knappen Mitteilung.[37]

Die Jahreswende 1947/48 brachte die abschließende Klärung der Besitzverhältnisse. In einer Magistratsvorlage vom Dezember 1947 wurde festgestellt, daß ein Vertragsentwurf in den dreißiger Jahren »Goebbels wiederholt zugeleitet, jedoch niemals unterzeichnet worden [sei], da von ihm fortgesetzt neue Wünsche geäußert wurden«. Die neuen Gebäude seien von der Stadt errichtet worden und im Eigentum der Hauptstadt verblieben.[38] »Die Stadt Berlin hatte, bis auf einige Kleinigkeiten, für die gesamte Verwaltung und Instandsetzung zu sorgen. Nur das Inventar sollte Goebbels ersetzen.« Ein rechtsgültiger Vertrag zwischen der Stadt Berlin und Goebbels sei also nicht zustande gekommen, weshalb die Stadt Berlin stets Eigentümerin des Grundstücks und der Gebäude am Bogensee geblieben sei.[39]

Im Oktober 1950 schließlich überließ der Magistrat von Groß-Berlin das Gelände am Bogensee und die gesamten Gebäude der FDJ »zur Errichtung bzw. zum weiteren Ausbau der dort geplanten Jugendhochschule«. Es wurde eine – unentgeltliche – Nutzungsdauer von zunächst 25 Jahren festgelegt und ein ausschließlicher Gebrauch »für Zwecke der Jugend« bestimmt. Für die laufende Instandhaltung der Gebäude habe die »Jugendheim G.m.b.H.«, als Vermögensverwalterin der FDJ, zu sorgen, auch alle weiteren Kosten wie Grundsteuer, Versicherungsprämien, Bewirtschaftungskosten seien von ihr zu übernehmen. Sobald »Erweiterungs- oder Ergänzungsbauten« vorgenommen würden, sei die zuständige Dienststelle des Berliner Magistrats zu informieren. Sollten das Gelände und die Gebäude nicht mehr von der FDJ benötigt werden, fielen diese an den Magistrat zurück.[40] Das Gelände am Bogensee blieb auch jetzt weiterhin im Eigentum der Stadt Berlin.

»Ab Januar 1948 hatte man Angst« – Die Stalinisierung

Die neue Zeit war voller Ideale und Versprechungen. Eine andere Republik sollte entstehen, antifaschistisch sollte sie sein, fortschrittlich und friedvoll. Alles sollte anders sein, alles neu erfunden werden. »Demokratische Umerziehung« nannte man das, »Humanität« versprach man, Achtung und Wertschätzung des anderen, Völkerfreundschaft, Frieden, Freiheit und Glück. Zum »Ziel unserer Erziehungsarbeit« erklärte man »das neue Leben und den neuen Menschen«.

So klang es in der Rede von Rudolf Mießner, dem Mitbegründer der FDJ, die er anläßlich der Einjahresfeier der Jugendhochschule im Juli 1947 hielt. Edel und schön solle der Mensch werden, beteuerte Mießner, und ständig besser. Kämpfer für die gute Sache sollten erzogen werden, »stolze, aufrechte, innerlich und äußerlich saubere, anständige Kämpfer (...), Aktivisten des Friedens und des Fortschritts, Verkünder und Gestalter eines neuen, glücklichen Lebens«. Gepflegt werden sollten »Liebe und Mut zur Wahrheit«.

Selbststudium und Arbeitsgemeinschaften rückten in den Vordergrund, in freier Entscheidung und aus eigenem Erkennen sollten sich die Jugendlichen ein Urteil bilden können. Auch werde nicht eine Partei oder eine Weltanschauung nahegebracht. Vielmehr sollte gerade »die Verschiedenartigkeit aller fortschrittlichen Parteien« kennengelernt werden. Vernunft und Verstand stünden obenan, demokratische Toleranz werde vermittelt.[41]

Die Sozialistische Einheitspartei kritisierte nach dem Beginn des Kalten Krieges im Sommer 1948 das liberale Klima am Bogensee und drängte auf eine ideologische Verschärfung; Plakat Ende der vierziger Jahre.

Bereits 1947 aber war alle schöne Utopie von Freiheit, Glück und Demokratie beinahe Vergangenheit. Schon im Mai 1945 waren auf Geheiß Walter Ulbrichts die spontan entstandenen antifaschistischen Komitees aufgelöst worden. Diese seien Tarnorganisationen, behauptete Ulbricht, ehemalige Nazis betrieben damit ihre Politik.[42]

Ein knappes Jahr später, im April 1946, folgte der Vereinigungsparteitag von KPD und SPD. Im Ostsektor war eine Urabstimmung verboten worden, abgestimmt werden konnte nur in den westlichen Bezirken Berlins, und schon bei »der Vereinigungskampagne spielten Druck und Einschüchterung eine weit größere Rolle, als ich damals angenommen hätte«,[43] urteilte Wolfgang Leonhard.

Im September 1947 fand der 2. Parteitag der SED in der Deutschen Staatsoper, dem späteren Metropol-Theater, in der Berliner Friedrichstraße statt. Suslow, der Sekretär des Zentralkomitees der KPdSU, war anwesend. Hermann Matern, damals im Zentralsekretariat des Parteivorstands, verlas die sowjetische Grußbotschaft und rief aus: »Es lebe die Kommunistische Partei der Sowjetunion! Es lebe ihr Zentralkomitee! Es lebe ihr Führer Stalin!«[44] Solche Verherrlichung war anderthalb Jahre zuvor, beim Vereinigungsparteitag, noch undenkbar gewesen. »Da wurde es mir schon sehr mulmig«, erinnert sich Leonhard.

Ab Herbst 1947 oder spätestens März 1948 sei für ihn dann absehbar gewesen, »daß wir in der Sowjetzone einen Stalinismus auf deutschem Boden errichten werden«. Damals war Leonhard auf die SED-Parteihochschule delegiert worden und hatte dort das verschärfte Klima zu spüren bekommen. Er sei ein großer Anhänger einer zukünftigen sozialistischen Entwicklung gewesen, aber gemäß den eigenen Traditionen und Bedingungen. »Das Stalinsystem kannte ich ja«, sagt Leonhard, schließlich hatte er zehn Jahre in der Sowjetunion gelebt. Und er ergänzt: »Ab Januar 1948 hatte man Angst.«[45]

Im August 1948 erschien im *Neuen Deutschland*, dem Zentralorgan der SED, ein Artikel über die Jugendhochschule am Bogensee. Darin wurde die neue Zeit mit deut-

Frühsport war für alle Lehrgangsteilnehmer Pflicht. Mitunter gab es auch Akkordeonbegleitung. Aufnahme von 1949.

lichen Worten für die Öffentlichkeit eingeläutet. »Wie bei Neugründung einer Institution öfter die Entwicklung durch Heranziehung ungeeigneter Kräfte gehemmt wird, so hatte man auch hier zuerst bei der Auswahl der Lehrkräfte eine unglückliche Hand bewiesen«, hieß es in dem nur mit einem Kürzel gezeichneten Artikel. »Die demokratische Selbstverwaltung der Schüler nahm Formen an, die nicht mehr dem Sinn dieser Einrichtung entsprachen und den Ruf der Schule schädigten.« Eine oberflächliche und mangelhafte Auswahl unter den Jugendlichen sei getroffen worden, manchmal seien darunter einige gewesen, die »noch keine politische Grundlage für die Ausbildung auf dieser Hochschule mitbrachten. ›Aber diese Mißstände sind gründlich behoben worden‹, erklärte der neue Leiter, Hans Gossens.«[46]

Gossens war 1939, pünktlich zu Kriegsbeginn, in die NSDAP eingetreten und hatte es zum Oberleutnant der Wehrmacht und zum Ritterkreuzträger gebracht. 1943 war Gossens in sowjetische Kriegsgefangenschaft geraten und an Antifaschulen umerzogen worden. Nach dem Krieg arbeitete er in der SED- und FDJ-Landesleitung Sachsen. Der Dogmatiker Gossens stand für einen deutlichen Richtungswechsel an der Jugendhochschule. Der erste Leiter, Werner Goetze, war noch ein sozialdemokratisch geprägter Autodidakt gewesen. Gossens hingegen brachte eine Voraussetzung mit, die fortan zur Bedingung wurde: eine Ausbildung in der Sowjetunion. Er leitete die Jugendhochschule bis 1949 und machte dann Karriere im Ministerium für Nationale Verteidigung.

»Der Kalte Krieg begann«, erinnert sich Herbert Häber. »Da wurden dann auf einmal andere Festlegungen getroffen, wer an die Jugendhochschule kommt, und damit auch, welche Rolle die Schule zu spielen hat. Also: Schluß mit diesem Demokratismus. Naja, und das hat sich dann ausgewirkt, auf die Lehrplangestaltung, auf die Themen, auf den Inhalt und sicher auch auf die Referenten.«[47]

Unter Hans Gossens wurden bisherige Lehrer durch neue ersetzt, die »bereits während der illegalen Zeit Jugendgruppen geleitet und an der antifaschistischen Arbeit teilgenommen« hatten, hieß es dazu im *Neuen Deutschland* vom August 1948. »Durch ihre aktive Tätigkeit als FDJ-Funktionäre seit 1945 verfügen sie über eine praktische Erfahrung in der Jugenderziehung.«

Im Frühjahr 1952 bot Stalin in einer Note den drei Westalliierten einen Friedensvertrag für Deutschland an. Wilhelm Pieck referierte am 27. Februar 1952 vor aufmerksamen FDJlern in Bogensee zum Thema »Der Kampf um die Einheit Deutschlands«.

Für die wachsende Zahl von Kursteilnehmern und Dozenten reichten die vorhandenen Gebäude bald nicht mehr aus, so daß in den fünfziger Jahren mehrere Baracken auf dem Gelände errichtet wurden; Lehrerunterkunft, Aufnahme von 1961.

Große Schwierigkeiten seien laut Gossens noch zu überwinden, es fehle an Schränken, Stühlen, Glühbirnen. Man wolle Sport machen, aber es gebe beispielsweise noch nicht einmal einen Fußball oder Handball. »›Ja‹, meinte der Schulleiter, ›die zuständigen Stellen vernachlässigen uns sehr. Zuschüsse erhalten wir kaum. Mit einigen Verlagen habe ich jetzt zwecks Zusendung von Lehrmitteln ein Abkommen getroffen!‹«[48]

Zwei Jahre später änderten sich die finanziellen Rahmenbedingungen, die Jugendhochschule wurde erheblich ausgebaut. Bereits im Juni 1949 erinnerte Gossens das Sekretariat des Zentralrates der FDJ daran, daß »schon des öfteren« die sofortige Erweiterung der Jugendhochschule auf 140 bis 160 Schüler gefordert worden sei. Doch trotz mancherlei Bemühungen seien keine Baracken aufzutreiben gewesen. Nun sehe er eine Möglichkeit und bitte darum, möglichst umgehend »einen offiziellen Antrag an die Landesregierung Sachsen [zu] stellen um Zuweisung von zwei bis vier Holzbaracken für die Unterbringung von insgesamt 100 Schülern«. Aus Dresden habe er erfahren, daß »diese Holzhäuser außerordentlich geeignet sein sollen für unseren Zweck«.[49]

Und Theo Naumann, der die Jugendhochschule vom August 1958 bis zum Oktober 1960 leitete, berichtete in der FDJ-Jubiläumsbroschüre zum 10. Jahrestag der Namensgebung, daß bereits 1949 beschlossen worden sei, »eine Barackenstadt zu bauen, die 300 Funktionären Unterkunft bot«.[50] Erich Honecker hatte auf der Zentralratssitzung der FDJ im Oktober 1949 vorgeschlagen, »die Ausbildungskapazität an der Jugendhochschule zu erweitern«.[51] Die Baracken waren eine Zwischenlösung, die Neubauten in den fünfziger Jahren sollten dann zur Krönung werden.

»... vermittelte uns wertvolle Erfahrungen aus seinem langen Kämpferleben« – Jugendhochschule »Wilhelm Pieck«

»Lernt und schafft wie nie zuvor! Es geht um das Leben und die Zukunft unseres Volkes, um die Einheit unseres Vaterlandes, um den Frieden und wirtschaftlichen Aufstieg!« Mit diesen beiden Leitsätzen trug sich Wilhelm Pieck, der Präsident der DDR, am 14. September 1950 ins Gästebuch der Jugendhochschule am Bogensee ein.[52] Es war ein besonderer Tag, die Hochschule erhielt den Namen des Präsidenten. Die Zufahrtsstraße durch den Wald war mit Fahnen geschmückt, die Flaggen der Republik, die Abzeichen der FDJ und das Emblem des Weltjugendbundes flatterten im Wind, Schüler und Schülerinnen bildeten ein Spalier blauer Hemden, auf dem Vorplatz der Jugendhochschule stand ein überlebensgroßes Bild des Präsidenten.[53]

Über dem Eingangsportal des Hauptgebäudes war nun zu lesen: »Jugendhochschule Wilhelm Pieck, Zentralschule der F. D. J.«. Die Buchstaben waren genau an jener Stelle angebracht, wo es zu Goebbels' Zeiten hieß: »Waldhof am Bogensee«. Direkt nach dem Krieg war die alte Schrift zunächst unangetastet geblieben, lediglich ein FDJ-Emblem darübergehängt worden.

Pieck war zu dieser Zeit in der DDR ein weithin beliebter Politiker. »Wilhelm Pieck war für uns damals einer der großen deutschen antifaschistischen Politiker, der ja noch aus der Weimarer Zeit berichten konnte«, erinnert sich Herbert Häber. »Wir wußten, er war in der Sowjetunion in der Emigration. Wir wußten, er hatte zu diesem Zeitpunkt Josef Stalin gekannt. Und Stalin war ja noch der große

Am 14. September 1950 erhielt die Jugendhochschule den Namen von Wilhelm Pieck. Zur Feier des Tages wurde vor dem ehemaligen Waldhof ein überlebensgroßes Bildnis des Präsidenten der DDR aufgestellt.

Oben: Während der Feierlichkeiten zur Namensgebung: Gespräch auf der Terrasse vor dem ehemaligen Waldhof zwischen Präsident Wilhelm Pieck und FDJ-Chef Erich Honecker; links neben Pieck ist Heinz Schirmag zu erkennen, der von 1949 bis 1952 Leiter der Jugendhochschule war.

Rechts: Zu den Kursteilnehmern Anfang der fünfziger Jahre gehörten viele FDJ-Funktionäre, die später Schlüsselfunktionen im Partei- und Staatsapparat übernahmen. Vorn links applaudierend ist Brunhilde Hanke zu sehen, von 1961 bis 1984 Oberbürgermeisterin von Potsdam und von 1964 bis 1990 Mitglied des DDR-Staatsrates.

Nach seinem Besuch zur Namensgebung wurde Präsident Wilhelm Pieck von den Jugendhochschülern mit großem Applaus verabschiedet.

SED war und auch überhaupt in der Bevölkerung eine große Resonanz hatte.«[55]

»Bei den Besuchen des Genossen Wilhelm Pieck beeindruckte uns stets die strenge Pünktlichkeit, sowohl bei seiner Ankunft als auch beim Referat«, heißt es 1960 in Rimkeits Grußwort für die FDJ-Broschüre zum 10. Jahrestag der Namensgebung der Jugendhochschule »Wilhelm Pieck«. Ebenso angetan seien sie von Piecks großer Bescheidenheit gewesen. »Als nach einer Lektion ein Schüler seine Frage an den Genossen Pieck mit den Worten: ›Herr Präsident!‹ begann, unterbrach ihn der Präsident und sagte: ›Für euch bin ich immer euer Wilhelm und euer Genosse!‹ Sofort war der Bann gebrochen.« Und Pieck beantwortete noch viele Fragen und »vermittelte uns wertvolle Erfahrungen aus seinem langen Kämpferleben«.[56]

Die Begegnungen mit Wilhelm Pieck seien für ihn unvergeßlich, sagte Rimkeit vierzig Jahre später. »Und wenn er zum Bogensee kam, und er kam regelmäßig, mindestens zu jedem Lehrgang einmal, dann war das ein Ereignis, was sehr gründlich vorbereitet wurde und was man auch mit Spannung erwartete.« Und Rimkeit begeisterte sich darüber, wie Pieck mit den Schülern redete, sich Zeit nahm, durchs weitläufige Gelände ging und sich von ihnen alles erklären ließ.[57]

Daß Pieck vor Gründung der DDR ein ganz bestimmtes Programm vertreten hatte, erwähnte Rimkeit nicht. Pieck stand in der fatalen Tradition der Sozialfaschismus-These der Kommunisten aus der Weimarer Republik. Im Exil in der Sowjetunion propagierte er die »Vernichtung« der Sozialdemokratie. Und im Oktober 1944 empfahl er in Moskau auch, die Jugend nach dem Krieg im »Geiste des Marxismus-Leninismus-Stalinismus« zu schulen und dafür, so

Held, der Sieger des Zweiten Weltkrieges. Ein Mann, der in der Umgebung von Stalin verkehrt hatte, das galt damals als was. Außerdem hatte Pieck die großen Führer der Komintern gekannt, also Dimitroff und Klement Gottwald usw. Also wenn einer aus diesem Kreis zu uns Jungschen kam, die wir kaum aus der Schule heraus waren – das war für uns 'ne ganz tolle Sache, ja!«[54]

»Wir haben ihn sehr verehrt«, sagte auch Konstantin Rimkeit, der Ende der vierziger, Anfang der fünfziger Jahre an der Jugendhochschule war, zunächst als Schüler, dann als Lehrer für die Geschichte der deutschen Arbeiterbewegung. »Pieck war ein sehr väterlicher und zugänglicher Mensch«, erinnerte sich Rimkeit. »Er verstand es, mit den jungen Menschen sehr unkompliziert und einfach zu sprechen und ihnen Dinge zu erklären, deutlich zu machen. Ich glaube, daß Pieck einer der beliebtesten Funktionäre der

115

wörtlich, »ähnliche Einrichtungen wie sie die Nazipartei auf ihren Ordensburgen« geschaffen hatte, zu gründen.[58]

In seiner Rede zur Namensgebung vom September 1950 ließ Pieck dieses Programm anklingen. »Ihr kennt alle das Wort von Wilhelm Liebknecht: ›Wissen ist Macht‹. Aber Wissen wird dann erst zur Macht, wenn dieses Wissen eine wirkliche wissenschaftliche Basis hat und auch richtig angewandt wird. Darum gilt es, auf den Schulen der Freien Deutschen Jugend weit mehr als bisher den wissenschaftlichen Sozialismus zu lehren. Wir durchbrechen damit keineswegs das Prinzip der Überparteilichkeit der Freien Deutschen Jugend. Der wissenschaftliche Sozialismus ist die Lehre von den Bedingungen der Befreiung der arbeitenden Menschen von der kapitalistischen Lohnsklaverei. Die Ausbeutung des Menschen durch den Menschen wollen wir beseitigen. Wir können sie aber nur beseitigen, wenn wir nach den Lehren des wissenschaftlichen Sozialismus handeln. Wir können die Geschichte nur richtig verstehen, wenn wir sie im Lichte des historischen Materialismus betrachten. Die Geschichtsbetrachtung hat nur dann einen Wert für uns, wenn wir uns damit die Gegenwart erklären und den Weg für die Zukunft richtig erkennen.«[59]

Das bedeutete die reine Lehre von der Partei, eine zur Gesetzmäßigkeit erhobene Gesellschaftsform und die Übernahme des sowjetischen Vorbildes. Kurz nach dem Krieg, im Winter 1945/46, hatte der Parteitheoretiker Anton Ackermann seine grundsätzlichen Thesen über die Möglichkeit eines besonderen deutschen Weges zum Sozialismus formuliert. Im September 1948 hatte er öffentlich widerrufen müssen.[60] Der Weg war jetzt klar in Richtung Moskau vorgezeichnet, eigene Ideen unerwünscht. 1950 führte die FDJ die regelmäßige politische Schulung für alle Mitglieder ein, ein Jahr später verkündete die SED offiziell ihren ideologischen Führungsanspruch. Der Marxismus-Leninismus wurde zur prägenden Leitlinie für die gesamte Gesellschaft.[61]

»Propaganda ist das Lernen und Lehren des Marxismus-Leninismus«, hieß es im FDJ-Verbandsorgan *Junge Generation* im Oktober 1950, »das Aneignen, Beherrschen und Verarbeiten der Lehren von Marx, Engels, Lenin und Stalin.« Propagandisten seien daher »jene Kader, die theoretische Bücher, Broschüren und Artikel schreiben, Vorträge

und Lektionen halten, Diskussionen, Zirkel und Seminare leiten und somit den Marxismus-Leninismus, die Gesetze der gesellschaftlichen Entwicklung und alle Vorgänge in der Natur den breiten Massen der Werktätigen und der Jugend erläutern. Propagandisten leiten die Mitglieder, Funktionäre und alle anderen Schulungsteilnehmer beim Selbststudium an.«[62]

Spätestens nachdem die Jugendhochschule nach Wilhelm Pieck benannt worden war, wurde sie Prestigeobjekt, Vorzeigeort und Propagandastätte der SED. Seit 1950 kamen keine Vertreter der Blockparteien mehr an den Bogensee, das Lehrprogramm »entsprach grundsätzlich den Prinzipien des Marxismus-Leninismus«.[63] Im DDR-Wörterbuch zur sozialistischen Jugendpolitik aus dem Jahre 1975 lautet der Eintrag zur »Jugendhochschule ›Wilhelm Pieck‹«: »Höchste Bildungsstätte der Freien Deutschen Jugend; Einrichtung des Zentralrates der FDJ, an der Funktionäre der FDJ in der Regel in einjährigen Lehrgängen eine marxistisch-leninistische Grundausbildung und Erziehung erhalten und für eine Tätigkeit als Funktionär in den Grundorganisationen, Kreis- und Bezirksleitungen der FDJ qualifiziert werden.«

Heinz Schirmag, der die Jugendhochschule vom Dezember 1949 bis zum Juli 1952 leitete, veröffentlichte im November 1950 zur Einführung der Einjahreslehrgänge an der Jugendhochschule einen Aufsatz in der Verbandszeitschrift *Junge Generation*. Darin umriß er das von der SED propagierte Weltbild und die entsprechende Ideologie: »Es gilt, die drohende Gefahr eines dritten Weltkrieges zu bannen und die teuflischen Pläne der Kriegstreiber und Kriegshetzer des antidemokratischen, menschenfeindlichen Lagers der Imperialisten zu vereiteln. Das bedeutet für jeden ehrlichen, anständigen Menschen, für jeden wahren Patrioten und Friedensfreund verstärkter Kampf, besonders gegen den USA-Imperialismus und seine Trabanten und Helfershelfer, das bedeutet: dauernde Verbreiterung der großen Weltfriedensbewegung unter der Führung der mächtigen Sowjetunion und ständige Festigung der Freundschaft mit allen fortschrittlichen, friedliebenden Kräften auf der Welt, verstärkte Weiterführung des patriotischen Kampfes der Nationalen Front des demokratischen Deutschland und unentwegte wirtschaftliche, politische und kulturelle Stärkung und Festigung unserer

Mit der Benennung der Jugendhochschule nach Wilhelm Pieck wurde 1950 auch der alte Schriftzug »Waldhof am Bogensee« entfernt. Aufnahme vom Jahreslehrgang 1951.

Deutschen Demokratischen Republik, die den Kern im Kampf des deutschen Volkes um Frieden und nationale Einheit darstellt.«

Dann erklärte Schirmag, daß der »Auswahl von Schülern« fortan besondere Bedeutung zukäme und »Kaderpflege« planmäßig betrieben werden müßte, so daß »nur die Besten unseres Verbandes« an die Jugendhochschule delegiert würden. Fortan wurde die Jugendhochschule zur »Kaderschmiede der FDJ/SED«.[64]

Die auf diese Art Auserwählten konnten ab 1951 Einjahreslehrgänge an den drei Fakultäten der Hochschule – Allgemeine Verbandsarbeit, Pionierarbeit und Journalistik – absolvieren. In den verschiedenen Lehrstühlen wurde die Geschichte der Sowjetunion vermittelt, allgemeine Geschichte und die Geschichte der deutschen Arbeiterbewegung, politische Ökonomie und Philosophie, politische

und wirtschaftliche Geographie, internationale Beziehungen, deutsche und russische Sprache, Pädagogik sowie deutsche, sowjetische und russische Literatur. Der Lehrplan der Zentralschule werde »in starkem Maße von den Erfahrungen der Propagandaarbeit des großen Komsomol« ausgehen, so Heinz Schirmag in seinem Artikel vom November 1950. Mit »dieser neuen Aufgabenstellung« ergebe sich für die Zukunft »dementsprechend eine propagandistische Arbeit unserer Zentralschule auf neuer, bedeutend höherer Stufe«.[65]

Ihre einzigartige Bedeutung hatte die Jugendhochschule am Bogensee allerdings 1950 schon verloren. Bogensee blieb höchste Bildungsstätte der FDJ, SED-Kader aber und FDJ-Spitzenfunktionäre wurden in Moskau bzw. an der Parteihochschule der SED in Kleinmachnow bei Berlin ausgebildet.[66]

»Denkmal des Sozialismus« – Neubauten am Bogensee

Am Montag, dem 17. September 1951, einem regnerischen, aber milden Spätsommertag, begannen die Bauarbeiten am Bogensee. Acht gelernte Zimmerer, ein Polier und drei Lehrlinge waren von der Bauunion Berlin (Produktionsabteilung Velten, Zweigstelle Oranienburg) geschickt worden. Die Arbeit wurde laut Bautagebuch um 13.30 Uhr aufgenommen – mit dem »Abriß der vorhandenen Bürobaracke«.[67]

In den nächsten fünf Jahren entstand am Bogensee eines der ehrgeizigsten Bauprojekte der DDR. In der Urkunde zur Grundsteinlegung des Neubaus der Jugendhochschule hieß es: »Dieser Bau ist ein Geschenk der Regierung der Deutschen Demokratischen Republik an die deutsche Jugend. (...) Die deutsche Jugend verdankt dem historischen Sieg der Sowjetunion über den Hitlerfaschismus, daß sie heute in der Deutschen Demokratischen Republik ein wahres Vaterland besitzt, an dessen Spitze unser geliebter Präsident Wilhelm Pieck steht. Seinen verpflichtenden Namen trägt diese Schule. Die Freie Deutsche Jugend mobilisiert unter der Führung der Sozialistischen Einheitspartei Deutschlands die deutsche Jugend für den Kampf um die Schaffung eines einheitlichen, friedliebenden, demokratischen Deutschland. Sie kämpft entschlossen gegen die Kriegspläne des amerikanischen und des wiedererstehenden deutschen Imperialismus. Der Neubau der Jugendhochschule ›Wilhelm Pieck‹ hat deshalb eine große Bedeutung. Er erweitert beträchtlich den bisherigen Umfang der Zentralschule der Freien Deutschen Jugend, die erstmalig in der Geschichte der deut-

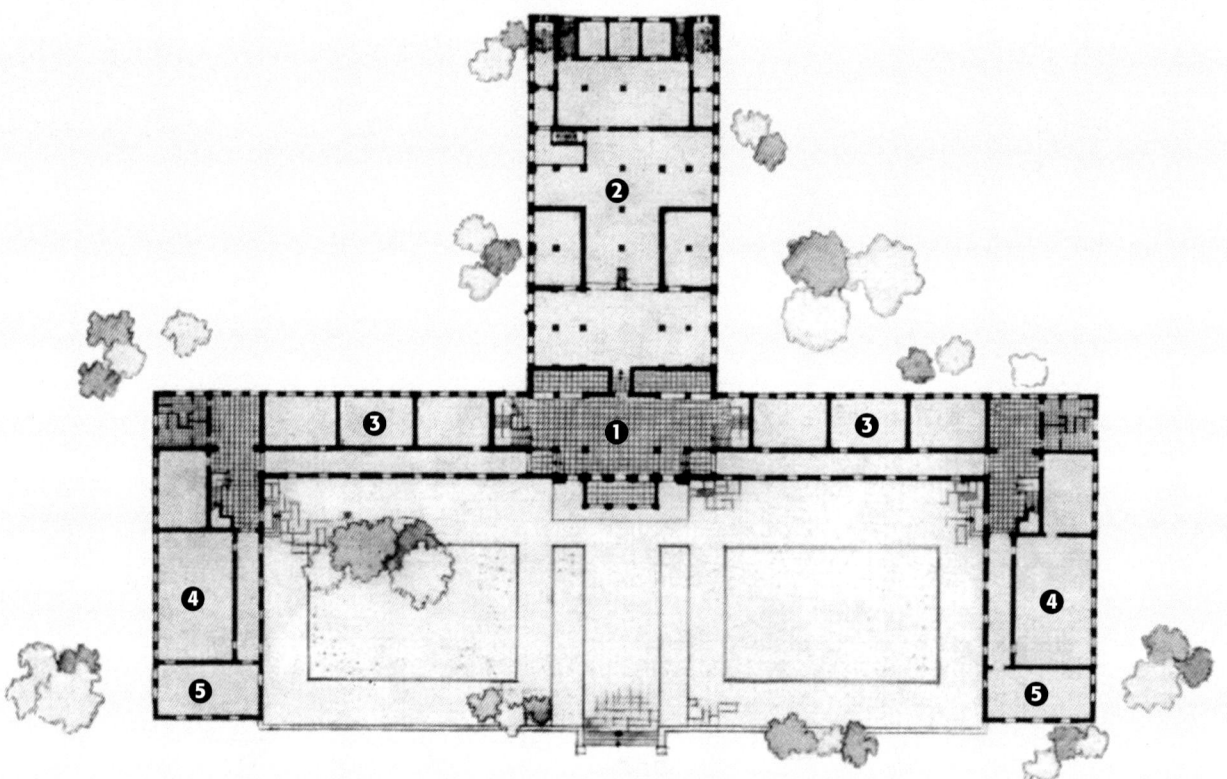

Grundriß vom Erdgeschoß des geplanten neuen Lektionsgebäudes: Hinter dem großzügigen Eingangsbereich (1) ist die Bücherei mit den Lesesälen (2) vorgesehen, in den Querflügeln werden die Seminarräume (3) untergebracht, die Seitengebäude sind Fachkabinetten (4) und Klubräumen (5) vorbehalten.

Am Modell eines Jugendkollektivs des VEB Projektierung Berlin werden Wilhelm Pieck (Dritter von rechts) und Hochschulleiter Heinz Schirmag (rechts) am 27. Februar 1952 über den Stand der Arbeiten an dem ehrgeizigen Bauvorhaben informiert.

schen Jugendbewegung eine solche Kaderschmiede besitzt.«[68]

Am 16. Oktober 1951 kam es zur feierlichen Grundsteinlegung. Eine Ecke des Westflügels war dazu »bis Terrainhöhe herausgemauert« worden. Nach dem Festakt um 15 Uhr gab es ein gemeinsames Essen für alle Beteiligten. Gegen Abend fuhr man in die Staatsoper nach Berlin.[69] Der Anfang war gemacht, nun kamen die Schwierigkeiten. Nicht nur die Finanzierung erwies sich als kompliziert, auch die Projektentwicklung für die Neubauten war schwierig und von Zerwürfnissen geprägt, erinnerte sich Heinz Lippmann.

Lippmann war ein FDJ-Funktionär der ersten Stunde. Er hatte die FDJ in Thüringen mitbegründet und war von 1949 bis 1952 Sekretär des Zentralrats der FDJ. In den Jahren 1952/53 wurde Lippmann zum Stellvertreter Honeckers, was ihn unter anderem für Organisation und Finanzen verantwortlich machte.[70]

In seiner Honecker-Biographie berichtet Lippmann, wie die beauftragten Stararchitekten Hermann Henselmann und Kurt Liebknecht mit ihren ersten Entwürfen für die Neubauten am Bogensee scheiterten.[71] Die von Honecker bereits abgesegneten »Pläne wurden dann von den beiden Architekten, Honecker und mir dem Politbüro vorgelegt, weil das Projekt – vor allem auch finanziell – von der SED-Führung genehmigt werden mußte. Professor Liebknecht erstattete Bericht. Honecker gab Erläuterungen zu den Bauplänen und zum Finanzierungsplan. Er befürwortete die Entwürfe vorbehaltlos.«

Die Neubauten würden sich der Landschaft und dem Stil der vorhandenen Bauten anpassen, hieß es. Eine »großräumige Waldschule« würde entstehen und viel Holz verarbeitet werden. Ulbricht zeigte seinen Unwillen. Ein »Denkmal des Sozialismus« habe zu entstehen, kritisierte der Generalsekretär der SED, nicht eine kleinteilige Feriensiedlung. Am Bogensee gehe es nicht um den Bau eines Er-

Studenten der Jugendhochschule beim Arbeitseinsatz
zur Erschließung des Geländes.

holungsheimes, sondern einer Hochschule der Jugend, »ein
Institut sozialistischer Erziehung« solle entstehen. Vorbild
könne auch dafür nur die große Sowjetunion sein.

»Ohne Rücksicht auf die Zeichnung der Architekten«,
schreibt Lippmann weiter, »entwarf Ulbricht mit einem
Rotstift auf dem Millimeterpapier griechische Tempel mit
ionischen Säulen. Dabei entwickelte er seine grundsätzlichen Vorstellungen über sozialistische Architektur, entwarf ein Bild von neu entstehenden sozialistischen Städten,
wies wiederholt auf das Projekt der Stalinallee hin, betonte
das gigantische Vorbild der Sowjetunion und schloß mit
der Bemerkung: ›Und so, Genossen, müßt ihr bauen, nur
so kann ein sozialistischer Baustil entwickelt werden ...‹«[72]

Innerhalb von vier Wochen sollten entsprechende Pläne
vorgelegt werden; niemand wagte zu widersprechen. Die
Frage der Finanzierung wurde überhaupt nicht angeschnit-
ten. Pünktlich lagen die neuen Pläne im gewünschten mo-
numentalen Stil vor. Ulbricht war nun zufrieden, und der
Bau konnte beginnen. Prompt zeigten sich praktische
Schwierigkeiten: Ein Betonmischer fiel aus, so daß mit der
Hand angerührt werden mußte, ein Materialaufzug wurde
ohne Motor geliefert. Dann behinderten heftige Schnee-
treiben und harter Frost den Fortgang. Arbeiter fielen aus,
Strom war nicht immer verfügbar, viele Reparaturen
mußten durchgeführt werden, die Förderbänder waren in
schlechtem Zustand, es mangelte an Zement und Benzin.

Dennoch ging es erstaunlich schnell voran. Im Dezember
1951 war das zweite »Obergeschoßmauerwerk des Westflügels« fertiggestellt. Im Mai 1952 wurde mit den Betonarbeiten im Saalbau begonnen, im Juni folgten die »Ausschachtungsarbeiten für das Schulleitungsgebäude«, im
August begann das »Verglasen des Seminargebäudes«. Tag
und Nacht wurden nun Schacht- und Betonarbeiten im
Schulleitungsgebäude fortgesetzt, auch die Schüler hatten
wiederholt bei den Arbeiten zu helfen und Baumstümpfe
zu roden oder Ziegelsteine abzuladen.[73]

Am 11. Oktober 1952 stand der Rohbau des Seminargebäudes, und ein erstes Richtfest konnte gefeiert werden. Nur einen Monat später, Ende November 1952, kam
es zu einer Krisensitzung. Materialmangel, Zeitdruck und
schlechte Organisation hemmten den kontinuierlichen
Fortgang. Laut Plan sollte bis zum 1. April 1953 das Seminargebäude schlüsselfertig sein, Kulturhaus, Schulleitungsgebäude und Hörerwohnhaus (West) sollten zumindest
im Rohbau stehen. Ein Dreivierteljahr war seit der Festle-
gung vergangen, vier Wintermonate blieben noch, und es
war erst etwa ein Viertel der Arbeiten erledigt worden.[74]

Es hieß, daß »die Erstellung der Bauunterlagen der
stärkste Hemmschuh« sei. »Die Bauleitung ist ständig bemüht«, teilte man in einem Schreiben nach Berlin mit,
»die Bauzeichnungen von der Entwurfsgruppe heranzu-
schaffen und reißt den Architekten gewissermaßen die
Zeichnungen vom Brett.«[75] Das führte zu Zeitverzögerun-
gen, Terminpläne konnten nicht eingehalten und Arbeiter nicht rechtzeitig bereitgestellt werden. »Es ist an der
Zeit, aus der Improvisation herauszukommen«, mahnte
die FDJ auch den Rat des Kreises Bernau.[76]

Hinzu kam die Abgeschiedenheit der Lage. Die Anfahr-
ten dauerten lang, es gab zu wenige Lastwagen, abgefah-
rene Reifen konnten mangels Ersatz nicht ausgetauscht
werden. Die Baumaschinen waren in schlechtem Zustand,
das Baumaterial reichte nicht immer aus und die Bewilli-
gung der Zentralheizung hatte sich mehrere Monate lang
hingezogen, was abermals zur Verzögerung der Bauarbeiten führte.

Währenddessen explodierten die Kosten. In der Krisensitzung vom Winter 1952 wies ein Mitarbeiter vom Berliner Ministerium für Aufbau darauf hin, daß »der Gesamt-
wertumfang von ursprünglich 9 Mio DM auf 20 Mio DM

erhöht worden war«. Er fügte hinzu, daß »Bogensee weder Schwerpunkt noch Regierungsbau« sei; »trotzdem müsse mit allen Mitteln versucht werden, den Bau vorwärts zu bringen«.[77]

Heinz Lippmann schildert in seinem Buch die Stimmung im Politbüro. In der ersten Sitzung mit Walter Ulbricht seien viele der Mitglieder noch völlig desinteressiert an dem Neubauprojekt am Bogensee gewesen. »Völlig anders war die Lage, als wir Ende 1952 wieder zum Politbüro mußten, weil – wie nicht anders zu erwarten war – der Bau, obwohl erst zu 60 Prozent fertiggestellt – das Dreifache der ursprünglich bewilligten Gesamtsumme (6 Millionen Mark) verschlungen hatte. Allein die bombastischen Stukkaturarbeiten an Säulen, Decken usw. hatten zweieinhalb Millionen Mark gekostet.«[78]

Unterdessen hatte die Partei aber eine Sparsamkeitskampagne eingeleitet: »Spare mit jedem Gramm, jedem Pfennig und jeder Minute«, hieß die Parole. Das schien nicht so recht zu dem Bauvorhaben am Bogensee zu passen. Lippmann schreibt: »Darauf schienen die Gegner Ulbrichts und Honeckers im Politbüro gewartet zu haben. Sie paßten einen Zeitpunkt ab, als Ulbricht in der Sowjetunion war, und setzten den Punkt ›Kostenanschlag Jugendhochschule‹ auf die Tagesordnung. (...) Dem Politbüro lag ein Antrag auf Überprüfung des Baus der Bogensee-Hochschule vor, in dem der FDJ Vergeudung von Geldern, falsche Planung usw. vorgeworfen wurde. Ulbricht, der gerade aus der Sowjetunion zurückgekehrt war, hatte keine Gelegenheit, sich diesem Punkt der Tagesordnung zu widersetzen. Erneut mußten Honecker und ich ins Politbüro, diesmal jedoch ohne Bauexperten, nur von dem Wirtschaftsfachmann des Zentralrats, Heinz Wenzel, begleitet. Was sich dort abspielte, war ebenso typisch für die Haltung Ulbrichts wie die seiner Gegner. Der Generalsekretär, der spürte, daß er sich in einer schwachen Position befand, versuchte, sich auf seine Weise aus der Affäre zu ziehen. Obgleich jeder im Politbüro wußte, daß die Verteuerung der Bauten ausschließlich auf seine Initiative zurückzuführen war, wagte keiner, darauf anzuspielen. Alle Vorwürfe und die harte Kritik richteten sich gegen die ›leitenden Genossen des Jugendverbandes‹, die des verantwortungslosen Umgangs mit Arbeitergroschen und der Verschwendungssucht bezichtigt wurden. Ulbricht tat, als werde er davon nicht berührt, hörte sich die Vorwürfe an und setzte sich sofort an die Spitze der Kritiker. Er verurteilte das Sekretariat des Zentralrats als leichtsinnig und verschwenderisch. Es hätte die Beschlüsse der Partei nicht beachtet, falsch ausgelegt und bei dem Projekt nicht genügend Wachsamkeit und Sachkenntnis bewiesen. Jeder im Politbüro wußte, daß dies eine völlige Verdrehung der Tatsachen war, aber die meisten schienen sich darüber zu freuen, daß Ulbricht krumme Wege gehen mußte. Am mißlichsten war die Lage Honeckers. Verbissen hörte er sich die Kritik an, fand aber nicht den Mut, Ulbricht zu widersprechen und ihn darauf aufmerksam zu machen, daß er die kostspielige Änderung der Pläne veranlaßt hatte.«[79]

Anfang 1953 listete der Rat des Kreises Bernau das Bauvorhaben am Bogensee detailliert auf. Ende Dezember 1952 waren demnach das Hauptgebäude, das sogenannte Seminar- oder Lektionsgebäude, im Rohbau fertiggestellt und der Saalbau bis auf die Fenster, die »demnächst eingebaut werden«, winterfest gemacht worden. Das Erdgeschoß des Schulleitungsgebäudes war fertig gemauert, das erste Obergeschoß stand zur Hälfte. Auch das Hörerwohnhaus (West) war halbfertig. Am Hörerwohnhaus (Ost) war man noch mit den Ausschachtungsarbeiten beschäftigt. Insgesamt waren 235 Arbeiter auf der Baustelle tätig.[80]

In einem »Erläuterungsbericht« hatte der »VEB (Z) Projektierung Berlin« beschrieben, wie die Anordnung der

Rohbau des Seminargebäudes 1952. Trotz finanzieller, organisatorischer und witterungsbedingter Schwierigkeiten wuchs die neue Schule rasch.

121

Gebäude zu verstehen sei. Das Gelände sei ursprünglich »bewaldet« gewesen und weise »starke Höhenunterschiede« auf. Als wichtigstes Gebäude werde das Seminargebäude auf der höchsten Erhebung stehen, von da falle das Gelände »über einen Appellplatz und Terrassen nach dem tieferliegenden Schulleitungsgebäude, den beiden Hörerwohnheimen und dem Gemeinschaftsgebäude« ab. Es werde einen »sog. repräsentativen Teil« geben, mit dem Seminargebäude und dem Appellplatz, »der durch Fahnenreihen abgeschlossen und durch ein Standbild unseres Präsidenten hervorgehoben ist«. Der geräumige Wohnteil werde im unteren Bereich von den Hörerwohnheimen und dem Gemeinschaftshaus gebildet. Großer Wert wurde auf die »Geschlossenheit der Anlage« gelegt, das Gelände solle gärtnerisch umgestaltet werden, um diese Wirkung noch zu verstärken.[81]

Ausführlich wurde das Neubauprojekt der Jugendhochschule ein paar Jahre später dem Fachpublikum erläutert. In der Verbandszeitschrift *Deutsche Architektur* veröffentlichte der Architekt Gottfried Wagner 1955 einen mehrseitigen Bericht. Ein Lageplan, verschiedene Skizzen sowie Außen- und Innenansichten wurden abgebildet. Die Illustrationen veranschaulichten die gewünschte pompöse Wirkung der Neubauten. Wagner schilderte in dem Artikel auch den langen Weg zu dem umgesetzten Entwurf, der nicht zuletzt die politische Entwicklung in der noch jungen DDR widerspiegelte.

Im Frühjahr 1951 habe »die große öffentliche Architekturdiskussion über die Fragen des Formalismus und Realismus« begonnen, »und wir erkannten unsere falschen Auffassungen (...). Jetzt ahnten wir, daß die große ideologische Bedeutung der Jugendhochschule ›Wilhelm Pieck‹

Richtfest am Seminargebäude im Oktober 1952. Damit war der erste Bauabschnitt am »Denkmal des Sozialismus« (Walter Ulbricht) abgeschlossen.

Mit dem Beschluß des 1. Fünfjahrplanes der DDR 1950 wurde auch für die Jugendhochschule eine grundsätzliche Entscheidung getroffen. Ein völlig neuer Komplex von Unterrichts-, Internats- und Sozial-gebäuden wurden neben den bisher genutzten errichtet. Aus den ehemaligen Baracken wurden Wohngebäude, in den Festbauten entstanden ebenfalls Wohnungen, außerdem gaben sie Unterkunft für verschiedene technische Bereiche der Schule.

Bildtafel einer Ausstellung über das neue »Institut sozialistischer Erziehung« nach dessen Fertigstellung. Oben rechts: Der Lektions-saal für 600 Personen. – Darunter: Der zweigeschossige Speisesaal im Gemeinschafts- bzw. Kulturhaus. – Unten rechts: Die Wohnbaracken für die Lehrer aus der Frühzeit der DDR; diese wurden später zu solideren Wohnhäusern umgebaut, schließlich durch zusätzliche Gebäude im Wald ergänzt. – Links, 2. Foto von oben: Eingang zum Gemeinschafts- bzw. Kulturhaus. – Darunter: Studentenwohnhaus.

auch aus der Architektur und der Beziehung der Gebäude zueinander sprechen muß.« Statt der zunächst geplanten naturverbundenen Anlage, die sich in den umliegenden Wald hatte einpassen sollen, wurde nun an einem auffälligen und repräsentativen Gebäudekomplex gearbeitet.

»Was sollte die Gestaltung der Anlage bestimmen«, fragte Wagner, »die Gegebenheiten des Geländes mit seiner Vegetation oder der gesellschaftliche Wert der Jugendhochschule, der eine auf Zufälligkeiten begründete Gestaltung nicht gestattet? In der Frage liegt bereits die Antwort. (...) So entschieden wir uns für die Anpassung der vorgefundenen Natur an die architektonische Grundidee.«

Der dritte und endgültige Entwurf sah auf der höchsten Erhebung des Geländes das Lektionsgebäude vor, um den niedriger gelegenen Wohnhof gruppierten sich das Schulleitungsgebäude, die Studentenwohnheime und das Gemeinschaftshaus. Treppenanlagen und ansteigende Wege

Eingang zum Lektionsgebäude. Die überlebensgroße Figurengruppe auf dem Giebel, die einen älteren Genosse mit zwei Jugendlichen zeigt, wurde nach 1989 zerstört.

verbanden die beiden Bereiche, eine überdachte Säulenhalle zwischen Schulleitungsgebäude und Hörerwohnhaus-West sollte den Blick zunächst in eine bestimmte Richtung lenken. In den ersten Entwürfen hatte der Wald bestehen bleiben sollen, nun wurde großflächig gerodet.

In den U-Flügeln des Lektionsgebäudes wurden die Seminarräume und Kabinette untergebracht. Am Vestibül lag die Bücherei mit den Lesesälen. Über die beiden Haupttreppen gelangte man in das zweigeschossige Foyer des Lektionssaales, das 600 Personen Platz bot und aufgrund der guten Akustik auch für Film-, Theater- und Konzertveranstaltungen genutzt werden konnte. Das Lektionsgebäude sollte – als »Zentrum des Lernens, der gesellschaftlichen Arbeit und der größeren Kulturveranstaltungen« – außen wie innen eine »würdige, aber nicht kalt abweisende Note« bekommen.

Im Gemeinschaftshaus, am anderen Ende des Karrees, befand sich der zweigeschossige Speisesaal, der durch Dach und Eingangsfront natürliches Licht erhielt. Im Erdgeschoß gab es kleinere Speisesäle, im Obergeschoß zwei große Klubräume, Musik- und Spielzimmer sowie einen Erfrischungsraum. Zu großen Festen konnten alle Räume und Säle miteinander verbunden werden. Während das Lektionsgebäude streng und würdevoll wirken sollte, war das Gemeinschaftshaus – »mit seiner zarten Fassadengliederung« – als ein »Zentrum der Freizeit und der fröhlichen Feste« vorgesehen.

Die Fassaden der beiden Studentenwohnheime seien »anspruchslos« und dienten nur als Verbindungselemente zwischen den beiden Hauptgebäuden. Im Innern allerdings wolle man alles tun, um den »Charakter der Massenunterbringung von Menschen« zu vermeiden. Je drei Schüler bewohnten die uniform gestalteten Zimmer von ca. 24 Quadratmetern Grundfläche. Für jeweils 30 von ihnen stand »ein kleiner Klubraum zur Verfügung. Leider konnten wir aus verschiedenen Gründen die Waschgelegenheiten nicht mit den Zimmern verbinden, so daß wir gemeinsame Waschräume in jedem Geschoß anordneten. Brauseräume sind im Studentenwohnheim-West im Keller und im Studentenwohnheim-Ost in den Geschossen untergebracht. Mit allen diesen Mitteln versuchten wir, den individuellen Bedürfnissen der Schüler auch im Gemeinschaftsleben entgegenzukommen.«[82]

Blick vom Seminargebäude auf das Ende 1955 fertiggestellte Gemeinschafts- bzw. Kulturhaus; links und rechts sind die Ecken der langgestreckten Studentenwohnheime zu sehen.

Der Bericht Wagners fiel positiv aus, die Neubauten waren – gegen alle Widerstände und Finanzierungssorgen – fast fertig geworden. Sowohl das Lektions- und Schulleitungsgebäude als auch das Studentenwohnheim-West wurden seit einiger Zeit schon genutzt, das Gemeinschaftshaus und ein Teil des Studentenwohnheimes-Ost waren im Rohbau fertiggestellt. Zwar hatte es 1954 und 1955 tiefgreifende Sparmaßnahmen gegeben, nach Stalins Tod zudem einen deutlichen Wandel im Bauwesen der DDR (die für Bogensee bereits bewilligte Investitionssumme wurde um die Hälfte gekürzt) [83] – doch bis auf ein letztes Studentenwohnheim standen die Gebäude schließlich und wurden, weniger aufwendig als ursprünglich gedacht, bis Oktober 1956 bezugsfertig.

Die Lage der Jugendhochschule mißfiel Gottfried Wagner jedoch. »Grundsätzlich falsch erscheint uns der Standort. Gönnen wir den Schülern die landschaftlich schöne Umgebung während der Zeit ihres anstrengenden Studiums! Aber ist es richtig, daß junge Menschen, die Gesellschaftswissenschaft studieren, den Brennpunkt des politischen Geschehens, Berlin, nur unter schwierigsten Verkehrsbedingungen erreichen? Abgeschlossen von den Massen der Werktätigen leben sie auf einer Insel im Walde.« [84] Aus heutiger Perspektive erscheint diese räumliche Abschottung des Ensembles symbolisch für Leben und Lehre in der »Kaderschmiede«.

Wolfgang Leonhard, zu Beginn Dozent an der FDJ-Schule, begab sich im August 1990 auf »Spurensuche« zum Bogensee. Er hatte bis dahin nur die Goebbels-Bauten aus den dreißiger Jahren gekannt, nun sah er erstmals die Neubauten aus den fünfziger Jahren. »Wir fanden uns auf einem riesigen Areal inmitten majestätisch anmutender Gebäude im nach-stalinistischen Baustil. Das Ganze erinnerte mich – sonst verzichte ich auf solche Vergleiche, aber hier ist er angebracht – an das Reichsparteitagsgelände in Nürnberg: Ein gespenstischer, erdrückender Anblick.« [85]

»Bekämpfung des faschistischen Putschversuches« – 17. Juni 1953

»Wir haben ja nicht nur – das war auch eine Besonderheit dieser Schule – dort Unterricht gemacht«, berichtete der ehemalige Geschichtslehrer Konstantin Rimkeit, »sondern wir wurden bei allen passenden und unpassenden Gelegenheiten rausgeholt, um irgendwelche Aktionen durchzuführen. Zum Beispiel waren wir drei Monate im ganzen Land unterwegs, als die Weltfestspiele 1951 vorbereitet wurden. Wir haben auch an allen großen Demonstrationen in Berlin teilgenommen – also, wir waren wirklich ständig auf Achse. Der erste Jahreslehrgang hat dann auch nicht ein Jahr gedauert, sondern er zog sich fast zwei Jahre hin.«[86]

Die Agitationsarbeit und Propaganda der FDJ-Blauhemden wurden von der Bevölkerung nicht sehr geschätzt. Man erkannte die »Kampfreserve der Partei« als bestellte Jubel- und Winkkomparserie auf allen möglichen Veranstaltungen. Die Jugendhochschüler zogen von Tür zu Tür durch die umliegenden Dörfer und Gemeinden am Bogensee, um für die Ideale der Partei zu werben. Auch zur Sicherung der Republik kommandierte man die Jungfunktionäre ab. In der Nacht zum 17. Juni 1953 fuhren Studenten und politische Mitarbeiter nach Berlin, wo sie zur »Bekämpfung des faschistischen Putschversuches« beitragen sollten. Am Bogensee blieb nur ein kleiner Teil der politischen Mitarbeiter zurück.[87]

Konstantin Rimkeit erinnerte sich an den Juni 1953: »Wir kamen schon am 16. Juni nach Berlin und wurden

Der Volksaufstand am 17. Juni 1953 wird mit Hilfe sowjetischer Panzer gewaltsam niedergeschlagen. In Ost-Berlin stößt ein T 34 von der Leipziger Straße in Richtung Friedrichstraße vor.

Bereits im Mai 1952 war während des IV. Parlaments der FDJ angeregt worden, eine gesonderte Jugendorganisation für die vormilitärische Ausbildung zu schaffen. Der FDJ-Vorsitzende Erich Honecker zeigt sich am Schießstand erstmals mit einem Gewehr in der Hand in der Öffentlichkeit. Im Sommer 1952 beschloß die SED-Führung den Aufbau eigener bewaffneter Organe und die Bildung der Gesellschaft für Sport und Technik. Nach dem 17. Juni wurde überall die bewaffnete Verteidigung der DDR organisiert.

dort im Zentralrat der FDJ einquartiert, der damals seinen Sitz Unter den Linden hatte, da, wo sich heute das ZDF eingerichtet hat. Dann bekamen wir verschiedene Aufgaben gestellt. Ich mußte zum Beispiel in die damalige Stalinallee. Da hatte das ND, das *Neue Deutschland*, einen Pressekiosk, und in den sollte ich gehen und die Demonstration, und was sich dort abspielte, beobachten. Dann wurde ich zurückgerufen und ging mit meinem Blauhemd, mit gemischten Gefühlen nun allerdings, durch die aufgebrachte Menge. Es fuhr ja nichts mehr in Richtung Zentralrat. Na, freundlich wurde ich unterwegs jedenfalls nicht von vielen behandelt. Und im Zentralrat bekamen wir dann den neuen Auftrag, in die Leipziger Straße zum damaligen Haus der Ministerien zu gehen, wo sich die Konflikte konzentrierten. Und da waren nun viele von uns und von der damaligen Volkspolizei oder kasernierten

Volkspolizei auch. Und da kamen dann auch die sowjetischen Panzer die Wilhelmstraße angefahren und beendeten dort die Auseinandersetzung. Allerdings ohne Schüsse«, versicherte Konstatin Rimkeit, »jedenfalls dort, wo wir waren.«[88]

Siegfried Schubert, der Kulturlehrer an der Jugendhochschule war, erinnerte sich 30 Jahre später, wie sie am 16. Juni mit Bussen nach Berlin gefahren worden waren und im Zentrum der Stadt zunächst mit Sprechchören den »Neuen Kurs« der Partei unterstützten. »Am 17. Juni mischten wir uns mit Flugblättern unter die Bauarbeiter, die sich in der Stalinallee zur Demonstration stellten. Bis zum Alexanderplatz waren wir noch im Demonstrationszug und diskutierten, was das Zeug hielt. Dann hörten wir das Kommando ›Alle FDJler raus aus dem Zug!‹ Wir versammelten uns und wurden im Dauerlauf zum Regierungsgebäude – damals in der Leipziger Straße unweit vom Potsdamer Platz – gebracht. Hier reihten wir uns in die Sperrketten ein, die die Genossen der KVP [die Kasernierte Volkspolizei] inzwischen gebildet hatten. Vom Potsdamer Platz, von Westberlin her, ergoß sich ein Strudel dunkler Gestalten wie aus einer Gosse. Vom ›Haus Vaterland‹ her stiegen Rauchwolken auf. Die Faschisten wollten an unser Regierungsgebäude heran, um es zu stürmen. Wir, die Genossen der KVP und von der Jugendhochschule, standen fest untergehakt. Ich sah, wie jemand einem Genossen der KVP mit einem Messer in die Augen stach. Hin und her wogten die Massen, und da hörten wir Motorenlärm. ›Die sowjetischen Panzer kommen!‹ Und wir schrieen erlöst ›Freundschaft!‹ ›Freundschaft!‹. Und die Tränen strömten nur so vor Freude.«[89]

An der halb verlassenen Jugendhochschule am Bogensee hatte sich ebenfalls Unzufriedenheit breitgemacht. Die Organisation funktionierte nicht, die Unterbringung der Bauarbeiter in Baracken war schlecht, und die (angekündigten) Normerhöhungen trugen zum Unwillen weiter bei. Auch am Bogensee wurde zur Tat geschritten.

Jürgen Uhlmann erinnerte sich: »Ein kleinerer Teil der politischen Mitarbeiter (ca. 12–15), unter ihnen auch ich, mußte im Objekt bleiben und wurde beauftragt, hier für die Sicherheit der Schule und der Ehefrauen und deren Kleinkinder zu sorgen. Es kam darauf an, zu verhindern, daß der unter den 250–300 hier an der Schule anwesenden Bauarbeitern ausgebrochene Streik auf das Wirtschaftspersonal der Schule übergriff und sich auf die umliegenden Ortschaften übertrug. Weiterhin war es wichtig, daß die an sich schon gespannte Lage unter den Bauarbeitern nicht explosiv in Tätlichkeiten und Gewalttaten ausartete. Gegen 6.00 Uhr morgens zogen größere und kleinere Trupps von Bauarbeitern randalierend, grölend und zu Exzessen aufrufend durch das Gelände des Objektes. Alle roten, blauen und DDR-Fahnen wurden heruntergerissen. Streiklosungen und staatsverleumdende Inschriften wurden auf der Neubaustelle angebracht. Angeführt wurden diese Trupps zumeist von Leuten, die mehr oder weniger unter Alkohol standen bzw. wurden sie von Elementen angeleitet, die vorher nie auf der Baustelle unter den Bauarbeitern zu sehen waren. (...) Im Laufe des Nachmittags, zwischen 16.00 und 17.00 Uhr, traf eine motorisierte Schüt-

zeneinheit der Sowjetarmee im Objekt ein. (...) Die strategischen Punkte der Schule wurden durch Panzer abgesichert und die Einheit stellte ihre Fahrzeuge am alten Sportplatz ab (...). Am anderen Morgen rückte die Einheit wieder ab. Schon die Tatsache der Anwesenheit von sowjetischen Truppen im Objekt genügte, um Ruhe, Ordnung und Sicherheit zu garantieren.«[90]

Konstantin Rimkeit erzählte, daß nach den Ereignissen vom Juni 1953 die Sicherungsmaßnahmen an der Jugendhochschule weiter verstärkt wurden. »Und es begann dann auch eine andere, eine zusätzliche Ausbildung im Rahmen der damaligen Gesellschaft für Sport und Technik. Es wurde ein Schießstand gebaut, da wurde geschossen. Es begann also auch ein gewisser militärischer Drill, eine vormilitärische Ausbildung, die aber in relativ geringem Umfang stattgefunden hat.«[91]

In der Broschüre zum 10. Jahrestag der Namensgebung der Jugendhochschule wurde über eine Übung der Kampfgruppe vom Bogensee berichtet: »In den Gebäuden ist alles ruhig, die Jugendfreunde studieren. Plötzlich ertönt die Sirene ... Alarm! Alarm! In kürzester Zeit empfängt der Kommandeur die Meldung: ›Kampfgruppe der Jugendhochschule ›Wilhelm Pieck‹ angetreten!‹. Es regnet in Strömen, aber die Genossen Kämpfer führen schnell und gewissenhaft die Befehle durch. (...) Plötzlich kracht ein Schuß, noch einer. Alles bleibt ruhig. Zum Kommandeur kommt die Meldung: ›Diversant gefunden.‹ Die Suche geht voller Spannung weiter. Und wieder krachen Schüsse. Ruhe ... Spannung –. Dann war der Kampfauftrag erfüllt und die Übung beendet. Es war erneut bewiesen, die Kampfgruppe der Jugendhochschule ist zur Verteidigung unserer Republik einsatzbereit. Uns ist gewiß: Wir bringen die Bonner Atom-Kriegspläne zum Scheitern!«[92]

Auch Erich Honecker betonte bei seinem Besuch im September 1980 am Bogensee die Wehrfähigkeit. In seiner Rede anläßlich der Auszeichnung der Jugendhochschule mit dem Karl-Marx-Orden rief er voller Enthusiasmus aus: »Liebe Freunde, Genossen! Der Marxismus ist allmächtig, weil er wahr ist. Und daher haben wir die stärkeren Argumente auf unserer Seite. Wir haben nicht nur die stärkeren Argumente auf unserer Seite, wir haben, wie das Manöver Waffenbrüderschaft ’80 zeigte, auch die stärkeren Bataillone auf unserer Seite.«[93]

»Insel im Walde« – Abschottung durch Zaun und Ideologie

»Verstärkt die Wachsamkeit«, hatte Honecker den Schülern und Lehrern am Bogensee schon 1948 befohlen.[94] Im Verbandsorgan *Junge Generation* wurde diese Vorschrift im Juli 1952 noch ergänzt: »Unterstützt die Organe der Staatssicherheit!« Die Geschichte habe bewiesen »und täglich, stündlich erweist es sich aufs neue, daß der zum Absterben verurteilte parasitäre und verfaulende Imperialismus seine Anstrengungen ständig steigert und vervielfacht, um seine schwankenden Positionen zu halten.«

Auftraggeber seien die amerikanischen, englischen und französischen Geheimdienste, deren Befehle von »Verbrechertypen« ausgeführt würden, die »alte eingefleischte Faschisten und Militaristen, arbeits- und lichtscheue Ele-

mente, verkrachte Existenzen, kriminelle Verbrecher« seien. Große Erfolge seien im »Kampf gegen die Terrorbanden« bereits errungen worden, hieß es im Verbandsorgan von 1952 weiter. »Doch es kann kein Zweifel darüber bestehen, daß das Ministerium für Staatssicherheit nicht ohne die Wachsamkeit und die Unterstützung der Werktätigen erfolgreich arbeiten kann.« Deshalb stehe auch die Freie Deutsche Jugend vor besonderen Aufgaben. Im letzten Teil des nicht unterzeichneten Artikels wird erklärt, wie die Funktionäre und Mitglieder der FDJ die Staatssicherheit – 1950 aus der politischen Polizei hervorgegangen – unterstützen sollten.

Erste und wichtigste Aufgabe sei die »Erziehung zum glühenden Haß gegen die Feinde des deutschen Volkes, gegen die amerikanischen und deutschen Imperialisten, gegen die Adenauer, Lehr und Schumacher, gegen die Ter-

So wie an der FDJ-Landesschule in Valtenberg/Lausitz erhielten ab 1953 auch die Lehrgangsteilnehmer der FDJ-Jugendhochschule Schießunterricht mit Kleinkaliber-Gewehren.

Am Eingang zum Gelände befand sich ein Schlagbaum; im Wachhaus mußte sich jeder dienstliche Besucher anmelden, privater Besuch war nicht gestattet. Den Lehrgangsteilnehmern war es verboten, ohne Genehmigung das Areal zu verlassen. Aufnahme von 1960.

rorbanden und Verbrecher, die sich am deutschen Volke vergehen«. Die besten FDJler sollten sich in die Reihen der Staatssicherheit eingliedern, für die FDJ müsse es »eine ehrenvolle Aufgabe sein, die Organe der Staatssicherheit zu stärken«. Der Dienst in den Reihen der Staatssicherheit sei eine verpflichtende politische und moralische Anforderung.[95]

Der Anspruch wurde in die Tat umgesetzt. An der Jugendhochschule am Bogensee wurden nicht nur Jugendliche des MfS unter der Bezeichnung »Achtzehn Strich eins« (18/1) ausgebildet; auch in den Reihen der Lehrer und Leiter fanden sich diverse Mitarbeiter des MfS. Am 9. Juni 1977 besuchte Generaloberst Erich Mielke die Jugendhochschule persönlich und hielt einen Vortrag: »Erfahrungen und Aufgaben bei der Verwirklichung der Sicherheitspolitik des IX. Parteitages der SED«.[96]

Unter den Studenten und Lehrern wurde manches Mal Unmut geäußert. Kritisiert wurde weniger die eingeschlagene politische Linie, als vielmehr die isolierte Lage der Schule, die sich inmitten des Waldes, abgezäunt und von Wachposten kontrolliert, von ihrer Außenwelt abschottete.

Horst Pietschmann beispielsweise, der von 1954 bis 1965 als Lehrer am Bogensee tätig war, beklagte später »die ungünstige Lage, das abgeschiedene Dasein« und bezeichnete sie als eine »Schattenseite«.[97] Auch Siegfried Schubert, 1948 noch Schüler am Bogensee und seit Mai 1953 Lehrer, war mit der Lage unzufrieden. Als organisatorisches Problem habe sich die Verkehrsanbindung nach Berlin erwiesen, immer wieder sei es zu Pannen gekommen, wenn beispielsweise Künstler oder andere Besucher aus der Hauptstadt anreisten.[98]

Doch der Verbands- und Parteileitung war die Lage mitten im Wald ganz recht. Bereits im Juli 1948 hatte das Sekretariat des Zentralrats der FDJ in Punkt 13 der »Schulverfassung der Jugendhochschule am Bogensee« festgeschrieben: »Eine Unterbrechung des Lehrgangs oder ein zeitweiliges Verlassen des Schulgeländes ist grundsätzlich nicht tragbar. Nur mit besonderer Zustimmung der Schulleitung kann eine Beurlaubung in begründeten Ausnahmefällen erfolgen. Die Lehrgangsteilnehmer informieren ihre Angehörigen und Bekannten davon, daß grundsätzlich während der Lehrgangsdauer von den Schülern kein Besuch empfangen werden kann.«[99]

Im September desselben Jahres hatte Erich Honecker auf einer Lehrertagung der FDJ am Bogensee gefordert, die »Jugend zur Wachsamkeit [zu] erziehen«. Die Mitglieder müßten begreifen, »daß sie die Träger einer neuen gesellschaftlichen Ordnung sein werden«.[100] Drei Jahre später, 1951, forderte ein Hauptwachtmeister der Volkspolizei die Verwaltung der Jugendhochschule auf, »ein lückenloses Kontrollsystem zu schaffen, um den Agenten und Saboteuren des anglo-amerikanischen Imperialismus und seinen westdeutschen Handlangern das Eindringen in das Objekt zu erschweren«. Dazu müsse man sich absprechen, konkrete Festlegungen treffen, den »augenblicklich bestehenden Objektschutz« verbessern. »Man darf auf keinen Fall in Sorglosigkeit verfallen, sondern soll ständig mit der Tätigkeit des Gegners rechnen.«[101]

Im Mai 1952 wurde in einem Protokoll der Bauleitung festgehalten, das Gelände der Jugendhochschule sei eingezäunt und werde durch Polizei bewacht. »Es wird zur Zeit weiter angestrebt«, heißt es in einem Zusatz, »daß jeder, der das Gelände betritt, einzelne Kontrollpunkte anzulaufen hat.«[102]

Hermann von Berg, der später Professor für Politökonomie und Berater des DDR-Ministerpräsidenten Willi Stoph wurde, hatte 1951 am ersten Einjahreslehrgang der Jugendhochschule teilgenommen. Berg beschrieb Ende der achtziger Jahre die Isolierung am Bogensee: »Wir hatten in dieser Schule außer einer kurzen Ferienwoche im Jahr keinen privaten Kontakt zu unseren Angehörigen oder Freunden, waren von jeder Information aus dem Westen abgeschnitten und wurden von früh bis abends auf eine genau dosierte Art in allen Wissensbereichen unter ideologischen Vorzeichen indoktriniert. Die Ersatzreligion des Marxismus-Leninismus betrachteten wir so bald gläubig als Wahrheit, als Wissenschaft.«[103] Klaus Barusch, 1966 Student, dann Lehrer und schließlich der letzte Leiter der Jugendhochschule, nannte als ein Auswahlkriterium für die Schüler, »daß es keine Kontakte zu Verwandten nach Westdeutschland oder nach Westberlin gab«.[104]

Innerhalb des abgeschirmten Geländes der Jugendhochschule fanden politische Manifestationen der Lehrgangsteilnehmer statt, die von niemandem gestört werden konnten; hier ließen sich auch symbolträchtige Auftritte für FDJ-Großveranstaltungen choreographisch einüben. Aufnahme von 1952.

Bei manchen bewirkte das strenge Regiment jedoch genau das Gegenteil. Michael Mara wurde durch die Atmosphäre an der Jugendhochschule zum Antikommunisten. 1958 hatte Mara als überzeugter FDJler ein »journalistisches Studium« am Bogensee begonnen. Als er im Januar 1960 die Hochschule verließ, war er enttäuscht, desillusioniert und verzweifelt. »Vom ersten Tag meines Studiums an merkte ich, daß ich bis auf einige Ausnahmen unter Menschen geraten war, die nach außen hin fest auf dem Boden des Marxismus-Leninismus standen, in Wirklichkeit aber mit vielen Zweifeln behaftet waren und kaum eine von den moralischen Eigenschaften besaßen, die nach Lenin einen Kommunisten auszeichnen. (...) Meine Erwartungen, ehrliche und vom Sieg des Sozialismus überzeugte Funktionäre kennenzulernen, erfüllten sich in keiner Weise.«

Es kam zu Diebstählen an der Jugendhochschule. Westliche Waren wie bügelfreie Hemden oder Damenunterwäsche verschwanden ebenso wie größere Geldbeträge. Wertgegenstände seien aus Sicherheitsgründen zu verschließen, wurde daraufhin »über den Hochschulfunk« offiziell bekanntgegeben. »Diese Vorfälle und regelmäßige nächtliche Saufgelage der Funktionäre, die sich bis in die frühen Morgenstunden erstreckten, enttäuschten mich tief. Ich verachtete die Menschen, die Tag für Tag heuchelten, um Karriere zu machen«, berichtete Mara.

Er sonderte sich ab, die Partei reagierte. Anfang 1959 hatte er vor der Parteileitung zu erscheinen. Man warf ihm sein Einzelgängertum vor und behauptete, er trage zur Spaltung bei. Er solle deshalb, um seinen guten Willen zu beweisen, in die Partei eintreten. Mara lehnte ab. Nun gab es einen »Fall Mara«.[105] Aber noch im April 1959 veröffentlichte der angehende Journalist im Verbandsorgan *Junge Generation* einen Artikel, in dem er wie ein überzeugter Funktionär argumentierte. Probleme seien dazu da, gelöst zu werden, schrieb Mara, wankelmütige Jugendliche müßten für die FDJ gewonnen werden: »Ein großer Fehler wäre, wenn wir diese Jugendlichen aus unseren Reihen stoßen würden. (...) Wenn wir Funktionäre den festen Willen haben, aus ›denen etwas zu machen‹, werden wir dieses Ziel erreichen. Denken wir doch einmal an Makarenko.[106]

Vor welch schwierigen Problemen bei der Erziehung der verwahrlosten Jugend stand er damals. Er erreichte sein Ziel. Er konnte es aber nur erreichen, weil er täglich mit den Jugendlichen zusammen war, ruhig und ausdauernd mit ihnen diskutierte und nicht zuletzt, weil er mit ihnen arbeitete, mit ihnen lebte. Auch wenn sie von außen ›abgebrüht‹ erscheinen, so haben sie doch ein Herz und können denken.«[107]

Michael Mara nahm mit seinem Beitrag eine Losung der FDJ aus den siebziger Jahren vorweg: »Alle erreichen, jeden gewinnen, keinen zurücklassen!«[108] Doch Maras Alltag an der Jugendhochschule wurde durch seinen Beitrag nicht erfreulicher. Es folgten »Aussprachen«, Mara ließ sich nicht zu weiteren Zugeständnissen erweichen. Man warf ihm »unmarxistisches Verhalten« und »Aufwiegelei« vor und drohte mit dem Rauswurf aus der Jugendhochschule.

Im Januar 1960 hatte Mara sein Studium schließlich beendet. In der Beurteilung durch die Parteileitung der Jugendhochschule hieß es sinngemäß: »Der Jugendfreund Mara kann zwar auf gute journalistische Leistungen zurückblicken, besitzt aber noch keine genügende ideologische Reife, um an einer größeren Zeitung oder als Redakteur beim Staatlichen Rundfunkkomitee tätig zu sein ... Während seines Studiums trat er mehrmals negativ in Erscheinung. Sein parteiliches Verhalten war nicht immer einwandfrei. Mehrmals versuchte er, das Kollektiv mit seinen Äußerungen zu spalten. Trotzdem erkannte er mit Hilfe der Genossen seines Seminars, daß sein Verhalten eines Journalisten der sozialistischen Presse unwürdig ist.«

Mara wurde – zur »Bewährung«, wie es hieß – in einen entlegenen und zurückgebliebenen Landstrich versetzt, in die altmärkische Wische. Dort sollte er ein Jahr lang für eine Wochenzeitung arbeiten. Als er Schwierigkeiten mit der Parteizensur bekam, ließ er sich – mittlerweile war die Mauer gebaut – zur Grenzpolizei verpflichten. »In meinem Beitritt zur Grenzpolizei sah ich eine Möglichkeit, meinen Fluchtplan zu verwirklichen. Ich war davon überzeugt, in der Grenze ein Loch zu finden.«[109] Am 25. Dezember 1961, drei Monate nach Dienstantritt, war es soweit. Mara nutzte die Gelegenheit, an der Berliner Enklave Steinstücken in den Westen zu fliehen. Warum er nicht schon vor dem Mauerbau geflohen war, ließ Mara allerdings offen.

»Rotes Kloster« – Die Dogmatiker setzen sich durch

In den fünfziger Jahren wurde intern Kritik an den dogmatischen Zuständen in der Jugendhochschule geübt. Als »Verbandsknast« oder »Rotes Kloster« bezeichnete man die Festung im Walde.[110] Helmut Müller, von 1955 bis 1966 Sekretär im Zentralrat der FDJ, schreibt in seinen Erinnerungen, Hans Modrow habe den Begriff vom »Roten Kloster« 1956 für die Jugendhochschule am Bogensee geprägt. Auf der 13. Tagung des Zentralrats der FDJ im Juni 1956 habe Modrow, damals 1. Sekretär der Berliner FDJ-Bezirksleitung, die Atmosphäre an der Jugendhochschule kritisiert. Eine Untersuchungskommission wurde daraufhin zur Kontrolle der Zustände am Bogensee eingerichtet. Helmut Müller war mit der Leitung beauftragt. »Wir

Hans Modrow kritisierte als junger FDJ-Funktionär die dogmatischen Zustände am Bogensee, Foto von 1958.

waren bemüht, ein umfassendes und objektives Bild zu erlangen und die Ergebnisse der Untersuchung ins Verhältnis zu den Anforderungen an die Funktionäre im Leben des Verbandes zu setzen. (...) Im Abschlußbericht wurden Ergebnisse, vor allem aber wesentliche Mängel und Schwächen zu Papier gebracht.«[111]

Im Juli 1956 fand eine »Beratung« mit ehemaligen Schülern der Jugendhochschule statt. In einem Protokoll des Zentralrats der FDJ wurde deutliche Kritik festgehalten: »Auf der Schule war nicht gewährleistet, uns zu Persönlichkeiten zu erziehen. Man hat uns gegängelt und bevormundet, und das schon bei kleinen Sachen. Man hat nicht beachtet, daß an der Jugendhochschule junge Menschen studieren, die vorher in Funktionen unseres Verbandes standen und schon verantwortliche Arbeit geleistet haben. Nicht umsonst ist die Jugendhochschule unter den Einwohnern der Umgebung mit dem Scherznamen ›Rotes Kloster‹ bekannt, es fällt auf, wenn um 12 Uhr sämtliche Jugendhochschüler fluchtartig den Saal verlassen, da an der Jugendhochschule um diese Zeit ›Zapfenstreich‹ ist.« Eine Schülerin ergänzte: »Viele Genossen von unserem Lehrgang sind jetzt krank, magenkrank und nervenkrank.«[112]

Im abschließenden Bericht wurde »die ungenügende Ausrichtung der Tätigkeit auf die zukünftige Praxis der Absolventen, die ungenügende Behandlung jugendspezifischer Probleme und der Mangel am FDJ-spezifischen Charakter des Lebens an der Schule gerügt. Als nicht ausreichend wurden die Anstrengungen der Lehrer bewertet, die Einheit von Bildung und Erziehung zu erreichen. Manche Lehrer überbewerten die reine, oft oberflächliche und dogmatische Wissensvermittlung.« Als Konsequenz der Untersuchung wurde Schulleiter Karl-Heinz Heiliger, der von der Moskauer Komsomolhochschule gekommen war,[113] im Oktober 1956 durch Kurt Bürger abgelöst.

Unruhig wurde es am Bogensee auch, als es in Ungarn im Oktober 1956 zum Volksaufstand kam. An der Jugendhochschule wurden zunächst Zweifel an der offiziellen Linie geäußert. Die »Schwankungen im Zusammenhang mit den Ereignissen in Ungarn«[114] waren jedoch nicht von Dauer. Die Parteimitglieder in der Jugendhochschule unterschrieben einen Brief an die Ungarische Botschaft in Berlin, mit dem sie »die faschistischen Umtriebe reaktio-

närer Elemente in der Ungarischen Volksrepublik« verurteilten.[115] Ein paar Tage später waren auch die übrigen Schüler wieder auf Linie gebracht: »Mit unserem heute morgen durchgeführten Appell brachten wir erneut zum Ausdruck, daß wir an der Seite aller sozialistischen und friedliebenden Staaten für den Weltfrieden eintreten und ihn bis zum äußersten verteidigen werden.«[116]

Während sich am Bogensee die Dogmatiker durchsetzten, wurde der »Kampf gegen Dogmatismus« zu einem festen Lernziel an der Jugendhochschule erklärt. »Es kommt darauf an«, hieß es im Juni 1956, »ob sich der Student richtige, oder doch eben nur Thesen und Leitsätze aneignet, die als totes Kapital in seinem Kopf lagern, keinen praktischen Nutzen bringen und deshalb auch bald vergessen werden, oder ob er in das Wesen des Marxismus-Leninismus eindringt, das Gelernte selbständig nicht nur mit dem Kopf, sondern auch mit dem Herzen verarbeitet und sich auf solche Weise ein Kapital aneignet, das tausendfach Früchte in seiner späteren praktischen Arbeit trägt ...«[117]

»Schöpferisch lernen und studieren« nannte sich die neue Linie, die Werner Haltinner, ein Absolvent der Moskauer Akademie für Gesellschaftswissenschaften beim ZK der KPdSU und von 1965 bis 1975 Direktor an der Jugendhochschule, verfolgte. Schöpferisch lernen und studieren bedeutete den Abschied von Stalins Leitsätzen und die Hinwendung zu Lenin.

Seit 1958 gab es »Internationale Lehrgänge« im umzäunten »Roten Kloster«. Neben den 250 bis 300 deutschen FDJ-Mitgliedern wurden nun auch 150 bis 180 Ausländer aus 30 Ländern politisch ausgebildet. Klaus Barusch, in den sechziger Jahren Lehrer am Bogensee, meint rückblik-

In den Internationalen Lehrgängen wurden seit 1958 ausländische Jugendfunktionäre politisch geschult. Viele von ihnen lebten unter Decknamen im Internat, weil sie in ihrer Heimat zur verfolgten Opposition zählten. »Delegierte fortschrittlicher Jugendorganisationen« nannte man sie in der offiziellen Sprache der DDR. Aufnahmen vom Beginn der sechziger Jahre.

Bis zum politischen Bruch zwischen Moskau und Peking Anfang der sechziger Jahre besuchten chinesische Delegationen auch die Jugendhochschule. Schulleiter Heinz Schirmag (2. von rechts) führt Anfang der fünfziger Jahre Jugendfunktionäre über das weitläufige Gelände. An den Baracken sind Mao-Tse-tung-Porträts befestigt.

kend, daß diese Ausländer ein weiteres Argument für das »überzogene Sicherheitsbedürfnis« lieferten. Denn sie kamen zumeist aus Ländern der Dritten Welt und hatten dort in Befreiungs- oder Guerillabewegungen gekämpft. »Etwa 50 Prozent der Ausländer, die am Bogensee studierten, waren illegal. Das heißt, sie waren aus Ländern vor allem Lateinamerikas, auch Asiens, illegal in die DDR eingereist, also ohne irgendwelche ›Grenzdokumente‹. Sie lebten dann auch mit einem Decknamen am Bogensee, also mit einem fiktiven Namen. Und man wollte dann na-

türlich nicht, daß an der Jugendhochschule Fotografien von den Leuten gemacht wurden. Dahinter stand die Sorge, daß diese Oppositionellen nach ihrer Rückkehr in ihrem Heimatland ›hopp‹ genommen werden, von Geheimdiensten oder Polizeikräften. Was im übrigen im Einzelfall auch passiert ist.«

Am Bogensee wurden Mitglieder des ANC, der Befreiungsbewegung Nelson Mandelas, ebenso ausgebildet wie Guerillakämpfer der SWAPO, der südwestafrikanischen Unabhängigkeitsbewegung, oder der PLO, der palästinen-

Egon Krenz wurde im Januar 1974 zum 1. Sekretär des FDJ-Zentralrats ernannt, nachdem er zuvor die Pionierorganisation geführt hatte. Bei seiner Einführungsrede im Vorlesungssaal der Jugendhochschule betonte er die Rolle der FDJ als Helfer und Kampfreserve der SED.

sischen Befreiungsorganisation. Auch Sandinisten und Chilenen waren am Bogensee, Äthiopier und Mosambikaner ebenfalls.[118]

In den achtziger Jahren wurde direkt im Anschluß an das Gelände, im nördlichen Bereich, der »Honecker-Bunker« gebaut, eine angeblich atombombensichere Festung für die Regierung. Damit war das abgeriegelte Gelände um die Schulgebäude noch erweitert worden. »Ein Teil des Areals lag nun direkt am Militärgelände«, sagt Barusch, »und das war dann so hoch gesichert, da hatte dann wirklich niemand mehr eine Chance, weder rein- noch rauszukommen an der Stelle.«[119]

So abgeschottet wurde am Bogensee die reine Lehre der Partei vermittelt. Anfang Januar 1974 fand im Vorlesungssaal der Jugendhochschule die 10. Tagung des Zentralrats der FDJ statt. Egon Krenz wurde zum 1. Sekretär der FDJ

ernannt. »Und wir sagen noch einmal«, so Krenz in seiner Rede, »unsere Freie Deutsche Jugend hat sich stets und ständig als Helfer und Reserve der Sozialistischen Einheitspartei Deutschlands erwiesen. So war es, so ist es, und so wird es immer sein.«[120]

Sechs Jahre später, im September 1980, sprach Erich Honecker anläßlich der Verleihung des Karl-Marx-Ordens der DDR an die Jugendhochschule: »Im Besitz der Ideen des Marxismus-Leninismus, der unversiegbaren Erkenntnisse unserer Theorie der Arbeiterklasse, wird man im Leben jederzeit seinen Mann stehen können, so zugespitzt der Klassenkampf, so vielfältig, so kompliziert, bisweilen so verworren die internationalen Ereignisse auch sein mögen. Die Aneignung des Marxismus-Leninismus (...) ist und bleibt die wichtigste Aufgabe für alle, die an der Jugendhochschule ›Wilhelm Pieck‹ lehren und lernen.«[121]

»Zentrum der Freizeit und der fröhlichen Feste« – Kulturelles Begleitprogramm

Neben Dogmatik und Überwachung, neben Gängelung, Funktionärsstarrsinn und rigiden Lehrplänen gab es auch eine fröhliche Seite im Alltag an der Jugendhochschule. Kultur und Sport wurden wichtig genommen, die Jugendhochschule sollte zu einem »Zentrum der Freizeit und der fröhlichen Feste« werden, hieß es im Rechenschaftsbericht der beteiligten Architekten.[122]

»Der junge Sozialist erschließt sich die Schätze der Kunst und Literatur, liebt Gesang, Tanz und Geselligkeit, treibt regelmäßig Sport und erhält seinen Körper gesund und leistungsfähig.« So legte Günther Jahn, der 1. Sekretär des Zentralrates der FDJ, die allgemeinen Grundsätze im Mai 1971 fest.[123] An der Jugendhochschule wurden nach und nach die Voraussetzungen geschaffen, um diese Vorsätze zu erfüllen.

Der 1954 fertiggestellte Lektionssaal war der größte Veranstaltungsraum im ganzen Landkreis, ab 1955 konnte das Kulturhaus als vielfältiges Freizeitgebäude genutzt werden. In den achtziger Jahren wurde der Sportplatz gegenüber dem ehemaligen Goebbelsschen Wohnhaus neu gestaltet, der daneben gelegene Löschwasserteich zum Schwimmbecken ausgebaut.

»Erstaunlich viel Raum wurde den künstlerischen, literarischen und pädagogischen Themen, der emotionalen Erziehung insgesamt, zugestanden«, erzählt Hermann von Berg, der 1951 am ersten Einjahreslehrgang der Jugendhochschule teilgenommen hatte und an diese Zeit nur ungern zurückdenkt. An jedem Sonntagmorgen sei im großen Hörsaal, dem ehemaligen Filmsaal von Goebbels, drei Stunden gemeinsam rezitiert und gesungen worden. »Dabei erinnerte mich manches melodisch wie inhaltlich an das, was wir als Kinder während der NS-Zeit im Jungvolk gesungen hatten. Erst später wurde ein großer Teil dieses Liedgutes gestrichen.«[124]

Auch das Lied »Die Gedanken sind frei« verschwand allerdings später aus dem Repertoire, erinnerte sich Konstantin Rimkeit, bis Mitte der fünfziger Jahre Lehrer an der Jugendhochschule. Lieder der Arbeiterbewegung wurden bevorzugt, Volkslieder hingegen nicht mehr gesungen. In

den ersten Jahren gehörte es am Bogensee zum guten Ton, eigene Lieder »in kollektiver Arbeit« zu komponieren. Dazu zählte das 1949 entstandene Lied »Tausend Traktoren«. Die Sowjetunion hatte gerade ihre ersten Traktoren in die damalige Sowjetische Besatzungszone geliefert. »Das Lied wurde viel gesungen«, so Rimkeit, »es stand auch in allen Liederbüchern.«[125] In den sechziger Jahren komponierten die Studenten das Lied »Flamme der Revolution«, Anlaß war der 50. Jahrestag der Oktoberrevolution.[126] 1986 fand das »Festival des Politischen Liedes« am Bogensee statt.

Alle mußten ein Instrument lernen, erinnerte sich Siegfried Schubert, Kulturlehrer an der Jugendhochschule in den fünfziger Jahren: »Jeder Student erhielt die Aufgabe, während des Lehrgangs das Spielen auf der Gitarre und auf der Mundharmonika zu erlernen. Na, ich weiß nicht

Oben: Die Buchhandlung der Jugendhochschule in den sechziger Jahren. Unten: Volleyballturnier zwischen Lehrern und Studenten.

Auftritt einer Studentenband
im Kulturhaus der Jugendhochschule
Anfang der sechziger Jahre.

Ausländische
Lehrgangsteilnehmer führen
einen Volkstanz vor.

138

mehr, ob alle Gitarre lernen mußten, aber wir waren da rigoros. Jedenfalls erinnere ich mich an ein Weihnachten, wo aus 300 Mundharmonikas ›O Tannenbaum‹ erklang.«[127]

Regelmäßig besuchten die Lehrgangsteilnehmer Theateraufführungen und Konzerte. »Es entging uns keine wichtige Aufführung in den Theatern Berlins und in den Konzertsälen, die wir als Schüler nicht, kollektiv organisiert, geschlossen besucht und anschließend analytisch erörtert hätten. Professor Rebling von der Berliner Musikhochschule kam auch regelmäßig zum Bogensee, um uns in die Welt der Musik einzuführen. Wir hörten eine kurze Erläuterung über die Komponisten und ihre Werke, viele Russen dabei, dann spielte Rebling vor.«[128]

Auch die Literatur spielte eine große Rolle. Schriftsteller stellten ihre Bücher vor und diskutierten in den Seminaren mit den Studenten. Einer der ersten Nationalpreisträger der DDR, Eduard Claudius, las aus seinen Erzählungen und Romanen über den spanischen Bürgerkrieg, erinnerte sich Hermann von Berg. Das kulturelle Programm war vielfältig: Filme wurden manches Mal vorgeführt, ehe sie in den Kinos zu sehen waren. So kam es zur Voraufführung von »Spur der Steine« (und der Hauptdarsteller Manfred Krug erschien in der Jugendhochschule) oder »Legende von Paul und Paula« (mit Winfried Glatzeder und Angelica Domröse). Konrad Wolfs »Mama, ich lebe!« wurde im März 1977 gezeigt, der Schriftsteller Stephan Hermlin war im Oktober 1987 zur Premiere seiner Lebensverfilmung »Die erste Reihe« am Bogensee. Die Filme waren im Lektionssaal zu sehen, anschließend kamen die Darsteller auf die Bühne, später wurde im kleinen Kreis im Kulturhaus weiter diskutiert.[129]

Viele Künstler waren zur Unterhaltung an den Bogensee eingeladen. Das Kabarett »Die Distel« kam regelmäßig zu Vorstellungen; Kurt Masur dirigierte das FDJ-Sinfonieorchester; Dean Reed, der US-amerikanische Sänger, Schauspieler und Friedensaktivist, der seit 1972 in der DDR lebte, war mehrfach zu Gast. Eva-Maria Hagen kam im Februar 1973 zu einem Brecht-Abend; Gisela May trat im November 1973 auf; der Folksänger Perry Friedman war im Oktober 1985 zu hören; Folksänger Hannes Wader und der Kabarettist Dietrich Kittner kamen aus der Bundesrepublik an den Bogensee. Auftritte hatten auch der Schla-

Der US-amerikanische Folksänger Dean Reed, der 1972 in die DDR übergesiedelt war, bei einem seiner Auftritte in der Jugendhochschule Ende der siebziger Jahre.

gersänger Frank Schöbel und verschiedene Rock- und Popgruppen. Die »Puhdys« kamen in ihrer Anfangszeit an den Bogensee, die FDJ hatte der damals noch weitgehend unbekannten Band diesen Auftritt verschafft. Im Dezember 1983 waren sie dann erneut eingeladen, diesmal spielten sie zur Feier einer besonderen FDJ-Tagung: Eberhard Aurich löste Egon Krenz als 1. Vorsitzender der FDJ ab. Auch die Pop- und Rockgruppen »City« und »Karat« waren »etliche Male« am Bogensee, immer gedacht als Höhepunkte für den Zentralrat der FDJ. Die FDJ galt als größter Veranstalter in der DDR, äußerte sich einmal der Entertainer Wolfgang Lippert im Fernsehen.

Für Unterhaltung und Abwechslung im abgeriegelten Alltag am Bogensee wurde also gesorgt. Zeitzeugen erinnern sich heute noch gerne an diese festlichen Höhepunkte. Sportwettkämpfe fanden statt, nach Olympischen Spielen oder Weltmeisterschaften wurden erfolgreiche Sportler an der Jugendhochschule ausgezeichnet. »Es dürfte kaum einen Olympiasieger oder Weltmeister gegeben haben, der nicht am Bogensee war«, sagt der ehemalige Schuldirektor Klaus Böttcher.[130] Der Radrennfahrer Täve Schur war mehrfach am Bogensee ebenso wie der erste Kosmonaut der DDR, Sigmund Jähn.[131] Die offizielle Linie sah »Entspannung und Frohsinn« vor und warb für die »Entfaltung eines vielseitigen und interessanten geistig-kulturellen, sportlichen Lebens«[132]. Andererseits hieß es 1972 in einem offiziellen Papier: »Die geistig-kulturelle Seite spielt im gesamten Erziehungsprozeß und Ausbildungsprozeß nur eine untergeordnete Rolle und bildet mit den Aufgaben, die durch den Unterricht gestellt werden, keine harmonische Einheit.«

Die Studenten klagten über die »hohen Anforderungen im Unterricht«, die sie auch abends noch zum Studium zwangen. Das Kulturhaus sei zudem ungemütlich, es gebe »nicht einen einzigen Raum, der eine heimische Atmosphäre schafft«, im Fernsehraum und im Studentenklub sei es unangenehm kalt. Die eingeladenen Kapellen machten »altmodische Musik«, andere kulturelle Veranstaltungen, vom Klubrat organisiert, seien »nur wenig besucht«.[133]

Offenbar kamen die geistig-kulturellen Aktivitäten am Bogensee nicht bei allen Studenten gut an. Dennoch waren sie fester Bestandteil der Ausbildung für die angehenden hauptamtlichen Funktionäre im Blauhemd. Die kulturelle Bildung sollte »die Menschen besser für die Leitung ihres Staates befähigen« und die Jugendhochschule als »kulturelles Zentrum für die Orte der näheren Umgebung« dienen.[134] Den hauptamtlichen Jugendfunktionären sollten die kulturellen und sportlichen Aktivitäten im späteren Leben unverzichtbares Rüstzeug »für die praktische Jugendarbeit« sein.[135] Kunst wurde als Waffe verstanden, um den Sozialismus zu verbreiten.

Es gab aber auch die Einübung mit Waffen im wörtlichen Sinn. In den Bildungs- und Erziehungszielen der Jugendhochschule hieß es Anfang 1957: »Die FDJ-Organisation sorgt außerdem für die Vermittlung von Kenntnissen und Erfahrungen auf dem Gebiet der kulturellen Massenarbeit und nimmt auf die sportliche und vormilitärische Ausbildung aller Freunde durch die Sport- und GST-Organisation der Schule Einfluß. Ziel der sportlichen und vormilitärischen Ausbildung ist die körperliche Ertüchtigung und die Erhöhung der Verteidigungsbereitschaft.«[136] GST bedeutete »Gesellschaft für Sport und Technik«, gegründet 1952. Hinter dem Sportplatz war am Bogensee ein Schießstand errichtet worden.

Sigmund Jähn, 1978 erster Kosmonaut der DDR, war ein gern gesehener Gast am Bogensee. Aufnahme vom März 1980.

In einer Broschüre der Jugendhochschule hieß es dazu 1980: »Im Programm der vormilitärischen Ausbildung sind Übungen zur Exerzier- und Schießausbildung enthalten. Hindernisläufe, Kraftübungen gehören zur militärischen Körperertüchtigung, sie legen nicht nur die Voraussetzungen für eine hohe physische und psychische Belastbarkeit, sondern formen den Charakter, fördern solche Grundeigenschaften eines Jugendfunktionärs wie Mut, Ausdauer, Standhaftigkeit, Kollektivität, Selbständigkeit, Beharrlichkeit und Opferbereitschaft. Die bewährtesten und erfahrensten Studenten werden als Leitende des Schießens mit Kleinkaliberwaffen ausgebildet oder erhalten die Möglichkeit, die Fahrerlaubnis zu erwerben. Militärische Vorträge und Rundtischgespräche (...) schärfen das Feindbild, lassen uns den jungen Genossen in Uniform noch enger ans Herz wachsen, prägen die eigene Haltung zur Verteidigung unseres Vaterlandes.«[137]

»Eine wirkliche politische Schule des Lebens« – Theorie und Praxis

Die Stimmung an der Jugendhochschule in den sechziger und siebziger Jahren läßt sich am »Perspektivplan (...) für den Zeitraum von 1968 bis 1971« ablesen. »Die Auseinandersetzung mit feindlichen Ideologien und Konzeptionen und ihre Zerschlagung bilden einen festen Bestandteil des gesamten Bildungs- und Erziehungsprozesses.«

Weitere Ziele waren »Liebe, Treue und Vertrauen zur SED, zum ZK und zum Genossen Walter Ulbricht. Die Bereitschaft, alle Beschlüsse der SED zu erfüllen und die Partei gegen alle Anfeindungen und Verleumdungen zu verteidigen und bereit zu sein, jeden Auftrag der Partei zu erfüllen.« Zudem noch »Liebe und Stolz auf unsere souveräne sozialistische DDR« sowie Haß auf die Gegenseite:

»Der Imperialismus ist und war der Todfeind des Volkes, ihm – besonders dem westdeutschen Imperialismus – gilt der ganze Haß und seiner Überwindung, das ganze Streben des FDJ-Funktionärs«.[138]

Einige Jahre zuvor hatten die Studenten und Lehrer der Jugendhochschule ihre Linientreue schon ganz praktisch unter Beweis gestellt. Im August 1961 waren sie zur »Durchführung der Sicherungsmaßnahmen« nach Berlin beordert worden,[139] um die »bewaffneten Organe (...) bei den militärischen Operationen zum Schutz der Staatsgrenze der DDR zu Westberlin unmittelbar zu unterstützen«.[140]

»Unter den vielen Einsätzen ragt der zum 13. August 1961 bei mir hervor«, schrieb Heinz Zinke, von 1950 bis 1968 Lehrer an der Jugendhochschule. »Wir wurden vormittags vom Sekretär der SED-Grundorganisation zusammengerufen, und bereits mittags waren große Teile der

Die vormilitärische Ausbildung war seit Mitte der fünfziger Jahre Bestandteil des Unterrichtsplans. Die dort gezeigten Leistungen wurden bei der Gesamtbeurteilung der Schüler berücksichtigt. Vereidigung von Mitgliedern der Gesellschaft für Sport und Technik auf dem Appellplatz im November 1967.

Lehrer und Schüler im Zentralrat der FDJ in Berlin kaserniert untergebracht. Von hier aus wurden wir zu unterschiedlichen Aufgaben bei der Sicherung der Staatsgrenze zu Westberlin herangezogen. Ein Teil der Schüler und Lehrer war auf Bahnhöfen der Bahnlinie Wilhelmsruh–Groß-Schönebeck eingesetzt. Noch bis in den Oktober hinein waren wir in Berliner Großbetrieben tätig und diskutierten hier mit jugendlichen ›Grenzgängern‹. Das war für uns eine wirkliche politische Schule des Lebens.«[141] Als »Grenzgänger« wurden jene bezeichnet, die ihren Wohnort in der DDR hatten, aber im Westen arbeiteten[142] oder auch nur nach Feierabend die Freizeit in West-Berlin zubrachten.[143]

Am 16. August 1961 gab das Sekretariat des Zentralrats der FDJ einen »Kampfauftrag« aus: »Das Vaterland ruft! Schützt die sozialistische Republik!« Soldaten wurden gesucht. Alle Lehrer und Studenten der Jugendhochschule waren bereit, »mit der Waffe in der Hand in den Reihen der bewaffneten Organe der DDR die Republik zu schützen. Das war Ausdruck einer hohen politischen Reife. Am 30. August 1961 wurden 24 Studenten des XI. Einjahreslehrganges zum Ehrendienst in die Nationale Volksarmee verabschiedet.«[144] Vier Monate später wurde die allgemeine Wehrpflicht eingeführt.

Zeitgleich mit dem Bau der Berliner Mauer wurde auch das Areal am Bogensee weiter abgeschottet. In einer Arbeitsordnung der Jugendhochschule vom September 1961 hieß es: »Jeder Mitarbeiter der Jugendhochschule ›Wilhelm Pieck‹ ist verpflichtet: politische Wachsamkeit zu üben, Staats- und Parteigeheimnisse zu wahren und über interne Verbandsangelegenheiten gegenüber allen Personen, auch Verwandten und Bekannten und Freunden zu schweigen. Gespräche hierüber in Verkehrsmitteln, Wohnungen und im Speisesaal zu unterlassen. Telefongespräche mit Teilnehmern innerhalb und außerhalb der Schule so zu führen, daß Unbefugte keine Informationen über geheime und vertrauliche Angelegenheiten entnehmen können.«[145]

Im Oktober 1963 wurde ein Betriebsschutz eingerichtet. »Wir halten es nicht für richtig, Schüler weiterhin mit der nächtlichen Wachdurchführung zu belasten, wie das bisher der Fall ist«, hieß es in der Begründung. Der Betriebsschutz solle fortan aus Volkspolizisten und zivilen Wachmännern zusammengesetzt sein.[146]

Zweifel an der strengen Indoktrinierung wurden am Bogensee manchmal von ausländischen Studenten geäußert. In einer Sitzung des Zentralrats der FDJ wurde im März 1968 die offene Kritik der finnischen Delegation an der Jugendhochschule erwähnt. »Große Vorbehalte gegen die Politik der SED und der DDR« seien erhoben worden. Es gebe »keine persönliche Freiheit und Demokratie« in der DDR, dafür aber Militarismus. Der Bau der Mauer im August 1961 habe lediglich verhindert, daß »mindestens noch 6 Millionen DDR-Bürger republikflüchtig« geworden seien. Sie selbst seien als Finnen »freie Bürger eines freien Landes und nicht gewillt, die Normen der FDJ und der SED für uns anzuerkennen«. Konsequenzen wegen dieser offenen Kritik gab es offenbar keine. Als Wortführerin wurde lediglich die an der Jugendhochschule tätige finnische Dolmetscherin Aulikki Kettula festgestellt.[147]

Werner Haltinner war von 1965 bis 1975 Direktor an der Jugendhochschule. Er habe gute Erinnerungen, sagt er heute, »es war eine sehr schöne Zeit«, und er habe »schöpferisch tätig sein« können, wenn auch in Maßen: »Wir waren ja in bestimmte Rahmenbedingungen eingeordnet, in denen wir uns bewegt haben. Aber darin haben wir unsere eigene Position und unsere eigenen Standpunkte versucht zu entwickeln und durchzusetzen.«[148]

Werner Haltinner hatte in Moskau studiert und war – aus dem Zentralrat der FDJ kommend – als Direktor zum Bogensee delegiert worden. Im November 1961 unterschrieb er zusammen mit seiner Ehefrau Irmgard eine »Verpflichtungserklärung« beim Ministerium für Staatssicherheit. »Wir sind uns bewußt, daß wir durch eine gute Zusammenarbeit mit dem MfS eine ehrenvolle Verpflichtung gegenüber der Partei der Arbeiterklasse, der SED, und unserer Regierung erfüllen. Alle uns bekannt gewordenen Fälle partei- und staatsfeindlicher Tätigkeit oder Wahrnehmungen dieser Art werden wir ohne Ansehen der Person dem uns bekannten Mitarbeiter des MfS mitteilen. Wir verpflichten uns, gegenüber dritten Personen, einschließlich der nächsten Familienangehörigen, über unsere Zusammenarbeit mit dem MfS strengstes Stillschweigen zu bewahren. Die von uns gefertigten Berichte werden wir mit dem Decknamen ›Kaiser‹ unterzeichnen.«[149]

Über seine ideologische Haltung bewahrte Haltinner indes kein Stillschweigen. Er publizierte viel, trug zur »Klä-

Werner Haltinner war von 1965 bis 1975 Direktor der Jugendhochschule. Er zählte zu den überzeugten Ideologen.

Kurt Hager, der Chefideologe der SED, hielt im September 1969 die Einführungslektion zum 21. Einjahreslehrgang der Jugendhochschule. »Bis zum Jahre 2000 werden nur noch 31 Jahre vergehen«, bemerkte er geheimnisvoll. Es sei an der Zeit, »die wissenschaftliche Voraussicht der künftigen Entwicklung« in Angriff zu nehmen. Denn 31 Jahre seien, historisch betrachtet, ein sehr kurzer Zeitraum. »Man kann mit Gewißheit sagen, daß dies eine Zeit gewaltiger gesellschaftlicher Veränderungen auf allen Gebieten sein wird«, weshalb die »Ausarbeitung der Prognosen bis zum Jahre 2000« von sehr großer Bedeutung sei.[154] Die tatsächliche Entwicklung am Bogensee innerhalb dieser 31 Jahre sah dann allerdings ganz anders aus als in Hagers Plänen.

rung der grundsätzlichen ideologischen Probleme und der Entwicklung des sozialistischen Bewußtseins der jungen Arbeiter«[150] bei und formulierte Positionen »des Klassenkampfes gegen den westdeutschen Imperialismus und Militarismus«.[151]

Theorie und Praxis klafften jedoch häufiger auseinander: »Eine Reihe Freunde haben Schwierigkeiten, bürgerliche Argumente zu erkennen und wirksam zu zerschlagen«, hieß es in einem Ergebnisprotokoll der Jugendhochschule vom Mai 1971. »Es fiel den Studenten schwer, die Einheit von Theorie, aktueller Parteipolitik und Verbandspraxis herzustellen und sich aus eigenem Antrieb mit bürgerlichen Auffassungen auseinanderzusetzen. Besondere Schwierigkeiten bereitete den Studenten, an konkreten Beispielen der aktuellen Politik der SED die schöpferische Anwendung des Marxismus-Leninismus nachzuweisen (fast alle). (...) Die Auseinandersetzung mit dem Sozialdemokratismus u.a. feindlichen Auffassungen wurde oft nur gefühlsmäßig nach entsprechenden Impulsen durch die Prüfungskommission (...) geführt.«[152]

Das hatte man sich bei der Gründung der Jugendhochschule noch ganz anders vorgestellt. Die marxistisch-leninistische Wissenschaft und die Politik der SED seien »theoretisch fundiert, verständlich, einprägsam, lebendig und lebensnah zu vermitteln«, lautete eine der »Hauptaufgaben der Lehrabteilung der Jugendhochschule«.[153] Ein Vorsatz, der nicht eingelöst wurde.

»Schwung und Optimismus« – Verleihung des Karl-Marx-Ordens

Ein Vierteljahrhundert war vergangen, seit die Neubauten am Bogensee in den fünfziger Jahren fertiggestellt worden waren. Viel Geld für Instandsetzung hatte man nicht bekommen, und auch die Bausubstanz war wohl nicht die beste – die Anlage war baufällig. 1980 sollte sich das mit dem angekündigten Besuch von Bundeskanzler Helmut Schmidt in der DDR ändern: Man wollte dem Bauensemble zu neuem Glanz verhelfen.

Für August 1980 war der Besuch ins Auge gefaßt. Die Führung der DDR war erfreut über die vorgesehene Visite, trug sie doch zur allgemeinen Anerkennung der DDR bei. Zu Sympathiekundgebungen wie für Willy Brandt in Erfurt, zehn Jahre zuvor, sollte es diesmal jedoch nicht kommen. Die Treffpunkte für die Zusammenkünfte wurden festgelegt, und Politbüromitglied Paul Verner – als 69jähriger auch für die Jugendpolitik zuständig – war es wohl, der den großen Lektionssaal der Jugendhochschule als Ort für die Pressekonferenz vorschlug.

Eine gute Wahl, glaubte man, da erhebliches Interesse der internationalen Presse erwartet wurde. Einen vergleichbar großen Saal gab es im weiten Umkreis nicht, auch war der Ort gut abzuschirmen. Unerwünschte Beifallskundgebungen der DDR-Bevölkerung waren an diesem entlegenen Platz kaum zu erwarten, spontane Kontakte zu Journalisten konnten leicht unterbunden werden. Zudem lag das Gebiet außerhalb der Berliner Stadtgrenze, was den Wünschen der westdeutschen Delegation entsprach. Es sollte von seiten der Bundesrepublik alles vermieden werden, um Ost-Berlin – als Hauptstadt der DDR – durch einen Besuch aufzuwerten.

Der Vorschlag Paul Verners traf also auf allgemeine Zustimmung. Als man freilich das Gelände und die Gebäude in Augenschein nahm, waren die hohen Funktionäre plötzlich ganz anderer Meinung. Die Gebäude waren mittlerweile in einem wenig repräsentativen Zustand.

Klaus Böttcher, seit 1978 der Direktor der Jugendhochschule, erzählte 20 Jahre später, daß die Gebäude damals »ziemlich verfallen« wirkten. Die äußere Hülle sei in Ordnung gewesen, das Innere aber »von vorgestern«. Insbesondere die Heizung und die Sanitäranlagen waren in ei-

nem katastrophalen Zustand. Die meisten Rohrleitungen waren unverzinkt, ständig brachen sie oder verstopften. Die Klassenräume waren nicht tapeziert, sondern »kasernenmäßig getüncht, von weißgrau bis russischgrün«. In den Zimmern der Jugendlichen gab es keine Sanitärbereiche, Gemeinschaftstoiletten und Waschmöglichkeiten waren auf den Korridoren untergebracht. Die zentrale Küche war nur teilweise gefliest, die Elektroherde waren durchgerostet, die Kühlanlagen unzureichend. Die gesamte Anlage ließ zu wünschen übrig.

Als die Entscheidung zugunsten der Jugendhochschule im Politbüro bereits gefallen war, habe ihn Egon Krenz im Sommerurlaub 1980 ganz aufgeregt angerufen und zu einer vertraulichen Beratung bestellt, erinnert sich Klaus Böttcher. Die Zeit drängte, ein paar Wochen später sollte der Bundeskanzler bereits am Bogensee erscheinen. Das Außenministerium der DDR war mit den Vorbereitungen beauftragt worden, Alfred B. Neumann, der Leiter des Arbeitsstabes, sei bei einer Begehung richtig entsetzt gewesen. Kreis- und Bezirkssekretäre der FDJ waren zu Honecker zum Rapport bestellt worden, und der Generalsekretär habe zusammengefaßt: »Die Jugendhochschule ist also verlottert.«

»Ich rechnete damit, rauszufliegen«, erzählte Böttcher, doch Krenz habe gesagt: »Du kannst nichts dafür.« Also

Namensjubiläum im September 1980. Erich Honecker als Festredner. – Rechts: Feierliche Zeremonie im Lektionssaal.

wurde gehandelt. Innerhalb von wenigen Wochen verbaute man mehrere Millionen Mark, »eine Riesensumme für DDR-Verhältnisse«. Die Küche wurde erneuert, die Fassaden wurden gestrichen. Im Kulturhaus entstand ein modernes Kommunikationszentrum mit schnellen Verbindungen in alle Welt, im Lektionssaal wurden die Holzstuhlreihen für die Pressekonferenz durch Polsterstühle ersetzt. Auf einmal war alles möglich. Einen defekten Kronleuchter aus den fünfziger Jahren tauschte man gegen einen ähnlichen aus einem anderen Kulturhaus irgendwo in der DDR aus. Die Zufahrtsstraße durch den Wald wurde asphaltiert und ein Fluchtweg nach Prenden mit riesigen Planierraupen aus der Sowjetunion ausgebaut.

Als dann unter größten Anstrengungen alles geschafft war, kam die Überraschung: »Einen Tag vorher erhielten wir die Absage«, erinnert sich Böttcher.[155] Die Situation in Polen erschien den Westdeutschen bedrohlich. »Wir hatten im August 1980 auf die DDR-Reise verzichtet«, erzählte Klaus Bölling, der damalige Regierungssprecher von Helmut Schmidt, »weil wir und der ganze Westen damit rechnen mußten, daß die Sowjetunion nach dem Rezept von Prag und Budapest verfahren und Truppen nach Polen schicken würde.«[156] In Polen war es zu einer landesweiten Streikbewegung gekommen, im September 1980 wurde der unabhängige Gewerkschaftsverband »Solidarność« gegründet.

An einem Donnerstagmittag sei die Absage gekommen, erinnert sich Klaus Böttcher. Das Essen für die Journalisten war schon bereitgestellt – es konnte gegessen werden. In diesem Fall zeigte man sich flexibel: Eine Kapelle wurde engagiert, Bauarbeiter und Lehrer wurden eingeladen – »es war ein dolles Fest«, freut sich Böttcher noch heute.

Die Ehrengäste beim Rundgang durch das Traditionskabinett am 15. September 1980. Von links: SED-Generalsekretär Erich Honecker, Schuldirektor Klaus Böttcher, der Leiter der Jugendkommission beim SED-Politbüro Paul Verner, FDJ-Chef Egon Krenz und ZK-Sekretär Joachim Herrmann.

1984 erhält die Jugendhochschule ein eigenes Heizwerk.
Hier wird der Schornstein errichtet.

Die Jugendhochschule erstrahlte nun auch ohne Bundeskanzler in neuem Glanz. Die Fassaden wirkten wie neu, die Klassenräume waren tapeziert, die Räume einheitlich gestaltet. Und auch Honecker zeigte Flagge an der Jugendhochschule. »Hohe Würdigung für Verdienste bei der Erziehung junger Kommunisten«, titelte *Neues Deutschland* am 16. September 1980. Die »Jugendhochschule ›Wilhelm Pieck‹« wurde mit dem Karl-Marx-Orden, der höchsten Auszeichnung der DDR, geehrt. Als offizieller Anlaß diente der 30. Jahrestag der Namensgebung. Zur Festveranstaltung waren am Tag zuvor die Mitglieder des Politbüros Joachim Herrmann, Konrad Naumann, Paul Verner, Egon Krenz und Inge Lange erschienen, vom ZK der SED kamen Heinz Keßler, Jochen Hertwig und Wolfgang Herger sowie Erich Honecker als Generalsekretär. Ohne den angekündigten Besuch Helmut Schmidts »hätten wir den Orden wohl nicht bekommen«, glaubt Böttcher heute.

In seiner Festrede versprach Honecker eine umfassende Rekonstruktion der Jugendhochschule. Bereits zwei Wochen zuvor hatte Egon Krenz für die Jahre 1981 bis 1985 eine Kostenaufstellung über etwa 40 Millionen Mark bei Günter Mittag eingereicht.[157] Ein zentraler Aufbaustab der FDJ wurde installiert, denn 1986 sollte der 40. Jahrestag der Jugendhochschule gefeiert werden. Am Ende der umfangreichen Arbeiten war die seit den fünfziger Jahren bestehende Baulücke geschlossen, das letzte Schülerhaus – in Plattenbauweise allerdings – 1983 ergänzt. Ein neues Heizwerk (1984) und eine neue Turnhalle (1986) neben dem ehemaligen Dienstgebäude von Goebbels waren errichtet, die Dächer repariert. Es entstanden Zwei- bis Dreibettzimmer mit Dusche, und im Lektionssaal wurde 1986 eine Simultananlage für Übersetzungen installiert, die modernste weit und breit. Mitte der achtziger Jahre erhielt die Jugendhochschule – als »Geschenk des Generalsekretärs«, wie ausdrücklich betont wurde – einen ganzen Satz Computer. »Damit waren wir bei den politischen Schulen tatsächlich die ersten«, versichert Klaus Böttcher.[158]

Im Dezember 1981 wurde der Besuch Bundeskanzler Schmidts in der DDR nachgeholt. Ausgerechnet am Morgen des 13. Dezember 1981, dem Tag der Pressekonferenz in der Jugendhochschule, erfuhr die westdeutsche Delegation von der Verhängung des Kriegsrechts in Polen. Wieder konnte ein Einmarsch sowjetischer Truppen nicht ausgeschlossen werden. Man brach den Besuch in der DDR jedoch nicht ab; dieses Mal fand die Pressekonferenz statt.

»Am Bogensee ist die Hölle los« – Helmut Schmidt zu Besuch in der Jugendhochschule

Der westdeutsche Fernsehreporter Friedrich Nowottny machte seine Zuschauer am Sonntagmorgen des 13. Dezember 1981 auf eine Premiere aufmerksam: »Sie haben im Grunde genommen heute morgen hier die ungewöhnliche Gelegenheit, wieder einmal an einer der so selten gewordenen Uraufführungen im Deutschen Fernsehen teilzunehmen. Ich glaube, eine politische Veranstaltung – und eine Pressekonferenz mit dem Bundeskanzler in der DDR

Pressekonferenz zum Abschluß des Besuches von Bundeskanzler Helmut Schmidt in der DDR im Lektionssaal der Jugendhochschule am 13. Dezember 1981. Von links: Regierungssprecher Klaus Bölling, der Chef des Bundespresseamtes Kurt Becker, Helmut Schmidt, Bundesminister für innerdeutsche Beziehungen Egon Franke, Bundeswirtschaftsminister Otto Graf Lambsdorff.

ist eine politische Veranstaltung – zählt zu den Welturaufführungen. So etwas hat es noch nicht gegeben.«

Beim Besuch Willy Brandts elf Jahre zuvor in Erfurt waren die erforderlichen technischen Übertragungsmöglichkeiten noch nicht entwickelt gewesen – ebensowenig wie der Wille der DDR-Führung, eine solche Übertragung zuzulassen. »Wir hatten große Mühe, überhaupt das eine oder andere Bild aus Erfurt herauszubekommen«, erzählte Nowottny seinen Zuschauern, »es war ein Abenteuer besonderer Art«. Folglich sei er mit etwas gemischten Gefühlen an den Bogensee gefahren, nun aber angenehm überrascht: »Hier wurde mit großer Mühe versucht, vor allen Dingen für das eigene System, Installationen zu schaffen, die ein möglichst lückenloses Bild von den Abläufen ins Haus transportieren.«

Auch Co-Kommentator Fritz Pleitgen war voll des Lobes. »Man hat sich große Mühe gegeben, allen Interessen und Belangen der Korrespondenten gerecht zu werden«, erkannte er an. »Man hat hier ein großes Pressezentrum aufgebaut. Man hat auch immer wieder betont, daß man internationalen Standard damit erreicht habe, Weltniveau.«[159]

Es war ein gewaltiges logistisches Unternehmen. Das gesamte Areal war zunächst neu verkabelt worden, Telefonleitungen waren verlegt, Überwachungsanlagen installiert worden. Ein Reporter vom »Deutschlandfunk« hatte die Arbeiten beobachtet: »Quer durch den herbstlichen Mischwald ziehen sich meterbreite und metertiefe Gräben, frisch aufgeworfener Sand türmt sich hoch an ihren Rändern. Hundertschaften der Nationalen Volksarmee sind im Einsatz, um entlang des Bogensees mit Schaufeln und Picken eine kilometerlange Schneise zur Jugendhochschule ›Wilhelm Pieck‹ zu schlagen. Dort wird nämlich in wenigen Tagen eine andere Hundertschaft einfallen, die bundesdeutschen Pressevertreter, die vom Kanzler-Besuch in der DDR berichten wollen. Die faustdicken gelben Plastikkabel, die Experten der DDR-Post zur Zeit in der Erde versenken, sollen Telex-, Telefon- und Rundfunkverbindungen herstellen. Ein Arbeitsaufwand ohnegleichen, der seit dem Wochenende in Gang gekommen ist, Hektik anstelle der sonst gewohnten Beschaulichkeit.« Kolonnen der Straßenreinigung seien unterwegs, freiwillige Helfer und Angehörige der Volkspolizei lichteten das Unterholz. Sie harkten das Laub zusammen und schafften es weg, reinigten die schmalen Zufahrtsstraßen – »kurzum, der Wald wird gefegt«.[160]

In den Tagen und Wochen zuvor war das Gelände schon weiträumig überwacht und durchkämmt worden. Und die Menschen in der Umgebung wurden durchleuchtet. Seit dem 1. Dezember führte man »eine verstärkte operative Kontrolle der Tiefe der Fahrstrecke und des Handlungsraumes« durch. Verschiedene Personen wurden beschattet,[161] alle 815 Einwohner des nahen Ortes Lanke überprüft[162] und die Ferngespräche in der Region überwacht.[163] Mehr als 1200 Mitarbeiter stellte das Ministerium für Staatssicherheit ab; die »Aktion ›Dialog‹«, wie die dreitägige Begegnung zwischen Erich Honecker und Helmut Schmidt im Geheimdienstjargon genannt wurde, war bis ins kleinste vorbereitet. An den Bogensee wurden allein 186 MfS-Beamte abkommandiert.[164]

»Am Bogensee ist die Hölle los«, wurde ein Heizer der Jugendhochschule im Observationsprotokoll zitiert. Mehrere hundert Handwerker seien im Einsatz, alle denkbaren Materialien vorhanden und »Möbelteile, die zum angekündigten Besuch 1980 neu eingerichtet wurden, werden wieder herausgenommen und durch neue ersetzt«. Er wolle auf alle Fälle versuchen, mit Korrespondenten in Kontakt zu kommen und »ihnen die passende Antwort geben«. Auf einem gesonderten Blatt wurde daraufhin ein »Maßnahmeplan« skizziert, der einen möglichen »Kontakt des P. mit Journalisten aus dem NSA« (dem nichtsozialistischen Ausland) verhindern sollte.[165] Für die kurze Pressekonferenz war die Jugendhochschule extra geräumt

worden. Die Schüler und die meisten Mitarbeiter hatten Urlaub bekommen, manche Lehrer wurden zu Ordnungsdiensten abgestellt. Redaktionen besetzten nun die Räume im Lektionsgebäude.

Helmut Schmidt erinnerte sich später, wie Honecker und er bei den Gesprächen im Schloß Hubertusstock am Werbellinsee zunächst um wirtschaftliche Fragen gerungen hatten. Später habe Honecker ihm die politische Landschaft der DDR dargestellt. Das Gespräch sei gerade angesichts der »besorgniserregenden Großwetterlage« sehr positiv gewesen.[166]

Am nächsten Morgen, dem 13. Dezember 1981, wurde die Verhängung des Kriegsrechts in Polen bekannt. Beim gemeinsamen Frühstück im Gästehaus des SED-Staatsrates am Döllnsee, dem ehemaligen Wohnhaus von Görings Oberforstmeister Schade,[167] war die schlechte Nachricht das beherrschende Thema. »Honecker war offensichtlich betroffen über die Nachricht, die zu diesem Zeitpunkt noch kurz und unvollständig war«, erinnerte sich Helmut Schmidt. »Wahrscheinlich war er jedoch auch erleichtert, daß von einem Eingreifen sowjetischer Truppen keine Rede war. Dies bedeutete jedenfalls eine große Erleichterung für mich. Im Falle einer sowjetischen Intervention wäre Honecker zumindest gezwungen gewesen, diese öffentlich zu begrüßen – wenn nicht mehr.«[168]

Verspätet brach man zur Pressekonferenz in die Jugendhochschule auf. Schmidt beurteilte seinen Besuch sehr diplomatisch. Von »intensiven und tatsächlich sehr freimütigen Gesprächen« berichtete er, von »gegenseitiger, zuverlässiger Berechenbarkeit«, von einer »freundlichen, gutnachbarlichen Atmosphäre«, vom Vertrauen, das geschaffen worden sei.[169] Greifbare Resultate hatte das Treffen indes kaum gebracht.

Nach 1989 wurde im Keller des Lektionsgebäudes ein Überbleibsel der Pressekonferenz gefunden. »Als wir Anfang 1990 durch sämtliche Räume gingen«, erzählte Klaus Barusch, der ehemalige Lehrer der Jugendhochschule, zehn Jahre später, »meldete einer unserer Mitarbeiter: Da unten ist ein Raum, der ist versiegelt, da kommen wir nicht rein, da ist zugeschlossen. Und dann haben wir natürlich versucht, den Raum aufzumachen. Das hat auch geklappt.«

In dem Raum befand sich eine Telefonanlage, die offenbar selbst nach der Wiedervereinigung noch tadellos funktionierte. »Wir haben dann anschließend massiven Ärger bekommen«, erzählte Barusch. »Als es die DDR schon nicht mehr gab, also wohl 1991, da sind wir noch mal in diesen Keller rein. Und haben da ein bißchen mit den Hörern und Wählscheiben rumgefummelt. Und da meldete sich dann das Bundesinnenministerium und gab uns zu verstehen, wir hätten uns sofort aus dem Raum zu entfernen.« Die Leitungen endeten offenbar im Stasi-Komplex an der Rungestraße und im ehemaligen DDR-Innenministerium. Es habe sich um »Wetsche-Anschlüsse« gehandelt, die es ermöglichten, daß das Gesprochene nur am Ende ungefiltert gehört werden konnte. In der Leitungsstrecke war die Verbindung gestört, um ein Abhören auszuschließen. Wahrscheinlich, so Barusch, sei diese »abhörsichere Anlage« zur Pressekonferenz von Helmut Schmidt eingerichtet worden.[170]

»Unser Leben und unser Glück im Sozialismus« – Mauerfall und Ende der Kaderschmiede

Das Ende der DDR kam schnell. Lange hatte die Regierung starrsinnig auf ihren Positionen bestanden und sich durch plumpe Täuschungen in den letzten Jahren den Anstrich von Legitimität gegeben. Die offensichtlichen Fälschungen bei den Kommunalwahlen vom Mai 1989 brachten das Faß dann zum Überlaufen: Die Bevölkerung begann offen zu protestieren. Am Bogensee wollte man von den rasanten Veränderungen nichts bemerken. Gänzlich isoliert, durch Zäune, Schlagbäume und Wachpersonal abgeschottet, igelte man sich, mitten im Walde und fern der Welt, ein – als Wehrburg eines inzwischen morschen Systems.

In den achtziger Jahren wurden die Bogensee-Studenten regelmäßig als Claqueure angefordert. Klaus Böttcher, bis 1987 Direktor an der Jugendhochschule, klagt noch heute darüber, wie »ständig, zu jedem Anlaß, drei Busse vor der Tür am Bogensee standen – und dann ging's los. Wie sollte ich das mit einem geordneten Lehrbetrieb vereinbaren?«[171] Statt Unterricht mußte dann an der Liebknecht-Luxemburg-Ehrung im Januar teilgenommen werden – oder am 1. Mai, am Tag der Republik, an zentralen Jugendtreffen.[172] Ebenso waren FDJ-Veranstaltungen zu beklatschen oder Politiker bei der Ankunft am Flughafen zu bejubeln. Standen Wahlen an, mußten die Studenten und Mitarbeiter der Hochschule »als kleine Agitationstrupps« umherziehen, die dann entweder in die umliegenden Ortschaften oder in ihre Heimatorte gingen, um dort als Wahlhelfer zu agitieren. Oder sie wurden bei großen Treffen eingesetzt, die die FDJ veranstaltete, als »Jubelkommando auf der Gegentribüne oder im Demonstrationszug«.[173]

Ein solch großer Umzug fand zum letzten Mal am 6. Oktober 1989, dem Vorabend des 40. Jahrestages der DDR, in Berlin statt. Die FDJ zog als geschlossener Fakkelzug über die Straße Unter den Linden, unter ihnen Studenten und Lehrer vom Bogensee. Zugleich kam es in Berlin und mehreren Bezirkshauptstädten zu schweren Auseinandersetzungen zwischen Demonstranten und Volkspolizisten oder Mitarbeitern des MfS – und über die Grenzen strömten die Menschen auf abenteuerlichen Wegen nach Ungarn.

»Es wurde am Bogensee tatsächlich der Versuch gemacht«, erzählte Klaus Barusch kopfschüttelnd, »die Widersprüche und Probleme draußen, im realen Leben, nicht zur Kenntnis zu nehmen.« Die Bogensee-Bewohner waren also wirklich, so scheint es, die »Helfer und Reserve der SED«. Die neuen Töne aus der Sowjetunion, »Glasnost« und »Perestroika«, kamen in der Jugendhochschule nicht an.

Barusch versucht zu erklären, warum die Hochschule bis zum Ende der DDR derart linientreu blieb: »Ich denke, daß bereits im Vorfeld die Auswahl so gelaufen ist, daß Jugendliche, die sich vielleicht kritisch mit der DDR auseinandergesetzt haben, gar nicht mehr zum Bogensee gekommen sind. Und wer zum Bogensee gegangen ist, wurde vorher noch mal durchleuchtet nach Westverwandtschaft oder sonstigen Kontakten. Und da wird man sehr solide darauf geschaut haben, daß nach Kaderauswahlkriterien dort auch wirklich die guten Leute nur hinkommen. Das war die Ursache dafür, daß ein Großteil der Studenten tatsächlich noch meinte, bis zum bitteren Ende durchhalten zu müssen. Das, was sich im Umland tat, bezeichnete man als blanke Konterrevolution.«[174]

Die FDJ marschiert ein letztes Mal im geschlossenen Block: Fackelzug in Berlin am 6. Oktober 1989 zum 40. Jahrestag der DDR.

Wie gewöhnlich hielt Kurt Hager, der Chefideologe der SED, auch im September 1989 die sogenannte Einführungslektion vor dem neuen Lehrgang am Bogensee. Grundfragen der marxistisch-leninistischen Weltanschauung waren, wie immer, sein Thema. In Leipzig begannen zu dieser Zeit die Montagsdemonstrationen, drei Tage nach Hagers Vortrag flüchteten die ersten DDR-Bürger über Ungarn in den Westen. »Der Sozialismus [hat] in der Welt festen Fuß gefaßt«, behauptete Hager in seiner Rede im Lektionsgebäude der Jugendhochschule. »Die Entwicklungen in den sozialistischen Ländern, die gegenwärtig in der Sowjetunion, in Polen, in Ungarn, in Kuba, in der DDR und anderen Ländern vor sich gehen, sie werden letztlich, nicht wie die Gegner hoffen, zur Schwächung des Sozialismus, sondern zur Stärkung des Sozialismus führen, zur wirksameren Ausbreitung seines Wesens, seiner Merkmale, Errungenschaften und Werte. (...) Denn eines ist eine ab-

solute Wahrheit, wir gehören zu den Pionieren einer neuen Zeit. Das ist wahr. (...) Und die Freie Deutsche Jugend hat die Aufgabe, an der Seite der Partei und aller fortschrittlichen Kräfte die Fackel des Sozialismus in das neue Jahrhundert zu bringen.«[175]

Wie gewöhnlich zu Beginn eines jeden neuen Lehrgangs unterschrieben die Studenten auch eine Ergebenheitsadresse an den Generalsekretär der SED. »Lieber Genosse Erich Honecker! (...) Zu wissen, daß die SED, die Partei- und Staatsführung der DDR unter Deiner Leitung sich immer konsequent für Frieden und Freundschaft mit allen Völkern und für das Wohl des Volkes einsetzen, daß jeder von uns eine solche Ausbildung in Schule und Lehre oder an der Universität erhält, die Grundlage eines menschenwürdigen Daseins ist, daß in unserem neuen deutschen Staat solche bedrückenden Erscheinungen wie Ausbeutung, Rassenhaß, Neonazismus, Arbeitslosigkeit, Drogensucht oder Standesdünkel keinen Platz mehr finden, sind für uns Werte, die wir niemals mehr missen möchten. Darum stehen wir fest zu unserem sozialistischen Vaterland. (...) Unsere Ideale und Werte und unseren Willen, ohne Kapitalisten und Ausbeuter selbst unser Leben und unser Glück im Sozialismus zu bestimmen, lassen wir uns nicht nehmen, von niemandem. (...) Auf die FDJ, lieber Genosse Erich Honecker, kann sich die Partei der Arbeiterklasse in jeder Situation voll und ganz verlassen. FREUNDSCHAFT!«[176]

Klaus Barusch erzählte, daß solch ein »Brief« immer schon fertig ankam. »Das heißt«, schränkte er ein, »es gab möglicherweise einen Entwurf vom Direktor. Aber ich weiß auf jeden Fall, daß diese Schreiben dann im Zentralrat der FDJ bearbeitet wurden. Dann gingen sie zur Begutachtung in die zuständige Abteilung, wahrscheinlich die Abteilung Jugend im Zentralkomitee der SED oder Abteilung Propaganda. Und dann wurde das noch mal redigiert, und so kam das Schreiben dann zurück.«[177]

Klaus Barusch war über mehr als drei Jahrzehnte in der einen oder anderen Funktion an der Jugendhochschule tätig. Er wirkt im Gespräch freundlich und aufgeschlossen, redegewandt. »Bogensee war schon etwas Besonderes«, sagte Barusch nachdenklich. »Viele Probleme, die es im ›normalen‹ alltäglichen Leben in der DDR gab, sind am Bogensee einfach nicht durchgeschlagen. Die blieben außen vor dem Tor, vor den Zäunen. Und es gab zwar auch immer wieder Auseinandersetzungen, wenn jemand kam und Probleme mitbrachte aus dem Wochenendurlaub. Aber das lief so nach dem Grundmotto ab: ›Was nicht sein darf, kann nicht sein.‹«[178]

Klaus Barusch hat, so scheint es, mit der Welt, so wie sie ist, Frieden geschlossen und kommentiert das Ende der DDR sehr aufgeklärt und kritisch. Seine Tätigkeit als inoffizieller Mitarbeiter des Ministeriums für Staatssicherheit verschweigt er allerdings – als »Werner Bogen« bespitzelte er viele Jahre lang Mitarbeiter, Studenten und die eigene Familie.

Mit dem Fall der Mauer und der Wiedervereinigung kam auch das Ende der Jugendhochschule »Wilhelm Pieck«. In den vorangegangenen vier Jahrzehnten waren mehr als 15 000 Absolventen am Bogensee ausgebildet worden, und über 4300 ausländische Studenten hatten die Hochschule besucht.[179] Bis zum 31. März 1990 wurde das Gelände noch von der Volkspolizei bewacht, Ende 1990 war es mit der Schule vorbei. Ein Jahr zuvor waren an der Jugendhochschule noch 328 Mitarbeiter beschäftigt, im Sommer 1990 hatte sich die Zahl auf rund 200 reduziert, Ende des Jahres waren noch 90 übriggeblieben. Klaus Barusch, der im Februar 1990 zum letzten Leiter der Jugendhochschule gewählt worden war, übertrug das gesamte Areal in neue Hände. Der Versuch, eine offene Jugendeinrichtung unter dem Namen »Internationales Jugend-Centrum, IJC« zu führen, scheiterte allerdings. Die Menschen waren in der Umbruchsituation mit ganz anderen Dingen beschäftigt, und niemand wollte mehr auf einer »Insel im Walde« leben und lernen.

Von 1991 bis 1999 stand das Gelände am Bogensee dem gemeinnützigen »Internationalen Bund für Sozialarbeit« zur Verfügung, der benachteiligte Jugendliche aus-

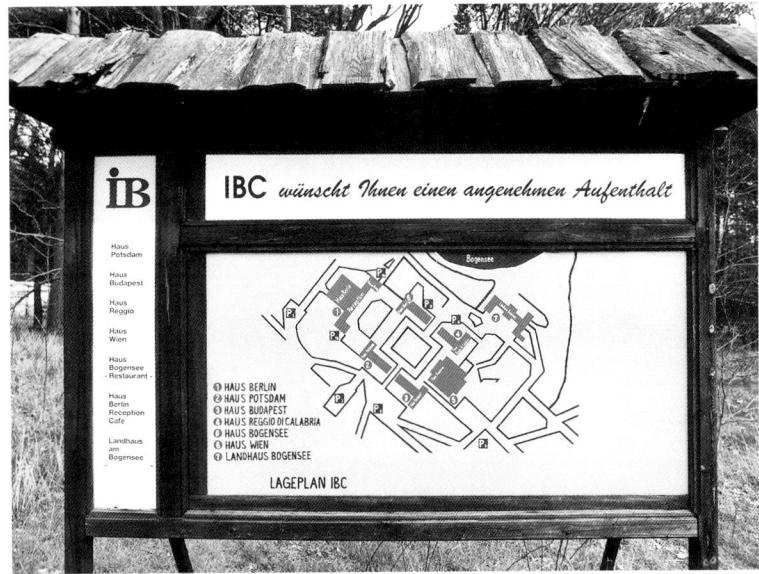

Der Internationale Bund für Sozialarbeit betrieb von 1991 bis 1999 in Bogensee das gemeinnützige „Internationale Bildungs-Centrum" (IBC), in dem benachteiligte Jugendliche qualifiziert wurden. Wegweiser des IBC mit den neuen Namen der Gebäude. Goebbels' Waldhof erscheint nun als Landhaus.

bildet und umschult sowie Obdachlose an vielen Orten Deutschlands betreut. Wieder wurden neue Schilder angefertigt, das Areal nannte sich nun: »Das Internationale Bildungs-Centrum Bogensee«, kurz: IBC. Und weiterhin war Barusch dabei, 1998 stieg er zum Geschäftsführer des Bildungszentrums auf.[180] Jugendliche wurden nun am Bogensee ausgebildet, ein Hotel geführt, jugendpolitische Fortbildungen, Tagungen und Seminare veranstaltet. Die vier Internatsgebäude wurden zum Hotel umgebaut, Ein-, Zwei- und Dreibettzimmer mit Dusche und WC entstanden, ein Restaurant mit einer neuen Großküche kam hinzu. Es wurde viel investiert, doch das Konzept ging nicht auf. Die Defizite stiegen in die Millionen.

Der Betrieb am Bogensee wurde Ende 1999 eingestellt. Seitdem stehen die Gebäude leer. 43 000 Quadratmeter Nutzfläche sowie das etwa 150 000 Quadratmeter große Areal liegen brach.

»Schützenswertes Ensemble« –
Bogensee unter Denkmalschutz

Seit Ende 1999 sind das Gelände und die Gebäude verwaist. Die Anlage steht unter Denkmalschutz, bauliche Veränderungen sind damit ausgeschlossen, auch die Gartenanlagen müssen erhalten bleiben. In der Begründung der Denkmalschützer heißt es: »Obwohl zu verschiedenen Zeitpunkten entstanden und für unterschiedliche Zwecke konzipiert, sind der ehemalige Landsitz Goebbels' und der in den fünfziger Jahren entstandene Schulkomplex als zusammengehöriges, im Sinne eines Einzeldenkmals schützenswertes Ensemble anzusehen. Für den gemeinsamen Denkmalwert sprechen sowohl das direkte räumliche Nebeneinander der beiden Anlagen, als auch die vergleichbar prägnanten gesellschaftspolitischen Umstände ihrer Entstehung und ursprünglichen Nutzung.«

Der Denkmalwert wurde sowohl aus historischen und architekturgeschichtlichen als auch aus künstlerischen Gründen festgestellt. Beide »Zeugnisse« seien »besonders geeignet, die politischen Verhältnisse ihrer Zeit zu dokumentieren und deren diktatorisch geprägte Grundstruktur aufzuzeigen«. Der Landsitz von Goebbels veranschauliche, »wie die nationalsozialistischen Führer ihre uneingeschränkte Machtfülle ohne Bedenken auch zur persönlichen Bereicherung nutzten«. Die Bauten der fünfziger Jahre kündeten »vom Interesse der damals Herrschenden an einer politischen und ideologischen Gleichschaltung der Gesellschaft nach stalinistischem Muster«.

In den beiden Anlagen zeigten sich zudem »die offiziell propagierten stilistischen Leitbilder der jeweiligen Entstehungszeit«. Die Gebäude des Landsitzes veranschaulichten »eine dem Heimatschutzstil verpflichte[te], ›bodenständige‹ Architektur«, das Ensemble aus den fünfziger Jahren spiegele »das von den damals Herrschenden zur neuen ›sozialistischen‹ Bauweise erklärte Stilkonzept der

sogenannten nationalen Tradition« wider. Bestimmend dafür seien monumentale Formen, strenge symmetrische Gliederungsprinzipien sowie »der bevorzugte Rückgriff auf Gestaltungselemente des Klassizismus bzw. in der Grundstruktur auf barocke Schloßanlagen«. Die »forumartige Anlage in Bogensee« sei als »Beispiel sozialistischer Freiflächengestaltung an Bildungseinrichtungen« einzigartig für das Land Brandenburg und besitze in dieser Größenordnung zugleich exemplarischen Wert über die Grenzen hinaus.[181]

Ein solches Gutachten verpflichtet zum Erhalt. Ein Wachdienst versucht heute, Vandalismus zu verhindern. Schranken sind wieder da, um das Befahren des Geländes mit dem Auto auszuschließen. Das Land Berlin, als Eigentümer des Geländes, sucht nach einem neuen Nutzer für das gesamte Ensemble. Im Internet (www.bogensee.com) preist die Wohnbauten- und Beteiligungsgesellschaft (WoBeGe) die Immobilie an. In einer Werbebroschüre heißt es: »Es gilt, diesem besonderen Ort deutscher Geschichte eine neue Bestimmung zu geben, dieses in seiner Art in Deutschland einmalige Areal durch Kreativität und Mut aus seinem ›Dornröschenschlaf‹ zu erwecken.«[182]

Doch ein neuer Nutzer ist nicht in Sicht. Man befinde sich »noch im Anfangsstadium der Verkaufsverhandlungen«, heißt es von seiten der Gesellschaft, bisher haben sich erst »sechs wirkliche Kauf-Interessenten gemeldet«.[183] Zu stark sind die Einschränkungen, da die Gebäude nur als »Gesamtkunstwerk« genutzt werden können, weil alle Versorgungsleitungen miteinander verbunden sind; zu hoch sind auch die notwendigen Investitionen von mehreren Millionen Euro. Allein für den Unterhalt des Geländes, so schätzen Experten, benötige man etwa 1,5 Millionen Euro pro Jahr.

Nach dem Ende des Bildungszentrums verfällt das Gelände seit 2000 allmählich. Gras wächst auf den Tribünenreihen des ehemaligen Sportplatzes der Jugendhochschule.

40 Kilometer nördlich von Berlin macht das Hinweisschild »Bogensee« Hoffnung auf ein verschwiegenes Paradies. Die schmale, wellige Straße ist kurvenreich, der Wald uralt, selten trifft man einen Menschen. Es gibt wieder Schranken, aber keinen Zaun mehr. Bootsstege sind verfallen, Knüppelpfade durch das Moor zerstört, Bäume liegen am Ufer kreuz und quer und verstellen den Zugang.

Die mächtigen dreistöckigen Gebäude der FDJ stehen im Karree, eine riesige, mehrere Fußballfelder große Freifläche liegt dazwischen. Die Türen sind verschlossen, der Putz bröckelt, überall wächst Unkraut und auf einem Dach gar schon eine Birke. Niemand scheint sich für dieses Baudokument verantwortlich zu fühlen, das Areal verfällt zunehmend.

Dennoch ist vieles bis heute im Original erhalten geblieben. Die Bühnentechnik im großen Lektionssaal bei-

spielsweise stammt noch weitgehend aus der Entstehungszeit. »Das ist hoch interessant, wie ein Technikmuseum!« schwärmte Hans-Peter Phielipeit, bis Ende 1999 Leiter des »Internationalen Bildungs-Centrums«. »Alles funktioniert noch!«[184]

Der große Vorlesungssaal befindet sich weitgehend im Originalzustand der fünfziger Jahre. Der Mosaikfußboden und die Stuckprofile an Decken und Wänden im ehemaligen Lektionsgebäude fallen auf, sämtliche schmiedeeisernen Geländer sowie die originalen Wand- und Deckenleuchten haben sich erhalten. Auch das ehemalige Gemeinschaftshaus an der südwestlichen Schmalseite ist noch weitgehend intakt.

Die dunkelbraunen Fensterläden am ehemaligen Landhaus von Goebbels sind ringsum verrammelt, nur an der Seeseite kann man einen Blick ins ehemalige Kaminzim-

Der ehemalige Waldhof von Goebbels ist noch weitgehend intakt, im Innern des Gebäudes stößt man teilweise noch auf den Zustand der dreißiger Jahre. Die ganze Anlage steht unter Denkmalschutz. Aufnahme von 2000.

mer werfen. Man sieht holzgetäfelte Wände, Einbauschränke, Regale, die Kassettendecke und den (funktionstüchtigen) Kamin. Ein Siemensmotor von 1938 ist noch intakt, die Terrassenfenster kann man damit auch heute im Boden versenken. Die Fensterbeschläge sind aus Messing, die Fensterbänke aus Marmor, alte Holzfenster und Türen sind noch vorhanden, und die große schmiedeeiserne Tür am Haupteingang stammt ebenfalls aus den dreißiger Jahren.

Auch im Wohntrakt von Goebbels haben sich Einbauschränke erhalten, und das Badezimmer ist weitgehend im Originalzustand, wie Hans-Peter Phielipeit erklärt: »Fußboden, Fliesen, der Handtuchtrockner, die Badewanne, das Waschbecken, die Dusche sind original erhalten aus der Zeit. Aus der neueren Zeit stammen lediglich die Armaturen der Badewanne und die Beleuchtung, das Toilet-

tenbecken und der Spiegelschrank. Alles andere ist noch so erhalten, wie es 1945 verlassen wurde.«[185]

Der Zuschnitt der Räume ist weitgehend unverändert geblieben, auch den früheren Filmsaal kann man noch erkennen. Außen ist das Landhaus weitgehend im ursprünglichen Zustand, nur zwei Laubengänge wurden zu DDR-Zeiten zugemauert, um Räume zu gewinnen.

Wo das Inventar aus Goebbels' verschiedenen Gebäuden geblieben ist, erscheint bis heute als Rätsel.[186] Möbel, Antiquitäten, Teppiche, Gemälde, Dokumente – ein weites Feld für Fahnder. Das Thema »Beutekunst« erforderte im Fall Bogensee eine ausführliche Recherche und ergäbe ein eigenes Buch.[187]

Was hingegen existiert, sind viele der Firmen, die in den dreißiger Jahren am Bau von Goebbels' Waldhof beteiligt waren. Von dieser Vergangenheit wollen die meisten bis heute nichts wissen. Die Firma Wiemer & Trachte beispielsweise, damals als bauausführende Firma genannt, ist immer noch in Berlin ansässig, der Hauptsitz des Unternehmens liegt mittlerweile in Dortmund. Wiemer & Trachte ist heute ein bedeutendes Unternehmen, die »technische Federführung« an den Dorotheenblöcken des Deutschen Bundestages in Berlin lag beispielsweise ebenso in seinen Händen wie der Neubau der Deutschen Botschaft in Kiew in den Jahren 2000 bis 2002. In der Ukraine galt die Firma als »Bauausführender Generalunternehmer«. Ihre herausragende Beteiligung an Goebbels' Bauten in den Jahren 1939/40 war dem heutigen Vorstand des Unternehmens auf Nachfrage keine Information wert. Es bestehe kein Interesse daran, wurde auf schriftliche Anfrage telefonisch mitgeteilt.[188]

Die Goebbelsschen Blockhäuser auf der östlichen Seite des Sees sind nicht mehr vorhanden. Diese ersten Bauten von 1936/37 wurden nach dem Krieg abgetragen bzw. brannten aus. Das heute am See stehende Gebäude, in dem der Förster von Lanke wohnt, soll im wesentlichen die Form des ursprünglichen erhalten haben, ist aber größer ausgefallen. Die Terrasseneinfassung scheint aus den dreißiger Jahren zu stammen und wirkt ähnlich wie jene auf der anderen Seite des Sees.

Das ehemalige Dienstgebäude Goebbels', rund 100 Meter vom Hauptgebäude auf der westlichen Seite des Sees gelegen, war seit 1958 als Kindergarten von der FDJ genutzt worden. Heute sind dort das Forstamt Lanke und die Waldschule Bogensee untergebracht. Bis 2004 soll nun noch, nach denkmalgerechter Sanierung, das Internationale Jugendwaldheim Bogensee unterkommen. Kindern und Jugendlichen sollen die Natur und ökologische Zusammenhänge erklärt werden.

Das Traditionskabinett der FDJ-Jugendhochschule am Bogensee, eine Sammlung historischer Dokumente, wertvoller Geschenke und Zeugnisse, ist verschwunden. Trotz vielfältiger Recherche ist bisher nichts aufgetaucht, in Zeitzeugenberichten hört man immer wieder von Lastwagen, die irgendwann vollbeladen vom Gelände gefahren seien. Auch ist zu lesen, daß das verbliebene Personal wichtige Dokumente und kulturelle Zeugnisse beiseite schaffte.[189]

Allerdings wurde im Jahre 2000 eine umfangreiche Sammlung »Geschenke und Sachzeugen« vom Bundesarchiv an das Deutsche Historische Museum in Berlin abgegeben. Dieser Bestand aus der ehemaligen Jugendhochschule liegt seitdem – freilich ungeordnet und damit nicht zu nutzen – im Depot. Was sich darin befindet, läßt sich derzeit nicht sagen.

Verschwunden sind die Bildhauerarbeiten, Diplomarbeiten der Kunsthochschulen der DDR, die in vielen Räumen ausgestellt waren. Zum 40. Jahrestag der Jugendhochschule war vom Zentralrat der FDJ »die bildkünstlerische Ausgestaltung« gefordert worden. Man hatte sich den »Einsatz von Kunstwerken und die Realisierung einer einheitlichen Gestaltungskonzeption« zum Ziel gesetzt.[190] Die Kunstwerke – Gemälde, Graphiken, Textilien, Skulpturen – befinden sich heute im Kultur- und Bildungszentrum auf der Burg Beeskow.

Zerstört wurde die überlebensgroße Plastik auf dem Giebel des Lektionsgebäudes, eine Figurengruppe aus älterem Genossen und zwei Jugendlichen. Verschwunden sind die Gästebücher mit Eintragungen prominenter Besucher.[191]

Die Bibliothek der Jugendhochschule ist weitgehend überliefert und heute im »Dokumentationszentrum Alltagskultur der DDR« in Eisenhüttenstadt untergebracht. Umfangreiche Aktenbestände der FDJ sowie der Jugendhochschule werden im Bundesarchiv in Berlin-Lichterfelde verwahrt. Ende 1999 wurden im weitverzweigten Keller der ehemaligen Kaderschmiede auch noch Bauakten aus den fünfziger Jahren gefunden und sichergestellt. Sie wurden vom Bundesarchiv übernommen, sind aber bis heute nicht zugänglich.

Es gibt wenig authentische Orte, an denen sich zwei deutsche Diktaturen so exemplarisch widerspiegeln wie am Bogensee. Deshalb wurde das gesamte Ensemble Anfang 1999 unter Denkmalschutz gestellt. Die *Frankfurter Allgemeine Zeitung* stellte im August 2000 das Hörfunkfeature des Verfassers vor und machte darauf aufmerksam, wozu dieses »Idyll Bogensee« am besten taugen würde: »die Mechanismen und geheimen Verbindungslinien zweier paranoider Machtgefüge« ans Tageslicht zu holen und zu dokumentieren.[192]

Das ehemalige Lektionsgebäude der Jugendhochschule im Dornröschenschlaf. Das Land Berlin sucht dringend einen neuen Nutzer. Aufnahme von 2000.

Das vorliegende Buch ist die erste geschlossene Materialsammlung und doch nur ein erster Schritt. Alle Materialien sind noch längst nicht gesichtet, manches nicht erschlossen, anderes überhaupt nicht in den Blick genommen. Es gibt eine Menge zu fragen und zu erfahren, es gibt eine Menge zu sichten und zu sichern. Heute ist es still geworden an diesem Ort der Propaganda. Ein Wachdienst verhindert Vandalismus, auch der Rasen wird ab und an gemäht. Doch Kälte und Feuchtigkeit in den Räumen lassen das Parkett quellen. Das Areal verfällt und kostet, auch ungenutzt, eine Menge Geld. Gut so? Oder wäre es möglich, Teile davon als Denkort zu gestalten?

Anhang

Anmerkungen

NS-Zeit

1 Die Tagebücher von Joseph Goebbels. Teil I: Aufzeichnungen 1923–1941. Hrsg. von Elke Fröhlich [im folgenden abgekürzt: TG I]. München 1998ff., Bd. 3/II, S. 231 (30.10.1936).
2 Vgl. Niederbarnimer Kreisblatt v. 29.10.1936.
3 Zum offiziellen Programm des Tages vgl. Niederbarnimer Kreisblatt v. 27.10.1936.
4 TG I, Bd. 3/II, S. 232 (30.10.1936).
5 Zu Lipperts Karriere vgl. Oleschinski, Brigitte: Julius Lippert. In: Ribbe, Wolfgang (Hg.): Stadtoberhäupter. Biographien Berliner Bürgermeister im 19. und 20. Jahrhundert. Berlin 1992, S. 261ff.
6 Der Angriff v. 30.10.1936 (Spätausgabe), S. 2.
7 Landesarchiv Berlin (LAB) C Rep. 105, Nr. 44090.
8 Vgl. Martin, Angela: Oskar Maretzky. In: Ribbe (Hrsg.): Stadtoberhäupter, S. 253ff.
9 LAB C Rep. 105, Nr. 44090.
10 Ebd.
11 Ebd.
12 TG I, Bd. 3/II, S. 186 (18.9.1936).
13 Ebd., S. 299 (20.12.1936).
14 Ebd., Bd. 6, S. 251 (7.2.1939).
15 Ebd., Bd. 4, S. 64 (23.3.1937).
16 Ebd., Bd. 3/II, S. 236. (3.11.1936)
17 Ebd., S. 240 (6.11.1936).
18 Vgl. Mittenzwei, Werner: Exil in der Schweiz. Frankfurt am Main 1979, S. 100.
19 TG I, Bd. 3/II, S. 240f. (6.11.1936).
20 Ebd., S. 261 (22.11.1936).
21 TG I, Bd. 3/II, S. 249 (13.11.1936).
22 Niederbarnimer Kreisblatt v. 13.11.1936, S. 1.
23 TG I, Bd. 4, S. 75 (1.4.1937).
24 TG I, Bd. 3/II, S. 262 (23.11.1936).
25 Ebd., Bd. 4, S. 314 (16.9.1937).
26 Baarova, Lida: Die süße Bitterkeit meines Lebens. Koblenz 2001, S. 81. Die Lebenserinnerungen sind in naivem, unschuldigem, unwissendem Ton verfaßt, klingen streckenweise wie ein Lore-Roman, schmalzig, süßlich, nostalgisch. Es ist das Dokument eines Traumas. Doch da die Schilderung der Schauspielerin viele authentisch wirkende Beschreibungen enthält, wird ihr Bericht hier mit aller Vorsicht für die Rekonstruktion der Geschichte herangezogen.
27 Ebd.
28 TG I, Bd. 3/II, S. 97 (3.6.1936).
29 Baarova: Die süße Bitterkeit, S. 88.
30 Ebd., S. 92.
31 Ebd., S. 100f. Hier irrt sich Baarova: Die beiden zusätzlichen Blockhäuser – das Gästehaus und Kaisers Haus – sowie die große Terrasse entstanden erst im Verlauf des Jahres 1937, wie Goebbels' Tagebüchern zu entnehmen ist; vgl. TG I, Bd. 4, S. 76 (2.4.

1937); S. 92 (13.4.1937); S. 100 (18.4.1937); S. 106 (22.4.1937); S. 110 (25.4.1937); S. 123 (4.5.1937); S. 240 (30.7.1937).
32 Baarova: Die süße Bitterkeit, S. 101.
33 TG I, Bd. 3/II, S. 163 (19.8.1936).
34 Ebd., S. 270 (30.11.1936); S. 285 (10.12.1936); S. 300 (21.12.1936); Bd. 4, S. 72 (30.3.1937); S. 101 (19.4.1937).
35 Ebd., Bd. 3/II, S. 103 (10.6.1936).
36 Ebd., S. 374 (14.2.1937); vgl. Bd. 4, S. 105 (21.4.1937).
37 Ebd., Bd. 3, S. 391 (24.2.1937).
38 Ebd., Bd. 4, S. 235 (27.7.1937).
39 Bundesarchiv (BA), Babkowa, Ludmilla, 07.09.14, RKK: 2600, Box: 0007, File: 03; vgl. auch Baarova: Die süße Bitterkeit, S. 74f.; Moeller, Felix: Der Filmminister. Goebbels und der Film im Dritten Reich. Berlin 1998, S. 119.
40 Baarova: Die süße Bitterkeit, S. 102.
41 Ebd.
42 Ebd., S. 119.
43 Ebd.
44 Ebd., S. 129.
45 TG I, Bd. 6, S. 159 (24.10.1938).
46 Baarova: Die süße Bitterkeit, S. 142f.
47 Ebd., S. 146.
48 Ebd., Anhang, S. 296f.
49 TG I, Bd. 6, S. 48 (18.8.1938).
50 Ebd., S. 62 (29.8.1938).
51 Ebd., S. 149 (16.10.1938).
52 Ebd., S. 150ff. (18. u. 19.10.1938).
53 Ebd., S. 155 (21.10.1938).
54 Ebd., S. 162.
55 Ebd., S. 282 (12.3.1939).
56 Vgl. Baarova: Die süße Bitterkeit, S. 147.
57 Uhlig, Anneliese: Rosenkavaliers Kind. Eine Frau und drei Karrieren. München 1977, S. 67.
58 Vgl. Moeller: Der Filmminister, S. 200f.
59 Uhlig: Rosenkavaliers Kind, S. 67.
60 Ebd., S. 68.
61 Ebd.
62 TG I, Bd. 5, S. 400 (29.7.1938).
63 Ebd., Bd. 6, S. 62 (28.8.1938).
64 Uhlig: Rosenkavaliers Kind, S. 70.
65 Ebd., S. 71.
66 Ebd., S, 72.
67 TG I, Bd. 6, S. 122 (1.10.1938).
68 Uhlig: Rosenkavaliers Kind, S. 72.
69 Ebd., S. 73.
70 Ebd.
71 Ebd., S. 74.
72 Ebd., S. 77.
73 TG I, Bd. 6, S. 124 (1.10.1938).
74 Uhlig: Rosenkavaliers Kind, S. 78.

75 Vgl. Moeller: Der Filmminister, S. 216.

76 Uhlig: Rosenkavaliers Kind, S. 11.

77 Vgl. oben S. 14.

78 TG I, Bd. 5, S. 351 (19.6.1938).

79 Ebd., S. 269f. (23.4.1938).

80 Vgl. Gruner, Wolf: Judenverfolgung in Berlin 1933–1945. Eine Chronologie der Behördenmaßnahmen in der Reichshauptstadt. Berlin 1996, S. 50.

81 TG I, Bd. 5, S. 317 (25.5.1938). Mit »Helldorff« ist der Polizeipräsident Wolf-Heinrich von Helldorf gemeint.

82 Ebd., S. 340 (11.6.1938).

83 Ebd., S. 354 (21.6.1938).

84 Völkischer Beobachter v. 23.6.1938.

85 TG I, Bd. 5, S. 356 (22.6.1938).

86 Vgl. Gruner: Judenverfolgung, S. 53.

87 TG I, Bd. 5, S. 396 (27.7.1938).

88 Zit. nach: Kammer. Hilde; Bartsch, Elisabet: Jugendlexikon Nationalsozialismus. Begriffe aus der Zeit der Gewaltherrschaft 1933–1945. Reinbek 1982, S. 109f.

89 TG I, Bd. 6, S. 180ff. (10. u. 11.11.1938).

90 Ebd., S. 201 (25.11.1938).

91 Ebd., S. 202 (26.11.1938).

92 Ebd., S. 209 (4.12.1938).

93 Vgl. Kershaw, Ian: Hitler 1936–1945. Stuttgart 2000, S. 185ff.

94 TG I, Bd. 6, S. 158 (24.10.1938).

95 Ebd., S. 173 (5.11.1938).

96 Ebd., S. 217 (10.12.1938).

97 Ebd., S. 225 (30.12.1938).

98 Ebd., S. 235 (22.1.1939).

99 Ebd., S. 236 (23.1.1939).

100 Meissner, Hans-Otto: Magda Goebbels. Ein Lebensbild. München 1978, S. 237ff.

101 TG I, Bd. 6, S. 242 (29.1.1939).

102 Ebd., S. 235 (22.1.1939).

103 Ebd., S. 251 (7.2.1939).

104 BA, Schweitzer, Heinrich, 11.03.71, RKK: 2400, Box: 0335, File: 07.

105 Gespräch des Verfassers mit Dorothee Schweitzer am 15.4.2002.

106 Gespräch des Verfassers mit Leonore Theisinger am 10.12.2002.

107 Vgl. Bauwelt 31 (1940) 21, S. 1ff. (23.5.1940).

108 Kopie der handschriftlichen Aufzeichnungen von Jürgen Schweitzer im Besitz des Verfassers.

109 BA Koblenz, R 55/422, Bl. 85.

110 Ebd., Bl. 86.

111 Ebd., Bl. 96.

112 Ebd., Bl. 98.

113 Ebd., Bl. 101.

114 Ebd., Bl. 88.

115 Ebd., Bl. 89.

116 Ebd., Bl. 102.

117 Ebd., Bl. 103f.

118 Ebd., Bl. 50.

119 Ebd., Bl. 124.

120 Vgl. Schütz, Erhard; Gruber, Eckhard: Mythos Reichsautobahn. Bau und Inszenierung der ›Straßen des Führers‹ 1933–1941. 2. Aufl., Berlin 2000.

121 BA Koblenz, R 55/422, Bl. 115.

122 BA Koblenz, R 55/422, Bl. 62 u. 63.

123 Brandenburgisches Landeshauptarchiv (BLHA), Rep. 2A Regierung Potsdam I Hb Nr. 1553, Bl. 1f.

124 Ebd., Bl. 2a.

125 Ebd.

126 Ebd., Bl. 4f.

127 Ebd., Bl. 25. Gemeint ist das Blockhaus auf der anderen Seite des Sees.

128 Ebd., Bl. 7f–7h; Bl. 21ff.

129 BA Koblenz, R 55/422, Bl. 75.

130 Ebd., Bl. 76.

131 TG I, Bd. 6, S. 156 (22.10.1938).

132 Vgl. Knopf, Volker; Martens, Stefan: Görings Reich. Selbstinszenierungen in Carinhall. Berlin 1999, S. 32ff.

133 Völkischer Beobachter v. 18.8.1936.

134 TG I, Bd. 6, S. 332 (29.4.1939).

135 BLHA, Rep. 2A Regierung Potsdam I Hb Nr. 1553, Bl. 34.

136 Ebd., Bl. 38.

137 BA, R 55/20759, Bl. 2.

138 BLHA, Rep. 2A Regierung Potsdam I Hb Nr. 1553, Bl. 39.

139 Ebd., Bl. 43.

140 Ebd., Bl. 46.

141 Vgl. ebd., Plan, Anlage A, Bl. 59.

142 Ebd., Bl. 62.

143 Ebd., Bl. 69.

144 Ebd., Bl. 70.

145 Ebd., Bl. 75.

146 TG I, Bd. 7, S. 275 (17.1.1940).

147 Gespräch des Verfassers mit Werner Rath, 9.4.2000.

148 BLHA, Rep. 2A Regierung Potsdam I Hb Nr. 1553, Bl. 97.

149 TG I, Bd. 6, S. 290 (18.3.1939).

150 BA Koblenz, R 55/422, Bl. 69.

151 Ebd., Bl. 78.

152 Ebd., Bl. 82.

153 Ebd., Bl. 44ff.

154 TG I, Bd. 6, S. 385 (20.6.1939); vgl. Bd. 7, S. 67 (17.8.1939); S. 70 (20.8.1939); S. 155 (15.10.1939); S. 162 (21.10.1939); S. 184 (7.11.1939).

155 Ebd., Bd. 8, S. 401 (2.11.1940).

156 Becker, Wolfgang: Film und Herrschaft. Organisationsprinzipien und Organisationsstrukturen der nationalsozialistischen Filmpropaganda. Berlin 1973, S. 135. Beckers Untersuchung liefert umfangreiches Material zu Winkler.

157 Ebd., S. 134.

158 Ebd., S. 136.

159 Zur Biographie Winklers vgl. Weiß, Hermann (Hrsg.): Biographisches Lexikon zum Dritten Reich. Frankfurt am Main 1998, S. 489f; Zentner, Christian; Bedürftig, Friedemann (Hrsg.): Das große Lexikon des Dritten Reiches, München 1985, S. 646f.; vgl. auch Becker: Film und Herrschaft, S. 255, Anm. 358.

160 Vgl. Becker: Film und Herrschaft, S. 138.

161 TG I, Bd. 8, S. 313 (8.9.1940).

162 BA, Bartels, Hugo Constantin, 17.04.99, RKK: 2703, Box: 0010, File: 10.

163 TG I, Bd. 8, S. 268 (13.8.1940); vgl. auch: BA, Bartels, Hugo Constantin, 17.04.99, RKK: 2703, Box: 0010, File: 10.

164 BA, R 55/20005, Bl. 11.

165 Vgl. TG I, Bd. 8, S. 403 (3.11.1940).

166 BA Koblenz, R 55/422, Bl. 4f.

167 BA, R 55/20005, Bl. 211–216.

168 Offenbar hatte Bartels nur Belege von kleineren Summen eingereicht – allein die Rechnung der Firma Wiemer & Trachte belief sich auf rund 450 000 RM –, die Differenz zur Gesamtsumme von 2,3 Millionen RM war demnach bis zu diesem Zeitpunkt nicht belegt.

169 Ebd., Bl. 205.

170 BA Koblenz, R 55/422, Bl. 123.

171 TG I, Bd. 8, S. 406f. (5.11.1940); vgl. ebd., S. 432 (23.11.1940).

172 Ebd., Bd. 9, S. 35 (5.12.1940); vgl. ebd., S. 222 (3.4.1941).

173 Vgl. Moeller: Der Filmminister, S. 84f.

174 Zu Getzlaff, vgl. ebd., S. 148f.

175 BA Koblenz, R 55/759, Bl. 8f. (Protokoll vom 30.3.1943).

176 Ebd., R 55/675, Bl. 94f. (Niederschrift vom 6.4.1943).

177 Für die Jahre 1943 und 1944 lassen sich »Geheimakten« in Beständen des Reichsfinanzministeriums nachweisen, aus denen hervorgeht, daß »Zahlungen aus Ufa-Filmmitteln für … c) Haus Lanke« vorgenommen wurden. Leider ist die Akte R 2/4860a in den Beständen des Bundesarchivs derzeit nicht zu finden, sie ist »vermutlich verlegt«. (Mündliche Auskunft im BA Berlin, 18.4.2002).

178 BLHA, Rep. 2A Regierung Potsdam I Hb Nr. 1553 (nicht foliiert); Der Oberbürgermeister der Reichshauptstadt Berlin, Berliner Stadtforsten, an den Landrat des Kreises Niederbarnim, 28.5.1942.

179 Ebd. (Der Landrat des Kreises Niederbarnim an den Regierungspräsidenten in Potsdam, 21.11.1942).

180 Ein offensichtlicher Irrtum oder eine Irreführung Goebbels'. Die Neubauten, von denen hier die Rede ist, waren ja erst 1939 begonnen worden. Der Bericht von 1948 geht auch – irrtümlicherweise – davon aus, die Blockhäuser auf der östlichen Seite des Bogensees seien »in den Jahren 1937–1939 mit einem Betrage von etwa 2,2 Millionen Reichsmark aufs höchste luxuriös und komfortabel ausgebaut« worden. Die windigen Finanzpraktiken von Goebbels sind heute kaum noch zweifelsfrei zu klären.

181 Erich Bandekow: Über steuerliche Korruptionsfälle von Reichsministern, Reichsleitern usw. 1948 (BA Koblenz, Rep. 94 Nr. 90).

182 TG I, Bd. 7, S. 172 (28.10.1939).

183 Ebd., S. 182 (5.11.1939).

184 BA Koblenz, R 55/422, Bl. 18ff.

185 Martin, Hans-Leo: Unser Mann bei Goebbels. Verbindungsoffizier des Oberkommandos der Wehrmacht beim Reichspropagandaminister 1940–1944. Neckargemünd 1973, S. 50.

186 BA, R 55/20759, Bl. 10f.

187 Martin: Unser Mann bei Goebbels, S. 45.

188 TG I, Bd. 7, S. 254 (1.1.1940).

189 Ebd., S. 342 (10.3.1940).

190 Ebd., S. 367 (27.3.1940); vgl. ebd., Bd. 8, S. 248 (2.8.1940).

191 BA, R 2/4770, Bl. 72.

192 Ebd., Bl. 75.

193 BA, R 55/422, Bl. 121.

194 TG I, Bd. 7, S. 254 (2.1.1940).

195 Hippler, Fritz: Die Verstrickung. Düsseldorf o. J. [1982], S. 185f.

196 TG I, Bd. 7, S. 305 (11.2.1940).

197 Ebd., S. 373 (31.3.1940).

198 Ebd., S. 341 (9.3.1940).

199 Ebd., S. 322 (24.2.1940).

200 Ebd., Bd. 8, S. 30f. (2.4.1940).

201 Zu den Einzelheiten des Vertrages vgl. LAB, C Rep. 105 Nr. 44090.

202 TG I, Bd. 8, S. 77 (26.4.1940).

203 BA, R 55/20005, Bl. 246.

204 Ebd., Bl. 275.

205 Ebd., Bl. 268.

206 Ebd., Bl. 269.

207 TG I, Bd. 8, S. 351 (29.9.1940).

208 BA, R 55/20005, Bl. 209.

209 TG I, Bd. 9, S. 146 (17.2.1941).

210 BA, R 2/4770, Bl. 72.

211 TG I, Bd. 8, S. 137 (26.5.1940); ebd., S. 254 (5.8.1940).

212 Ebd., S. 193f. (26.6.1940).

213 Ebd., S. 193 (25.6.1940).

214 Schaumburg-Lippe, Friedrich Christian Prinz zu: Dr. Goebbels. Ein Porträt des Propagandaministers. 2. Aufl., Kiel 1990, S. 237f.

215 TG I, Bd. 8, S. 224 (17.7.1940); vgl. ebd., S. 194 (26.6.1940); ebd., S. 262 (9.8.1940).

216 Ebd., S. 222 (15.7.1940).

217 Schaumburg-Lippe: Dr. Goebbels, S. 238.

218 TG I, Bd. 8, S. 260 (8.8.1940).

219 Ebd., Bd. 9, S. 398 (23.6.1941).

220 Ebd., Bd. 8, S. 314ff. (9.9.1940).

221 Oven, Wilfred von: Mit Goebbels bis zum Ende. I. Band, 2. Aufl., Buenos Aires 1949, S. 34f.

222 Vgl. Reuth, Ralf Georg: Goebbels. Eine Biographie. 2. Aufl., München 2000, S. 385f.

223 Vgl. Die Tagebücher von Joseph Goebbels. Teil II: Diktate 1941–1945. Hrsg. von Elke Fröhlich [im folgenden abgekürzt: TG II]. München 1993ff., Bd. 6, S. 517ff. (29.12.1942).

224 Ebd., Bd. 12, S. 315 (18.5.1944).

225 Vgl. oben S. 44

226 TG I, Bd. 4, S. 71 (29.3.1937).

227 Ebd., S. 392 (5.11.1937).

228 Hippler: Die Verstrickung, S. 217.

229 Vgl. Fischer, Helmar Harald: »Was gestrichen ist, kann nicht durchfallen«. Die Nazis und die Schauspieler. In: Theater Heute 9/1989; vgl. auch Trimborn, Jürgen: Der Herr im Frack. Johannes Heesters. Biographie. Berlin 2003, S. 249ff.

230 Vgl. Overesch, Manfred: Das III. Reich 1939–1945. Eine Tageschronik der Politik, Wirtschaft, Kultur. Augsburg 1991, S. 104.

231 TG I, Bd. 8, S. 279 (18.8.1940).

232 Ebd, S. 290 (25.8.1940); vgl. Söderbaum, Kristina: Nichts bleibt immer so. Rückblenden auf ein Leben vor und hinter der Kamera. Bayreuth 1983, S. 156ff.

233 Haack, Käte: In Berlin und anderswo. Erinnerungen. München, Berlin 1971, S. 83.

234 Ebd., S. 85.

235 TG I, Bd. 8, S. 293 (28.8.1940).

236 Rökk, Marika: Herz mit Paprika. Berlin 1974, S. 128.

237 BA, Rökk, Marika, 03.11.13, RKK: 2600, Box: 0170, File: 25.

238 TG I, Bd. 8, S. 305f. (4.9.1940).

239 Ebd., S. 366 (8.10.1940).

240 Leander, Zarah: Es war so wunderbar! Mein Leben. Hamburg 1973, S. 169.

241 Ebd., S. 164ff.

242 Baarova: Die süße Bitterkeit, S. 105.

243 Leander: Es war so wunderbar!, S. 166f.

244 Ebd., S. 169f.

245 TG I, Bd. 8, S. 339f. (22.9.1940).

246 Vgl. Moeller: Der Filmminister, S. 440.

247 Krahl, Hilde: Ich bin fast immer angekommen. Erinnerungen. Aufgezeichnet von Dieter H. Bratsch. München 1998, S. 64.

248 Ebd., S. 66.

249 TG I, Bd. 5, S. 340 (11.6.1938).

250 Vgl. Blumenberg, Hans-Christoph: Das Leben geht weiter. Der letzte Film des Dritten Reichs. Berlin 1993, S. 44ff.

251 Die Tagebücher von Joseph Goebbels. Teil II: Diktate 1941–1945. Hrsg. von Elke Fröhlich [im folgenden abgekürzt: TG II]. München 1993ff., Bd. 3, S. 244 (3.2.1942).

252 Vgl. Moeller: Der Filmminister, S. 147.

253 Vgl. Rühmann, Heinz: Das war's. Erinnerungen. Berlin 1982; vgl. auch Körner, Torsten: Ein guter Freund. Heinz Rühmann. Biographie. Berlin 2001; ebenso: Görtz, Franz Josef; Sarkowicz, Hans: Heinz Rühmann 1902–1994. Der Schauspieler und sein Jahrhundert. München 2001.

254 TG I, Bd. 9, S. 148 (18.2.1941).

255 TG II, Bd. 6, S. 511 (27.12.1942).

256 Ebd., Bd. 11, S. 417 (5.3.1944).

257 Ebd., Bd. 6, S. 333 (25.11.1942).

258 Vgl. Martin: Unser Mann bei Goebbels, S. 55.

259 Vgl. Jary, Micaela: Ich weiß, es wird einmal ein Wunder gescheh'n. Die große Liebe der Zarah Leander. Berlin 1993, S. 123ff.

260 Tschechowa, Olga: Meine Uhren gehen anders. München, Berlin 1973, S. 211f.; vgl. auch S. 176.

261 Söhnker, Hans: … und kein Tag zuviel. Hamburg 1974, S. 221.

262 TG I, Bd. 9, S. 305 (11.5.1941).

263 Söhnker: … und kein Tag zuviel, S. 222f.

264 TG II, Bd. 10, S. 207 (30.10.1943).

265 BA, R 55/1392, Bl. 37 u. 38.

266 TG I, Bd. 8, S. 389 (23.10.1940).

267 Ebd., S. 396 (30.10.1940).

268 Ebd., S. 291 (26.8.1940).

269 Ebd. (27.8.1940).

270 Ebd., S. 320 (11.9.1940).

271 Ebd., S. 359 (3.10.1940).

272 Ebd., S. 360 (4.10.1940).

273 Ebd., Bd. 9, S. 289 (3.5.1941).

274 Ebd., S. 293 (5.5.1941).

275 Ebd., S. 294 (6.5.1941).

276 Ebd., S. 356 (6.6.1941).

277 Ebd., S. 335 (25.5.1941).

278 Ebd., S. 428 (6.7.1941).

279 Ebd., S. 429. (6.7.1941).

280 Völkischer Beobachter v. 7.7.1941, S. 1f.

281 TG II, Bd. 3, S. 250 (4.2.1942).

282 Ebd., Bd. 4, S. 212 (30.4.1942).

283 Ebd., S. 289 (14.5.1942).

284 Das Reich v. 24.5.1942, S. 2.

285 TG II, Bd. 4, S. 327f. (21.5.1942).

286 Das Reich v. 31.5.1942, S. 2.

287 TG II, Bd. 6, S. 518 (29.12.1942).

288 Vgl. ebd., S. 517ff. (29.12.1942).

289 Vgl. ebd., S. 519 (29.12.1942); vgl. auch Reuth: Goebbels, S. 512ff.

290 Ebd., Bd. 7, S. 54 (5.1.1943).

291 TG I, Bd. 9, S. 149 (19.2.1941).

292 Das Reich v. 2.3.1941, S. 1f.

293 TG II, Bd. 7, S. 32 (1.1.1943).

294 Vgl. Fetscher, Iring: Joseph Goebbels im Berliner Sportpalast 1943. »Wollt Ihr den totalen Krieg?« Hamburg 1998, S. 46ff.

295 Vgl. Moltmann, Günther: Goebbels' Rede zum Totalen Krieg am 18. Februar 1943. In: Vierteljahreshefte für Zeitgeschichte 12 (1964) 1, S. 13ff.

296 TG II, Bd. 6, S. 530; 534 (31.12.1942).

297 Ebd., Bd. 7, S. 40 (3.1.1943).

298 Ebd., S. 45 (4.1.1943).

299 Das Reich v. 17.1.1943, S. 1f.

300 TG II, Bd. 7, S. 408 (24.2.1943).

301 Ebd., Bd. 8, S. 31; S. 38 (1. u. 2.4.1943).

302 Ebd., S. 396f. (31.5.1943).

303 Ebd., Bd. 9, S. 201 (1.8.1943).

304 Ebd., Bd. 8, S. 566 (30.6.1943).

305 Ebd., Bd. 9, S. 114 (17.7.1943).

306 Ebd., S. 206 (2.8.1943); Inventarliste, in: BA, R 55/1392, Bl. 45–51.

307 TG II, Bd. 9, S. 206 (2.8.1943).

308 Ebd., S. 207.

309 Oven: Mit Goebbels bis zum Ende, S. 211.

310 TG II, Bd. 10, S. 138 (20.10.1943).

311 Ebd., S. 111 (15.10.1943).

312 Das Reich v. 24.10.1943, S. 2.

313 Das Reich v. 31.10.1943, S. 1f.

314 Oven: Mit Goebbels bis zum Ende, S. 139ff.

315 TG II, Bd. 10, S. 205 (30.10.1943).

316 Oven: Mit Goebbels bis zum Ende, S. 140.

317 Ebd., S. 141ff.; vgl. TG II, Bd. 10, S. 210f. (31.10.1943).

318 TG II, Bd. 10, S. 471 (13.12.1943).

319 Ebd., S. 569 (30.12.1943).

320 TG II, Bd. 13, S. 188 (31.7.1944).

321 BA, R 55/20759, Bl. 31f.

322 TG II, Bd. 11, S. 427 (7.3.1944).

323 Oven: Mit Goebbels bis zum Ende, S. 211ff.

324 TG II, Bd. 11, S. 428 (7.3.1944); ebd., S. 456 (11.3.1944).

325 Das Reich v. 19.3.1944, S. 1f.

326 TG II, Bd. 12, S. 98 (13.4.1944).

327 Ebd., S. 94; S. 96.

328 Ebd., 148ff. (19.4.1944).

329 Oven: Mit Goebbels bis zum Ende, S. 238ff.

330 TG II, Bd. 12, S. 252ff. (8.5.1944).

331 Ebd., S. 347 (24.5.1944).

332 Ebd., S. 446 (11.6.1944).

333 Das Reich v. 18.6.1944, S. 1f.

334 TG II, Bd. 12, S. 133 (18.4.1944); vgl. BA, R 55/20004, Bl. 35.

335 TG II, Bd. 10, S. 290 (14.11.1943).

336 Ebd., Bd. 12, S. 332 (21.5.1944).

337 Ebd., Bd. 13, S. 484 (15.9.1944).

338 Ebd., Bd. 14, S. 243f. (20.11.1944).

339 BA, Bartels, H.C., 17.04.99, RKK: 2400, Box: 0011, File: 22.

340 Das Reich v. 2.7.1944, S. 1f.

341 Wilfred von Oven: Finale Furioso. Mit Goebbels bis zum Ende, a.a.O., S. 436 u. 439.

342 TG II, Bd. 13, S. 362 (30.8.1944).

343 Das Reich v. 10.9.1944, S. 1f.

344 TG II, Bd. 13, S. 416f. (5.9.1944).

345 Das Reich v. 17.9.1944, S. 2.

346 TG II, Bd. 13, S. 472 (13.9.1944); vgl. auch S. 478 (14.9.1944).

347 Ebd., S. 491 (16.9.1944).

348 Zur Politik der »verbrannten Erde« vgl. Kershaw: Hitler, Bd. 2, S. 938; 958; 1012–1015; zu den Verbrechen deutscher Soldaten an der eigenen Zivilbevölkerung vgl. Padover, Saul K.: Lügendetektor. Vernehmungen im besiegten Deutschland 1944/45. Frankfurt am Main 1999, S. 272f.

349 TG II, Bd. 13, S. 491f. (16.9.1944).

350 Ebd., S. 509ff. (18.9.1944).

351 Ebd., S. 519 (19.9.1944).

352 Ebd., Bd. 14, S. 117 (29.10.1944).

353 Semmler, Rudolf: Goebbels – The Man Next to Hitler. London 1947, S. 162.

354 TG II, Bd. 14, S. 117f. (29.10.1944).

355 Semmler: Goebbels, S. 162f.

356 TG II, Bd. 14, S. 206 (12.11.1944).

357 Vgl. zum »Volkssturm« Kershaw: Hitler, Bd. 2, S. 930ff. »Der Volkssturm war die militärische Verkörperung des Glaubens der Partei an den ›Triumph des Willens‹. Er war der Versuch der Partei, die Heimat zu militarisieren, um die Einheit des Volks durch seine Teilnahme an der nationalen Verteidigung symbolisch herzustellen und den Mangel an Waffen und Mitteln durch schiere Willenskraft zu überwinden« (S. 930).

358 TG II, Bd. 14, S. 208 (13.11.1944).

359 Oven: Finale Furioso, S. 511.

360 TG II, Bd. 14, S. 160 (5.11.1944). Zu Gerda Christian vgl. die Anmerkungen bei Junge, Traudl: Bis zur letzten Stunde. Hitlers Sekretärin erzählt ihr Leben. München 2002.

361 TG II, Bd. 14, S. 238f. (19.11.1944).

362 Ebd., S. 451 (20.12.1944).

363 Ebd., S. 476 (24.12.1944). Über die Weihnachtsfeiertage fehlen die Aufzeichnungen, im Tagebuch finden sich vom 25. bis zum 27. Dezember keine Notizen.

364 Ebd., S. 502 (31.12.1944).

365 Oven: Finale Furioso, S. 533ff.

366 TG II, Bd. 15, S. 174f. (21.1.1945).

367 Oven: Finale Furioso, S. 546f.; vgl. auch Semmler: Goebbels, S. 185f.

368 TG II, Bd. 15, S. 257 (28.1.1945).

369 Semmler: Goebbels, S. 176. Vgl. aber Knopf; Martens: Görings Reich, S. 126f.

370 TG II, Bd. 15, S. 289 u. 298 (1.2.1945).

371 Oven: Finale Furioso, S. 564ff.

372 Ebd., S. 646.

DDR-Zeit

1 Vgl. Hiller, Manfred: Die Entwicklung der Jugendhochschule »Wilhelm Pieck« als Zentrum der Aus- und Weiterbildung von Funktionären der FDJ von 1946 bis 1955. Rostock 1978 (Diss.). »Am 21.4.1945 befreite die 61. Armee und das 7. Gardekavalleriekorps der Sowjetunion den Abschnitt Wandlitz-Basdorf. (...) An der Seite der Sowjetarmee kämpften Formationen der I. Polnischen Armee. Ihre 1. Division nahm den Goebbelsschen Besitz am Bogensee ein« (S. 11). Vgl. auch Geschichte des Großen Vaterländischen Krieges der Sowjetarmee. Bd. V. Berlin 1967, S. 314. Eine literarische Verarbeitung bietet die Schilderung des ehemaligen Kriegskorrespondenten Stanislaw Ryszard Dobrowolski: Ein schweres Frühjahr. Berlin 1969, S. 113ff.

2 Vgl. Nehring, Richard: Nest des Lügenchefs ausgeräuchert. Aus den Erinnerungen von General Wershbizki. In: Tribüne v. 25.4.1980.

3 LAB, C Rep. 105, Nr. 44090, Blatt 11.

4 Vgl. Hiller: Die Entwicklung der Jugendhochschule, Anlage 20.

5 Übergabe-Vertrag vom 11. März 1946 (Privatbesitz; Kopie beim Verfasser). Dazu war man durch zwei zweistöckige Steingebäude, ein einstöckiges Gebäude mit eingebauter Garage und Transformatorenstation, eine Baracke gegangen – offenbar die Gebäude auf der westlichen Seite des Sees –, sowie drei einstöckige Steinhäuser auf der östlichen Seite. In der Liste wurden 26 verschiedene Kronleuchter verzeichnet, 19 Wandbeleuchter, 13 Polstersessel und 20 einfache Sessel, 13 sogenannte Taboretts, 12 Plüschstühle, 12 verschiedene Spiegel, 11 gepolsterte Diwans und ein niedriges Sofa, eine sogenannte Ottomane, ein Schreibtisch und 49 verschiedene Tische. Es fanden sich ein Kindertisch, vier Kinderstühle, zwei Kinderpulte. 23 Schränke wurden aufgelistet, acht Bücherschränke und acht Bücherregale, drei Kommo-

den, zwei eiserne Bettstellen und zwei Holzbetten, ein Abwaschtisch, zwei Geschirrschränke, ein Geschirrtisch. Ein Flügel wird genannt, eine Bibliothek, zehn verschiedene Bilder, ein großer Globus, der in späteren Zeiten immer wieder erwähnt wird und auch auf Fotografien zu sehen ist. Dazu Haushaltskram wie Eimer, verschiedene Pumpen und anderes mehr. Es war also doch noch eine ganze Menge vorhanden.

6 Vgl. oben S. 77 f.

7 BA, R 55/698, Bl. 100; vgl. dazu Petropoulos, Jonathan: Kunstraub und Sammelwahn. Kunst und Politik im Dritten Reich. Berlin 1999, S. 253.

8 BA, R 55/423, Bl. 48 ff. (o. Datum); vgl. dazu Petropoulos: Kunstraub und Sammelwahn, S. 255.

9 Zit. nach: David Irving: Goebbels, a.a.O., S. 505.

10 Vgl. Hiller: Die Entwicklung der Jugendhochschule, Anlage 1, S. 5 ff.

11 Honecker, Erich: Aus meinem Leben. Berlin 1982, S. 208.

12 Vgl. Hiller: Die Entwicklung der Jugendhochschule, S. 10.

13 Vgl. ebd., Anlage 1, S. 5.

14 Stiftung Archiv der Parteien und Massenorganisationen in der DDR (SAPMO), DY 30, 24/114 169.

15 B. K.: Haus der Jugend statt Haus der Mätressen. In: Berliner Zeitung v. 23.5.1946, S. 3.

16 Vgl. Hiller: Die Entwicklung der Jugendhochschule, S. 15.

17 Leonhard, Wolfgang: Spurensuche. Vierzig Jahre nach ›Die Revolution entläßt ihre Kinder‹. Köln 1992, S. 187.

18 Vgl. SAPMO, DY 30/IV, 2/16.

19 Herbert Häber machte eine steile Karriere in der DDR. Von 1978 bis 1986 war er Mitglied des ZK der SED, vom Mai 1984 bis November 1985 Mitglied des Politbüros, ehe er dann in Ungnade fiel. Seit Mai 2000 war gegen Häber ein Prozeß wegen »Totschlags an DDR-Flüchtlingen« anhängig. Im Mai 2004 wurde Häber der Anstiftung zum dreifachen Mord an der innerdeutschen Grenze für schuldig befunden, er erhielt allerdings keine Strafe auferlegt. »Ich fühle mich politisch und moralisch freigesprochen«, kommentierte Häber das Urteil. Er sei juristisch haftbar für die Toten an der Grenze, sagte die Richterin, aber moralisch untadelig. Vgl. Tagesspiegel v. 12.5.2004.

20 Aus dem Themenplan zum 3. Lehrgang vom Herbst und Winter 1946 gehen einige der vorgesehenen Referenten hervor: Fred Oelßner, Anton Ackermann, Max Seydewitz, Otto Grotewohl, Hermann Axen, Wilhelm Pieck und Paul Wandel. Die Führungsriege der späteren DDR ließ es sich also anfangs nicht nehmen, persönlich an der Jugendhochschule zu erscheinen und Vorträge zu halten. Allerdings wurde bemängelt, daß nicht alle versprochenen Referate tatsächlich gehalten wurden (SAPMO, DY 30/IV, 2/16).

21 Gespräch des Verfassers mit Herbert Häber am 12.4.2000. Im Lehrplan zum 1. Lehrgang beispielsweise lautete eine Lektion am 25. Juni 1946 bereits: »Die Dialektik als Denkprinzip« (SAPMO, DY 30/IV, 2/16, Bl. 191).

22 SAPMO, DY 30, 24/114 169 I.; vgl. auch Weber, Hermann: Damals, als ich Wunderlich hieß. Vom Parteihochschüler zum kri-

tischen Sozialisten. Die SED-Parteihochschule »Karl Marx« bis 1949. Berlin 2002, S. 159. Weber erwähnt hier auch den Vorfall in der FDJ-Schule und schreibt dann zusammenfassend: »Hatten mich die ›Kritik und Selbstkritik‹ schon 1946 abgestoßen, so erst recht in der Parteihochschule. Daß sie weniger eine Methode zur Selbsteinsicht als vielmehr ein Instrument zur Disziplinierung sein sollte, war nicht zu übersehen.«

23 Gespräch des Verfassers mit Hermann Weber am 24.7.2000; vgl. dazu ausführlicher Weber: Damals, als ich Wunderlich hieß, S. 30 ff. Vgl. auch Hiller: Die Entwicklung der Jugendhochschule, S. 17 ff.

24 Weber, Hermann: Das I. Parlament in Brandenburg 1946 und die Entwicklung der FDJ. Erinnerungen eines Zeitzeugen, Einschätzungen eines Historikers. In: Gotschlich, Helga; Lange, Katharina; Schulze, Edeltraud (Hrsg.): Aber nicht im Gleichschritt. Zur Entstehung der Freien Deutschen Jugend. Berlin 1997, S. 50 ff.; vgl. auch die Schilderung von Wolfgang Steinke: »Wie ich die Jugendhochschule kennenlernte«. In: 10. Jahrestag der Namensgebung Jugendhochschule »Wilhelm Pieck«. FDJ-Broschüre (1960).

25 Gespräch des Verfassers mit Herbert Häber am 12.4.2000.

26 Weber: Das I. Parlament, S. 54; vgl. ebenso Weber: Damals, als ich Wunderlich hieß, S. 29 f.

27 Gespräch des Verfassers mit Herbert Häber am 12.4.2000.

28 Weber: Das I. Parlament, S. 54 f.; vgl. ebenso Weber: Damals, als ich Wunderlich hieß, S. 32 f.; vgl. aber auch Goetze, Werner: Erinnerungen an die Gründung und den Aufbau der Jugendhochschule im Jahre 1946. In: Hiller: Die Entwicklung der Jugendhochschule, Anlage 1, S. 9.

29 In seinem autobiographischen Bericht schreibt Weber: »Ich bin immer davon ausgegangen, daß der Stalinismus nicht die einzige Möglichkeit des Kommunismus ist. Hatte sich der Kommunismus einmal gewandelt, in den Stalinismus, warum hätte er sich nicht zurück in eine nichtstalinistische Erscheinungsform wandeln sollen? Diese theoretische Annahme ist mir zwar immer verübelt worden, aber ich habe bis heute keinen Anlaß, davon abzurücken« (Damals, als ich Wunderlich hieß, S. 418).

30 Gespräch des Verfassers mit Wolfgang Leonhard am 14.3.2001.

31 Vgl. Hiller: Die Entwicklung der Jugendhochschule, Anlage 22, S. 11f.

32 Freie Deutsche Jugend, Provinzialleitung Mark Brandenburg an den Magistrat der Stadt Berlin, Potsdam, den 28.10.1946; SAPMO, DY 24/FDJ A, 1540. Die Schule des Landesvorstandes Brandenburg wurde im Haus des ehemaligen Reichsforstmeisters Schade am Döllnsee untergebracht, das vordem Görings Refugium gewesen war (vgl. Hiller: Die Entwicklung der Jugendhochschule, Anlage 2).

33 Der Landrat des Kreises Niederbarnim an den Magistrat der Stadt Berlin, Bernau, den 8.10.1946; LAB, C Rep. 105, Nr. 44090.

34 Magistrat der Stadt Berlin, Berliner Stadtforsten, Schreiben vom 8.10.1946. In: Ebd.

35 Schreiben der Rechtsabteilung – Syndikat des Berliner Magistrats vom 6.9.1946 an die Bezirksleitung Mark Brandenburg der Freien Deutschen Jugend. In: Ebd.

36 Magistrat von Groß-Berlin an den Herrn Landrat des Kreises Niederbarnim, Berlin, den 3.12.1946. In. Ebd.

37 Der Landrat des Kreises Niederbarnim an den Magistrat von Groß-Berlin, Bernau, den 28.2.1947. In: Ebd.

38 Das ist nicht richtig. Vgl. oben S. 40ff.

39 Magistratsvorlage vom 30.12.1947; LAB, C Rep. 105, Nr. 44090.

40 Urkunde in Abschrift, LAB, C Rep. 105, Nr. 44090; vgl. zur Eigentumsfrage auch: BLHA, Rep. 601, Nr. 22691, Bl. 42 (Schreiben des Staatl. Forstwirtschaftsbetriebs Groß-Schönebeck/Schorfheide an den Rat des Bezirkes Frankfurt/Oder, Groß-Schönebeck, den 2.10.53).

41 SAPMO, DY 24/10.480.

42 Vgl. Leonhard, Wolfgang: Die Revolution entläßt ihre Kinder. Köln 1990, S. 469ff.

43 Leonhard: Spurensuche, S. 166.

44 Leonhard: Die Revolution entläßt ihre Kinder, S. 580.

45 Gespräch des Verfassers mit Wolfgang Leonhard am 14.3.2001.

46 R.: Jugendhochschule am Bogensee. In: Neues Deutschland v. 15.8.1948, S. 4.

47 Gespräch des Verfassers mit Herbert Häber am 12.4.2000.

48 R.: Jugendhochschule am Bogensee, S. 4.

49 Jugendhochschule am Bogensee an das Sekretariat des Zentralrates der FDJ, Ützdorf/Lanke, den 11.6.1949. Vgl. Hiller: Die Entwicklung der Jugendhochschule, Anlage 44.

50 Naumann, Theo: Liebe Genossen und Freunde! Werte Gäste! In: 10. Jahrestag der Namensgebung.

51 Vgl. Junge Generation 9/1980, S. 7.

52 SAPMO, DY 24/118145.

53 Vgl. Hunger, Edmar: Eine Schmiede für die Kader. In: Junge Welt v. 19.9.1950, S. 6.

54 Gespräch des Verfassers mit Herbert Häber am 12.4.2000.

55 Gespräch des Verfassers mit Konstantin Rimkeit am 11.5.2000.

56 Rimkeit, Konstantin: Erlebnisse mit Wilhelm Pieck. In: 10. Jahrestag der Namensgebung; vgl. ebenso Rimkeit, Konstantin: Er war immer unser Freund und Genosse. In: Junge Generation 24/1960, S. 37f.; vgl. auch Hiller, Manfred: Wilhelm Pieck und die Jugendhochschule. In: Wilhelm Pieck – Freund und Vorbild der Jugend. Berlin 1976, S. 46ff.

57 Gespräch des Verfassers mit Konstantin Rimkeit am 11.5.2000.

58 Vgl. Weber: Das I. Parlament, S. 51; vgl. auch Weber: Damals, als ich Wunderlich hieß, S. 134ff.

59 Tonbandaufnahme vom 14.9.1950; eine redigierte Fassung der Rede findet sich in: Junge Generation, 11/1950, S. 494ff.; ebenso in: 10. Jahrestag der Namensgebung.

60 Vgl. Leonhard: Die Revolution entläßt ihre Kinder, S. 518ff.; 630f.

61 Vgl. Gibas, Monika: Propaganda in der DDR. Erfurt 2000, S. 42ff.

62 Dieter Schmotz: Die Schulung der Propagandisten im Leninschen-Kommunistischen Jugendverband der Sowjetunion. In: Junge Generation 10/1950, S. 459.

63 Vgl. Schirmag, Heinz: Erinnerungen an die Tätigkeit an der Jugendhochschule. In: Hiller: Die Entwicklung der Jugendhochschule, Anlage 11, S. 2.

64 Schirmag, Heinz: Der erste Ein-Jahreslehrgang auf der »Jugendhochschule Wilhelm Pieck«. In: Junge Generation, 11/1950, S. 497ff.

65 Vgl. Schirmag, Heinz: Erinnerungen an die Tätigkeit an der Jugendhochschule. In: Ebd., Anlage 11.

66 Vgl.: Die Jugendhochschule Bogensee. Das Institut für zeitgeschichtliche Jugendforschung lädt zum Rundgang durch das Gelände ein. In: Gotschlich; Lange; Schulze (Hrsg.): Aber nicht im Gleichschritt, S. 211.

67 SAPMO, DY 24/118196 (Bautagebuch Bogensee, 1951–52).

68 Vgl. Hiller: Die Entwicklung der Jugendhochschule, Anlage 47.

69 Bautagebuch Bogensee.

70 Als sein Förderer Franz Dahlem politisch demontiert wurde und Lippmann selbst ins Abseits geriet, flüchtete er im September 1953 in die Bundesrepublik Deutschland. Einem Hochverratsprozeß entging er 1957, indem er gegen KP- und FDJ-Funktionäre aussagte. 1963/64 wurde Lippmann Mitglied der SPD. Seine (illegal in der DDR vertriebene) Zeitschrift Der Dritte Weg stellte er 1964 ein, sie war in der DDR enttarnt worden. 1971 veröffentlichte Lippmann die erste Honecker-Biographie, im August 1974 starb der ehemalige FDJ-Funktionär im Alter von 52 Jahren.

71 Hermann Henselmann (1905–1995) wurde in den fünfziger Jahren zum Chefarchitekten von Berlin, war unter anderem am Bau der Stalinallee beteiligt und maßgeblich für die Umgestaltung Ost-Berlins verantwortlich. Kurt Liebknecht (1905–1994), einst Mitarbeiter von Hans Poelzig in Berlin, war im August 1931 nach Moskau gegangen. Dem stalinistischen Terror der dreißiger Jahre konnte er entkommen; er kehrte 1948 nach Deutschland zurück und machte in der DDR Karriere an der Universität. Seit 1951 war Liebknecht Präsident der Deutschen Bauakademie.

72 Lippmann, Heinz: Honecker. Porträt eines Nachfolgers. Köln 1971, S. 146f.

73 Alle Angaben aus dem Bautagebuch Bogensee.

74 Kreisarchiv Barnim, E – Ke 2-40/1 (Niederschrift über die Besprechung bei der FDJ-Hochschule am 27.11.1952).

75 Kreisarchiv Barnim, E – Ke 16-40/2 (VEB Projektierung Berlin, Bauleitung Bogensee an VEB (Z) Projektierung Berlin, Oberbauleitungsgruppe I, Bogensee, den 7.8.1952).

76 Kreisarchiv Barnim, E – Ke 2-40/1 (Freie Deutsche Jugend, Sekretariat des Zentralrats, Abteilung Finanzen an den Rat des Kreises Bernau, Abteilung Aufbau, Investitionen; Berlin, den 3.11.1952).

77 Kreisarchiv Barnim, E – Ke 2-40/1 (Niederschrift über die Besprechung ...). Im Juli 1952 war in einer »Gesamtkostenschätzung« bereits von 24 Mio. DM ausgegangen worden (vgl. Kreisarchiv Barnim, E – Ke 16-40/2).

78 Die Angaben zum erreichten Stand und den Kosten des Bauprojektes stimmen nicht mit den genannten Dokumenten aus dem Kreisarchiv Barnim überein.

79 Lippmann: Honecker, S. 147f.

80 Kreisarchiv Barnim, E – Ke 4-40/1 (Analyse 1952 vom Rat des Kreises Bernau, 5.1.1953).

81 Kreisarchiv Barnim, E – Ke 16-40/2 (Erläuterungsbericht zum Neubau der Jugendhochschule »Wilhelm Pieck« am Bogensee, Berlin, den 11.7.1952).

82 Wagner, Gottfried: Jugendhochschule »Wilhelm Pieck« am Bogensee. In: Deutsche Architektur IV (1955), S. 204 ff.

83 Unterschutzstellungsverfahren im Bereich des IBC Bogensee, Eberswalde, 29.10.1996, S. 4 (Kopie im Besitz des Verfassers).

84 Wagner: Jugendhochschule »Wilhelm Pieck«, S. 20.

85 Leonhard: Spurensuche, S. 190.

86 Gespräch des Verfassers mit Konstantin Rimkeit am 11.5.2000.

87 Uhlmann, Jürgen: Mitteilung über die Zerschlagung des konterrevolutionären Putschversuchs 1953 an der Jugendhochschule »Wilhelm Pieck«. In: Hiller: Die Entwicklung der Jugendhochschule, Anlage 12, S. 1.

88 Gespräch des Verfassers mit Konstantin Rimkeit am 11.5.2000. 40 000 Menschen waren im Sommer 1953 auf die Straßen gegangen – am Ende blieben 50 Tote liegen. 13 000 Menschen wurden verhaftet, 18 Aufständische von den Sowjets standrechtlich erschossen, Hunderte zur Zwangsarbeit nach Sibirien deportiert. DDR-Gerichte verurteilten mindestens 1600 Menschen zu oftmals jahrelangen Haftstrafen, zwei Menschen wurden hingerichtet. Vgl. die neuere Literatur zum Thema: Knabe, Hubertus: 17. Juni 1953. Ein deutscher Aufstand. München 2003; Koop, Volker: Der 17. Juni 1953. Legende und Wirklichkeit. Berlin 2003; Kowalczuk, Ilko-Sascha: 17. Juni 1953: Volksaufstand in der DDR. Ursachen – Abläufe – Folgen. Bremen 2003.

89 Schubert, Siegfried: Erinnerungen an die Jugendhochschule »Wilhelm Pieck«, April 1981. In: Peilicke, Klaus: Die Entwicklung der Jugendhochschule »Wilhelm Pieck« als Zentrum der Aus- und Weiterbildung von Funktionären der Freien Deutschen Jugend vom Mai 1955 bis Anfang der sechziger Jahre. Rostock 1983 (Diss.), Anlage 17, S. 3.

90 Uhlmann: Mitteilung über die Zerschlagung, S. 1 ff.

91 Gespräch des Verfassers mit Konstantin Rimkeit am 11.5.2000.

92 Egon Bauerfeld, Gruppe 6/Jahreslehrgang: Hohe Einsatzbereitschaft unserer Kampfgruppe hilft, den Frieden zu verteidigen. In: 10. Jahrestag der Namensgebung, o. S.

93 Tonbandaufnahme vom 15.9.1980 (DRA, DOK 1146/1/2).

94 Protokoll der 3. Lehrertagung der FDJ am Bogensee vom 10.–14.9.1948 (SAPMO, DY 24/321).

95 Junge Generation v. 10.7.1952, S. 5 ff.

96 Redemanuskript in BStU, MfS-BdL/Dok. Nr. 006186.

97 Pietschmann, Horst: Erinnerungen an die Tätigkeit an der Jugendhochschule »Wilhelm Pieck«, Mai 1981. In: Peilicke: Die Entwicklung der Jugendhochschule, Anlage 13, S. 3.

98 Schubert: Erinnerungen an die Jugendhochschule, S. 1 u. 2.

99 Vgl. Hiller: Die Entwicklung der Jugendhochschule, Anlage 38.

100 Protokoll der 3. Lehrertagung der FDJ am Bogensee vom 10.–14.9.1948 (SAPMO, DY 24/321).

101 Schreiben des Verantwortlichen der Volkspolizei zum Schutz des Objektes an die Verwaltung der Jugendhochschule »Wilhelm Pieck«, 18.8.1951. In: Hiller: Die Entwicklung der Jugendhochschule, Anlage 38.

102 Protokoll über die Besprechung auf der Baustelle Bogensee betr. Abholzung des Baugeländes (20. Mai 1952), VEB Projektierung Berlin, Bauleitung Bogensee, Bogensee, den 26. Mai 1952 (Kreis-

archiv Barnim, E – Ke 2-40/1); vgl. auch Die Jugendhochschule Bogensee, Rundgang, S. 214.

103 Berg, Hermann von: Vorbeugende Unterwerfung. Politik im realen Sozialismus. München 1988, S. 35.

104 Gespräch des Verfassers mit Klaus Barusch am 2.5.2000; vgl. auch »Beschluß des Sekretariats des Zentralrates über die Teilnahme am 1. Jahreslehrgang der Jugendhochschule ›Wilhelm Pieck‹«, 2.10.1950. In: Hiller: Die Entwicklung der Jugendhochschule, Anlage 46.

105 Mara, Michael: Fluchtstation Grenzpolizei. Der Weg eines jungen Menschen vom FDJ-Journalisten zum Flüchtling. In: SBZ-Archiv, Nr. 10, Mai 1962, S. 147 ff.

106 Anton Semjonowitsch Makarenko (1888–1939) war ein ukrainisch-sowjetischer Pädagoge. Er gründete und leitete in den zwanziger Jahren sogenannte Arbeitskolonien zur Resozialisierung verwahrloster Jugendlicher, entwickelte eine Theorie der Erziehung. Moralische und soziale Erziehung sei nur als »Kollektiverziehung« möglich, postulierte Makarenko, im Rahmen eines tätigen und inhaltsreichen Lebens mit immer neuen Zukunftsperspektiven.

107 Mara, Michael: Der »Lord« ist »schuldlos«. In: Junge Generation v. 6.4.1959, S. 14 f.

108 Vgl. Haltinner, Werner: Warum und wie differenziert arbeiten? In: Junge Generation 1/1972, S. 54 ff.; vgl. auch Jahn, Günther: Rechenschaftsbericht am 25. Mai 1971. In: 25 Jahre Jugendhochschule »Wilhelm Pieck«. Festschrift der Jugendhochschule »Wilhelm Pieck« beim Zentralrat der FDJ anläßlich ihres 25jährigen Bestehens, S. 6.

109 Mara, Michael: Fluchtstation Grenzpolizei. In: SBZ-Archiv, 13(1962)10, S. 148 ff.

110 Zinke, Heinz: Mitteilung über die Jugendhochschule »Wilhelm Pieck«, Juli 1981. In: Peilicke: Die Entwicklung der Jugendhochschule, Anlage 22, S. 3.

111 Zur Jugendhochschule »Wilhelm Pieck«. Erinnerungen von Helmut Müller, Jan./Febr. 1997 (Kopie des Manuskripts im Besitz des Verfassers).

112 SAPMO, DY 24/6104.

113 Die Jugendhochschule Bogensee, Rundgang, S. 213; vgl. auch Erinnerungen von Helmut Müller.

114 Pietschmann: Erinnerungen, S. 5.

115 Studenten und Lehrer der Jugendhochschule »Wilhelm Pieck« an die Botschaft der Ungarischen Volksrepublik, 25.10.1956. In: Peilicke: Die Entwicklung der Jugendhochschule, Anlage 54.

116 Lehrer, Schüler und Belegschaft der Jugendhochschule »Wilhelm Pieck« an das Zentralkomitee der Sozialistischen Einheitspartei Deutschlands, 31.10.1956. In: Ebd., Anlage 55.

117 Die Lehren aus dem Unterricht über die III. Parteikonferenz und den XX. Parteitag für den Kampf gegen Dogmatismus in der Arbeit der Jugendhochschule, 2.6.1956. In: Ebd, Anlage 52, S. 1.

118 Vgl. Die Jugendhochschule Bogensee, Rundgang, S. 215.

119 Gespräch des Verfassers mit Klaus Barusch am 2.5.2000.

120 DeutschlandRadio Berlin, Politisches Bandarchiv (DAT 287-786).

121 Tonbandaufnahme vom 15.9.1980 (DRA, Dok 1146/1/2).

122 Vgl. oben S. 124.

123 Aus Jahn: Rechenschaftsbericht, S. 6.

124 Berg: Vorbeugende Unterwerfung, S. 35.

125 Gespräch des Verfassers mit Konstantin Rimkeit am 11.5.2000; vgl. Jugendhochschule »Wilhelm Pieck« (Broschüre, 1976), S. 10.

126 Vgl. 25 Jahre Jugendhochschule »Wilhelm Pieck«, S. 16.

127 Schubert: Erinnerungen, S. 1.

128 Berg: Vorbeugende Unterwerfung, S. 35f.

129 Mitteilung von Horst Luckow, 2.6.2003.

130 Mitteilung von Klaus Böttcher, 26.8.2003.

131 Unsere Jugendhochschule ›Wilhelm Pieck‹. Hrsg. Jugendhochschule »Wilhelm Pieck« beim Zentralrat der Freien Deutschen Jugend anläßlich des 30. Jahrestages des Ehrennamens »Wilhelm Pieck« an die höchste Bildungsstätte der FDJ (Autoren: Klaus Böttcher, Manfred Klaus), Berlin 1980, S. 28 (Broschüre).

132 Vgl. 25 Jahre Jugendhochschule »Wilhelm Pieck«, S. 46 u. 48.

133 Bericht über den Einsatz des Gen. Karl Scheffsky, Mitarbeiter der Abt. Propaganda, an der Jugendhochschule »Wilhelm Pieck« vom 9.11.–14.11.1972 (SAPMO, DY 24/6659).

134 Die Kunst als Waffe bei der Erziehung junger Sozialisten, 14.4.1958. In: Peilicke: Die Entwicklung der Jugendhochschule, Anlage 66.

135 Schubert: Erinnerungen, S. 1.

136 Bildungs- und Erziehungsziel der Jugendhochschule »Wilhelm Pieck« beim Zentralrat der FDJ, Januar 1957. In: Peilicke: Die Entwicklung der Jugendhochschule, Anlage 58, S. 3.

137 Unsere Jugendhochschule »Wilhelm Pieck«, S. 49.

138 Perspektivplan der Entwicklung der Jugendhochschule »Wilhelm Pieck« beim Zentralrat der FDJ für den Zeitraum von 1968 bis 1971, Entwurf vom März 1968 (SAPMO, DY 24/118265).

139 Vgl. Peilicke: Die Entwicklung der Jugendhochschule, S. 137ff.

140 Peilicke, Klaus: Die Sicherungsmaßnahmen am 13. August 1961 – Bewährungsprobe für die Lehrer und Studenten der Jugendhochschule »Wilhelm-Pieck«. In: Beiträge zur Geschichte der FDJ. Hrsg. Wilhelm-Pieck-Universität Rostock. Heft 4, Rostock 1981, S. 33.

141 Zinke: Mitteilung über die Jugendhochschule, S. 4.

142 Vgl. Höfer, Günter: Zur Rolle der FDJ bei der sozialistischen Wehrerziehung der Jugend in den sechziger Jahren. In: Beiträge zur Geschichte der FDJ. Heft 4, Rostock 1981, S. 39.

143 Pietschmann: Erinnerungen, S. 3; vgl. auch Peilicke: Die Sicherungsmaßnahmen am 13. August 1961, S. 35.

144 Peilicke: Die Sicherungsmaßnahmen am 13. August 1961, S. 35.

145 Arbeitsordnung der Jugendhochschule »Wilhelm Pieck« vom 21. September 1961 (SAPMO, DY 24/118265).

146 Vorlage an das Sekretariat des Zentralrats der FDJ, 24.10.1963 (SAPMO, DY 24/118242).

147 SAPMO, DY 24/6886.

148 Gespräch des Verfassers mit Werner Haltinner am 20.4.2000.

149 BStU, MfS AIM 19210/63 P, Bl. 32.

150 Haltinner, Werner: Der Kongreß der Arbeiterjugend – ein Meilenstein beim Aufbau des Sozialismus. In: Junge Generation 2/1957, S. 14.

151 Haltinner, Werner: FDJ-Funktionär sein – ein ehrenvoller gesellschaftlicher Auftrag. In: Junge Generation 7/1967, S. 20; vgl. auch ders.: Unsere Republik – das sozialistische Vaterland der deutschen Jugend. In: Junge Generation 6/1969.

152 Ergebnisse und Probleme im Bildungs- und Erziehungsprozeß des 22. Lehrgangs, Bogensee, den 13.5.1971 (SAPMO, DY 24/114178).

153 Aufgaben und Struktur der Lehrabteilung der Jugendhochschule »Wilhelm Pieck«, Bogensee, den 20.10.1971 (SAPMO, DY 24/114178).

154 Kurt Hager: Der Marxismus-Leninismus – die wissenschaftliche Weltanschauung der Arbeiterklasse und theoretische Grundlage der Politik der Partei und des Jugendverbandes. Lektion 21. Einjahreslehrgang der Jugendhochschule »Wilhelm Pieck« am 5.9.1969, S. 58ff. (SAPMO, DY 30/IV A 2/2.024/53).

155 Gespräch des Verfassers mit Klaus Böttcher am 21.3.2001; vgl. auch: Die Jugendhochschule Bogensee, Rundgang, S. 215.

156 Bölling, Klaus: Die fernen Nachbarn. Erfahrungen in der DDR. Hamburg 1983, S. 154.

157 Brief Egon Krenz an Günter Mittag, 2.9.1980 (SAPMO, DY 24/11247).

158 Gespräch des Verfassers mit Klaus Böttcher am 21.3.2001.

159 Nach dem Mitschnitt der Fernsehübertragung vom 13.12.1981.

160 DLF am 7.12.1981, 18.05 Uhr (BStU, BVfS Frankfurt/O, AKG 654, Bl. 47).

161 BStU, BVfS Frankfurt/O, AKG 017, Bl. 211ff.

162 Ebd., Bl. 232f.

163 BStU, BVfS Frankfurt/O, Abt. XX 754, Bl. 21.

164 BStU, BVfS Frankfurt/O, AKG 017, Bl. 31.

165 BStU, BVfS Frankfurt/O, AKG 654, Bl. 121 u. 145f.

166 Schmidt, Helmut: Die Deutschen und ihre Nachbarn. Menschen und Mächte II. Berlin 1990, S. 71ff.

167 Vgl. Knopf; Martens: Görings Reich, S. 117f., 156.

168 Schmidt: Die Deutschen und ihre Nachbarn, S. 73f.

169 Nach dem Mitschnitt der Fernsehübertragung vom 13.12.1981.

170 Gespräch des Verfassers mit Klaus Barusch am 2.5.2000.

171 Gespräch des Verfassers mit Klaus Böttcher am 21.3.2001.

172 Vgl. Schubert: Erinnerungen, S. 3.

173 Gespräch des Verfassers mit Klaus Barusch am 2.5.2000; vgl. auch Schubert, Erinnerungen, S. 2.

174 Gespräch des Verfassers mit Klaus Barusch am 2.5.2000.

175 Lektion von Kurt Hager an der Jugendhochschule »Wilhelm Pieck«, 7.9.1989 (SAPMO, DY 24/14089); vgl. auch Hager, Kurt: Erinnerungen. Leipzig 1996, S. 413f.

176 Vom Wert unserer Werte. Ein Brief von FDJlern an Erich Honecker. In: Junge Welt v. 8.9.1989.

177 Gespräch des Verfassers mit Klaus Barusch am 2.5.2000.

178 Ebd.

179 Diese Zahlen nannte Erich Honecker zum 40. Geburtstag der Hochschule, vgl. Berliner Zeitung v. 23.5.1986.

180 Mittlerweile arbeitet er in der Geschäftsstelle des »Internationalen Bundes für Sozialarbeit« in Potsdam.

181 Unterschutzstellungsverfahren im Bereich des IBC Bogensee, Eberswalde, 29.10.1996 (Kopie im Besitz des Verfassers).

182 Bogensee sucht einen neuen Eigentümer (Werbebroschüre der WoBeGe, im Besitz des Verfassers).

183 Vgl. Berliner Zeitung v. 28.3.2003.

184 Gespräch des Verfassers mit Hans-Peter Phielipeit am 22.12.1999.

185 Ebd.

186 Vgl. oben S. 98 ff.

187 Kürzlich wurde der Fund eines verschollenen Meisterwerkes bekannt. Peter Paul Rubens' Gemälde »Tarquinius und Lukretia«, geschätzter Wert heute: 80 Millionen Euro, war Anfang 2003 auf mysteriöse Weise über das Internet zum Kauf angeboten worden. In Moskau konnte das Gemälde dann identifiziert und sichergestellt werden. Zugleich wurde rekonstruiert, wie das Werk nach Rußland gelangen konnte. 1765 war das bedeutende Frühwerk Rubens' von Friedrich dem Großen erworben worden, bis 1942 hing es in der Bildergalerie von Sanssouci. Vor Beginn der alliierten Offensive wurde es nach Schloß Rheinsberg ausgelagert. Dort verlor sich die Spur. In Moskau erfuhr man nun, daß das Rubens-Gemälde von Rheinsberg in den Waldhof am Bogensee geschafft und dann, nach der Eroberung des Geländes, von einem sowjetischen Offizier in seine Heimat geschmuggelt worden war. Ob und wann das Gemälde nach Deutschland zurückkehren kann, ist ungewiß. Das deutsch-russische Kriegsbeute-Abkommen ist bisher nur auf dem Papier festgehalten, umgesetzt wird es selten oder äußerst schleppend. Doch wieder führt offenbar eine Spur von Goebbels' Waldhof nach Rußland. Mag sein, demnächst tauchen weitere Gegenstände auf. Vgl. Der Spiegel v. 15.9.2003, S. 44 f.

188 Telefonische Mitteilung vom 14.2.2002.

189 Vgl. Die Jugendhochschule Bogensee, Rundgang, S. 216.

190 Vgl. Flacke, Monika; Schütrumpf, Jörn: Junge Kunst im Auftrag – Die Jugendhochschule »Wilhelm Pieck«. In: Flacke, Monika (Hrsg.): Auftrag: Kunst 1949–1990. Bildende Künstler in der DDR zwischen Ästhetik und Politik. Berlin 1995, S. 343; Flacke, Monika: »Junge Kunst im Auftrag«. Die »bildkünstlerische Ausgestaltung« in der FDJ-Jugendhochschule »Wilhelm Pieck« in Bogensee. In: Dies. (Hrsg.): Auf der Suche nach dem verlorenen Staat. Die Kunst der Parteien und Massenorganisationen der DDR. Berlin 1994, S. 120–129.

191 Vgl. Peilicke: Die Entwicklung der Jugendhochschule, Anlage 95.

192 Olbert, Frank: Das weiche Wasser der Diktatur. Wo Goebbels und Honecker Worte fanden: »Idyll Bogensee«. In: Frankfurter Allgemeine Zeitung v. 31.8.2000.

Ausgewählte Literatur

10. Jahrestag der Namensgebung Jugendhochschule »Wilhelm Pieck«. FDJ-Broschüre. o. O. o. J. [1960].

25 Jahre Jugendhochschule »Wilhelm Pieck«. Festschrift der Jugendhochschule »Wilhelm Pieck« beim Zentralrat der FDJ anläßlich ihres 25jährigen Bestehens. Hrsg. Jugendhochschule »Wilhelm Pieck« beim Zentralrat der Freien Deutschen Jugend über Verlag Junge Welt. o. O. o. J. [1971].

B. K. [Bernt v. Kügelgen]: Haus der Jugend statt Haus der Mätressen. In: Berliner Zeitung v. 23.5.1946, S. 3.

Baarova, Lida: Die süße Bitterkeit meines Lebens. Koblenz 2001.

Bauerfeld, Egon, Gruppe 6/Jahreslehrgang: Hohe Einsatzbereitschaft unserer Kampfgruppe hilft, den Frieden zu verteidigen. In: 10. Jahrestag der Namensgebung, o. S.

Becker, Wolfgang: Film und Herrschaft. Organisationsprinzipien und Organisationsstrukturen der nationalsozialistischen Filmpropaganda. Berlin 1973.

Berg, Hermann von: Vorbeugende Unterwerfung. Politik im realen Sozialismus. München 1988.

Blumenberg, Hans-Christoph: Das Leben geht weiter. Der letzte Film des Dritten Reichs. Berlin 1993.

Bölling, Klaus: Die fernen Nachbarn. Erfahrungen in der DDR. Hamburg 1983.

Die Jugendhochschule Bogensee. Das Institut für zeitgeschichtliche Jugendforschung lädt zum Rundgang durch das Gelände ein. In: Gotschlich, Helga; Lange, Katharina; Schulze, Edeltraud (Hrsg.): Aber nicht im Gleichschritt. Zur Entstehung der Freien Deutschen Jugend. Berlin 1997, S. 207 ff.

Die Tagebücher von Joseph Goebbels. Hrsg. von Elke Fröhlich im Auftrag des Instituts für Zeitgeschichte. Teil I: Aufzeichnungen 1923–1941. Bisher 10 Bände. München 1998 ff. [in den Anmerkungen abgekürzt: TG I]; Teil II: Diktate 1941–1945. 15 Bände. München 1993 ff. [in den Anmerkungen abgekürzt: TG II].

Dobrowolski, Stanislaw Ryszard: Ein schweres Frühjahr. Berlin 1969.

Fetscher, Iring: Joseph Goebbels im Berliner Sportpalast 1943. »Wollt Ihr den totalen Krieg?« Hamburg 1998.

Fischer, Helmar Harald: »Was gestrichen ist, kann nicht durchfallen«. Die Nazis und die Schauspieler. In: Theater Heute 9/1989.

Flacke, Monika: »Junge Kunst im Auftrag«. Die »bildkünstlerische Ausgestaltung« in der FDJ-Jugendhochschule »Wilhelm Pieck« in Bogensee. In: Dies. (Hrsg.): Auf der Suche nach dem verlorenen Staat. Die Kunst der Parteien und Massenorganisationen der DDR. Berlin 1994, S. 120 ff.

Flacke, Monika; Schütrumpf, Jörn: Junge Kunst im Auftrag – Die Jugendhochschule »Wilhelm Pieck«. In: Flacke, Monika (Hrsg.): Auftrag: Kunst 1949–1990. Bildende Künstler in der DDR zwischen Ästhetik und Politik. Berlin 1995, S. 343 ff.

Fraenkel, Heinrich; Manvell, Roger: Goebbels. Eine Biographie. Köln/Berlin 1960.

Friedrich, Jörg: Der Brand. Deutschland im Bombenkrieg 1940–1945. München 2002.

Fröhlich, Gustav: Waren das Zeiten. Mein Film-Heldenleben. München/Berlin 1983.

Geschichte des Großen Vaterländischen Krieges der Sowjetarmee. Bd. V. Berlin 1967.

Gibas, Monika: Propaganda in der DDR. Erfurt 2000.

Goetze, Werner: Erinnerungen an die Gründung und den Aufbau der Jugendhochschule im Jahre 1946. In: Hiller: Die Entwicklung der Jugendhochschule, Anlage 1.

Görtz, Franz Josef; Sarkowicz, Hans: Heinz Rühmann 1902–1994. Der Schauspieler und sein Jahrhundert. München 2001.

Gruner, Wolf: Judenverfolgung in Berlin 1933–1945. Eine Chronologie der Behördenmaßnahmen in der Reichshauptstadt. Berlin 1996.

Haack, Käte: In Berlin und anderswo. Erinnerungen. München, Berlin 1971.

Hager, Kurt: Erinnerungen. Leipzig 1996.

Haltinner, Werner: Der Kongreß der Arbeiterjugend – ein Meilenstein beim Aufbau des Sozialismus. In: Junge Generation 2/1957, S. 12 ff.

Haltinner, Werner: FDJ-Funktionär sein – ein ehrenvoller gesellschaftlicher Auftrag. In: Junge Generation 7/1967, S. 19 ff.

Haltinner, Werner: Unsere Republik – das sozialistische Vaterland der deutschen Jugend. In: Junge Generation 6/1969, S. 14 ff.

Haltinner, Werner: Warum und wie differenziert arbeiten? In: Junge Generation 1/1972, S. 54 ff.

Harlan, Veit: Im Schatten meiner Filme. Selbstbiographie. Gütersloh 1966.

Heiber, Helmut: Joseph Goebbels. Berlin 1962.

Hiller, Manfred: Die Entwicklung der Jugendhochschule »Wilhelm Pieck« als Zentrum der Aus- und Weiterbildung von Funktionären der FDJ von 1946 bis 1955. Dissertation, Rostock 1978.

Hiller, Manfred: Wilhelm Pieck und die Jugendhochschule. In: Wilhelm Pieck – Freund und Vorbild der Jugend. Berlin 1976, S. 46 ff.

Hippler, Fritz: Die Verstrickung. Düsseldorf o. J. [1982].

Höfer, Günter: Zur Rolle der FDJ bei der sozialistischen Wehrerziehung der Jugend in den sechziger Jahren. In: Beiträge zur Geschichte der FDJ. Heft 4, Rostock 1981.

Honecker, Erich: Aus meinem Leben. Berlin 1982.

Hunger, Edmar: Eine Schmiede für die Kader. In: Junge Welt v. 19.9.1950, S. 6.

Irving, David: Goebbels. Macht und Magie. Kiel 1997.

Jahn, Günther: Rechenschaftsbericht am 25. Mai 1971. In: 25 Jahre Jugendhochschule »Wilhelm Pieck«, S. 6.

Jary, Micaela: Ich weiß, es wird einmal ein Wunder gescheh'n. Die große Liebe der Zarah Leander. Berlin 1993.

Jugendhochschule »Wilhelm Pieck«. Broschüre zum 30jährigen Bestehen. o. O. 1976.

Junge, Traudl: Bis zur letzten Stunde. Hitlers Sekretärin erzählt ihr Leben. München 2002.

Kammer, Hilde; Bartsch, Elisabet: Jugendlexikon Nationalsozialismus. Begriffe aus der Zeit der Gewaltherrschaft 1933–1945. Reinbek 1982.

Kershaw, Ian: Hitler 1936–1945. Stuttgart 2000.

Klee, Ernst: Das Personenlexikon zum Dritten Reich. Wer war was vor und nach 1945. Frankfurt am Main 2003.

Knabe, Hubertus: 17. Juni 1953. Ein deutscher Aufstand. München 2003.

Knopf, Volker; Martens, Stefan: Görings Reich. Selbstinszenierungen in Carinhall. Berlin 1999.

Koop, Volker: Der 17. Juni 1953. Legende und Wirklichkeit. Berlin 2003.

Körner, Torsten: Ein guter Freund. Heinz Rühmann. Biographie. Berlin 2001.

Kowalczuk, Ilko-Sascha: 17. Juni 1953: Volksaufstand in der DDR. Ursachen – Abläufe – Folgen. Bremen 2003.

Krahl, Hilde: Ich bin fast immer angekommen. Erinnerungen. Aufgezeichnet von Dieter H. Bratsch. München 1998.

Leander, Zarah: Es war so wunderbar! Mein Leben. Hamburg 1973.

Leonhard, Wolfgang: Die Revolution entläßt ihre Kinder. (1. Aufl. 1955) Köln 1990.

Leonhard, Wolfgang: Spurensuche. Vierzig Jahre nach ›Die Revolution entläßt ihre Kinder‹. Köln 1992.

Lippmann, Heinz: Honecker. Porträt eines Nachfolgers. Köln 1971.

Mara, Michael: Der »Lord« ist »schuldlos«. In: Junge Generation v. 6.4.1959, S. 14 f.

Mara, Michael: Fluchtstation Grenzpolizei. Der Weg eines jungen Menschen vom FDJ-Journalisten zum Flüchtling. In: SBZ-Archiv, Nr. 10, Mai 1962, S. 147 ff.

Martin, Angela: Oskar Maretzky. In: Ribbe, Wolfgang (Hrsg.): Stadtoberhäupter. Biographien Berliner Bürgermeister im 19. und 20. Jahrhundert. Berlin 1992, S. 253 ff.

Martin, Hans-Leo: Unser Mann bei Goebbels. Verbindungsoffizier des Oberkommandos der Wehrmacht beim Reichspropagandaminister 1940–1944. Neckargemünd 1973.

Meissner, Hans-Otto: Magda Goebbels. Ein Lebensbild. München 1978.

Mittenzwei, Werner: Exil in der Schweiz. Frankfurt am Main 1979.

Moeller, Felix: Der Filmminister. Goebbels und der Film im Dritten Reich. Berlin 1998.

Moltmann, Günther: Goebbels' Rede zum Totalen Krieg am 18. Februar 1943. In: Vierteljahrshefte für Zeitgeschichte 12 (1964) 1, S. 13 ff.

Müller, Helmut: Zur Jugendhochschule »Wilhelm Pieck«. Erinnerungen. Unveröffentlichtes Manuskript, Januar/Februar 1997.

Müller-Enbergs, Helmut; Wielgohs, Jan; Hoffmann, Dieter (Hrsg.): Wer war wer in der DDR? Ein biographisches Lexikon. Berlin 2000.

Naumann, Theo: Liebe Genossen und Freunde! Werte Gäste! In: 10. Jahrestag der Namensgebung, o. S.

Nehring, Richard: Nest des Lügenchefs ausgeräuchert. Aus den Erinnerungen von General Wershbizki. In: Tribüne v. 25.4.1980.

Olbert, Frank: Das weiche Wasser der Diktatur. Wo Goebbels und Honecker Worte fanden: »Idyll Bogensee«. In: Frankfurter Allgemeine Zeitung v. 31.8.2000.

Oleschinski, Brigitte: Julius Lippert. In: Ribbe, Wolfgang (Hrsg.): Stadtoberhäupter. Biographien Berliner Bürgermeister im 19. und 20. Jahrhundert. Berlin 1992, S. 261 ff.

Oven, Wilfred von: Finale Furioso. Mit Goebbels bis zum Ende. Tübingen 1974.

Oven, Wilfred von: Mit Goebbels bis zum Ende. I. Band, 2. Aufl., Buenos Aires 1949.

Overesch, Manfred: Das III. Reich 1939–1945. Eine Tageschronik der Politik, Wirtschaft, Kultur. Augsburg 1991.

Padover, Saul K.: Lügendetektor. Vernehmungen im besiegten Deutschland 1944/45. Frankfurt am Main 1999.

Peilicke, Klaus: Die Entwicklung der Jugendhochschule »Wilhelm Pieck« als Zentrum der Aus- und Weiterbildung von Funktionären der Freien Deutschen Jugend vom Mai 1955 bis Anfang der sechziger Jahre. Dissertation, Rostock 1983.

Peilicke, Klaus: Die Sicherungsmaßnahmen am 13. August 1961 – Bewährungsprobe für die Lehrer und Studenten der Jugendhochschule »Wilhelm-Pieck«. In: Beiträge zur Geschichte der FDJ. Hrsg. Wilhelm-Pieck-Universität Rostock. Heft 4, Rostock 1981.

Petropoulos, Jonathan: Kunstraub und Sammelwahn. Kunst und Politik im Dritten Reich. Berlin 1999.

Pietschmann, Horst: Erinnerungen an die Tätigkeit an der Jugendhochschule »Wilhelm Pieck«, Mai 1981. In: Peilicke: Die Entwicklung der Jugendhochschule, Anlage 13.

Reimann, Viktor: Dr. Joseph Goebbels. Wien/München/Zürich 1971.

Reuth, Ralf Georg: Goebbels. Eine Biographie. 2. Aufl., München 2000.

Riess, Curt: Joseph Goebbels. Eine Biographie. Baden-Baden 1950.

Rimkeit, Konstantin: Er war immer unser Freund und Genosse. In: Junge Generation 24/1960, S. 37f.

Rimkeit, Konstantin: Erlebnisse mit Wilhelm Pieck. In: 10. Jahrestag der Namensgebung, o. S.

Rökk, Marika: Herz mit Paprika. Berlin 1974.

Rühmann, Heinz: Das war's. Erinnerungen. Berlin 1982.

Schaumburg-Lippe, Friedrich Christian Prinz zu: Dr. Goebbels. Ein Porträt des Propagandaministers. 2. Aufl., Kiel 1990.

Schirmag, Heinz: Der erste Ein-Jahreslehrgang auf der »Jugendhochschule Wilhelm Pieck«. In: Junge Generation, 11/1950, S. 497ff.

Schirmag, Heinz: Erinnerungen an die Tätigkeit an der Jugendhochschule. In: Hiller: Die Entwicklung der Jugendhochschule, Anlage 11.

Schmidt, Helmut: Die Deutschen und ihre Nachbarn. Menschen und Mächte II. Berlin 1990.

Schmotz, Dieter: Die Schulung der Propagandisten im Leninschen-Kommunistischen Jugendverband der Sowjetunion. In: Junge Generation 10/1950, S. 459ff.

Schubert, Siegfried: Erinnerungen an die Jugendhochschule »Wilhelm Pieck«, April 1981. In: Peilicke: Die Entwicklung der Jugendhochschule »Wilhelm Pieck«, Anlage 17.

Schütz, Erhard; Gruber, Eckhard: Mythos Reichsautobahn. Bau und Inszenierung der ›Straßen des Führers‹ 1933–1941. 2. Aufl., Berlin 2000.

Semmler [eigentlich: Semler], Rudolf: Goebbels – The Man Next to Hitler. London 1947.

Söderbaum, Kristina: Nichts bleibt immer so. Rückblenden auf ein Leben vor und hinter der Kamera. Bayreuth 1983.

Söhnker, Hans: ... und kein Tag zuviel. Hamburg 1974.

Spiker, Jürgen: Film und Kapital. Der Weg der deutschen Filmwirtschaft zum nationalsozialistischen Einheitskonzern. Berlin 1975.

Steinke, Wolfgang: »Wie ich die Jugendhochschule kennenlernte«. In: 10. Jahrestag der Namensgebung, o. S.

Stephan, Werner: Joseph Goebbels. Dämon einer Diktatur. Stuttgart 1949.

Studt, Christoph: Das Dritte Reich in Daten. München 2002.

Trimborn, Jürgen: Der Herr im Frack. Johannes Heesters. Biographie. Berlin 2003.

Tschechowa, Olga: Meine Uhren gehen anders. München, Berlin 1973.

Uhlig, Anneliese: Rosenkavaliers Kind. Eine Frau und drei Karrieren. München 1977.

Uhlmann, Jürgen: Mitteilung über die Zerschlagung des konterrevolutionären Putschversuchs 1953 an der Jugendhochschule »Wilhelm Pieck«. In: Hiller: Die Entwicklung der Jugendhochschule, Anlage 12.

Unsere Jugendhochschule ›Wilhelm Pieck‹. Hrsg. Jugendhochschule »Wilhelm Pieck« beim Zentralrat der Freien Deutschen Jugend anläßlich des 30. Jahrestages der Verleihung des Ehrennamens »Wilhelm Pieck« an die höchste Bildungsstätte der FDJ (Autoren: Klaus Böttcher, Manfred Klaus). Berlin 1980.

Wagner, Gottfried: Jugendhochschule »Wilhelm Pieck« am Bogensee. In: Deutsche Architektur IV (1955), S. 204ff.

Weber, Hermann: Damals, als ich Wunderlich hieß. Vom Parteihochschüler zum kritischen Sozialisten. Die SED-Parteihochschule »Karl Marx« bis 1949. Berlin 2002.

Weber, Hermann: Das I. Parlament in Brandenburg 1946 und die Entwicklung der FDJ. Erinnerungen eines Zeitzeugen, Einschätzungen eines Historikers. In: Gotschlich, Helga; Lange, Katharina; Schulze, Edeltraud (Hrsg.): Aber nicht im Gleichschritt. Zur Entstehung der Freien Deutschen Jugend. Berlin 1997, S. 50ff.

Weiß, Hermann (Hrsg.): Biographisches Lexikon zum Dritten Reich. Frankfurt am Main 1998.

Zentner, Christian; Bedürftig, Friedemann (Hrsg.): Das große Lexikon des Dritten Reiches. München 1985.

Zinke, Heinz: Mitteilung über die Jugendhochschule »Wilhelm Pieck«, Juli 1981. In: Peilicke: Die Entwicklung der Jugendhochschule, Anlage 22.

Bildnachweis

Stefan Berkholz: S. 151, 154, 155, 157

Bibliothek für Zeitgeschichte, Stuttgart: S. 93

Bildarchiv Preußischer Kulturbesitz, Berlin: S. 19 (Münchner Illustrierte Presse 50/1937), 21 (Filmwelt 38/1938), 22 (Filmwelt 43/1938), 46 (Filmwelt 11/1938), 50 u. (Filmwelt 30/1938)

Brandenburgisches Landeshauptarchiv (BLHA) in Potsdam, Rep. 2 A I Hb Nr. 1553: S. 381 (Bl. 34), 38 r. (Bl. 46), 39 (Bl. 46), 48 (Bl. 94 vom 25.2.1939)

Bundesarchiv/Filmarchiv: S. 50 o., 98

Bundesarchiv Koblenz, Bildarchiv: S. 10 (146-2004-0060), 43 (R 55/20005, Bl. 211–216), 66 (146-2004-0061), 110 (183-19204-111), 111 (183-13735-000), 129 (183-16080-003), 133 (183/57000/202), 136 (183-N0110-023), 145 (183-W0916-306), 147 (183-Z1213-006)

Archiv des Deutsch-Russischen Museums Berlin-Karlshorst: S. 72, 74, 75, 76, 81

Filmmuseum Berlin, Stiftung Deutsche Kinemathek: S. 67

Institut für Zeitgeschichte München (aus: Fröhlich, Elke (Hg.): Die Tagebücher von Joseph Goebbels. Im Auftrag des Instituts für Zeitgeschichte und mit Unterstützung des Staatlichen Archivdienstes Russland, München 1993–1996): S. 14

Thomas Maximilian Jauk, Berlin: Einband Rückseite

Jugendkollektiv im ehem. VEB (Z) Projektierung Berlin (Abdruck in: Wagner, Gottfried: Jugendhochschule »Wilhem Pieck« am Bogensee. In: Deutsche Architektur V/1955, S. 204–211): S. 6, 118

Kreisarchiv Barnim, Eberswalde: S. 15 (Postkarte 180-7)

Landesvermessung und Geobasisinformation Brandenburg, Betriebsstelle Potsdam: S. 94 (=Luftbild) (GB-D 12/04)

Niedersächsisches Staatsarchiv Osnabrück: S. 29 (Dep 72b, Nr. 139)

Privatarchiv Klaus Böttcher, Bernau: S. 138, 144 u.

Privatarchiv Herbert Häber, Berlin: S. 102

Privatarchiv Vilma Riesch, Basdorf: S. 107, 112, 125, 137, 139 o.

Privatarchiv Claudia Schweitzer: S. 30, 34 u., 47, 51, 52, 53, 54, 55 o., 55 u. r.

Privatarchiv Leonore Theisinger, München: S. 31, 34 o., 34 m., 35

Privatarchiv Jürgen Uhlmann, Bernau: S. 101, 103, 113, 114, 115, 117, 119, 120, 121, 122, 127, 129, 131, 134, 135, 139 u.

Das Reich, 24.5.1942: S. 73

Hans Peter Stiebing: S. 150

Stiftung Archiv der Parteien und Massenorganisationen der DDR im Bundesarchiv Berlin: S 99 (Y3/444/00), 104 u. (Y3/448/00), 123 (Y3/450/00N), 124 (Y3/1952/4N), 130 (Y3/446/00), 140 (Y3/447/00N), 141 (Y3/445/00N), 143 (Y10/305/71/3-177), 144 o. (Y3/JW355/80/2, Neg. 24), 146 (Y3/449/00)

Transit Filmgesellschaft, München: S. 13 (M 1820/K 224461), 78 m. (1842/K 54204), 78 u. (1842/K 54204), 78 o. (1842/K 56055), 79 (1842/K 56055), 82 (1842/K 54204)

Alle übrigen Fotos stammen aus dem Archiv des Verlages.

Danksagung

Auf das Gelände am Bogensee wurde ich durch Wolfgang Leonhards 1992 veröffentlichte *Spurensuche* aufmerksam. Vierzig Jahre nach seinem Erfolgsbuch *Die Revolution entläßt ihre Kinder* bereiste er die Stationen seiner Kindheit und Jugend und sprach mit Menschen, denen er einst begegnet war. So entstand das Protokoll einer untergegangenen Idee, nüchtern, verständlich, unparteiisch, ein Vorbild für ähnliche Vorhaben. »Bogensee« war darin ein Kapitel, denn in der dortigen FDJ-Schule hatte Leonhard unmittelbar nach Kriegsende unterrichtet.

Der Deutschlandfunk (verantwortliche Redakteure: Hermann Theißen und Marcus Heumann) ermöglichte mir erste Recherchen für eine Sendung. Im August 2000 war das Feature »Idyll Bogensee – Ein Ort der Propaganda« erstmals zu hören, SFB und MDR übernahmen die Produktion im folgenden Jahr. Weitere Nachforschungen führten mich zu vielen hilfreichen Menschen in Archiven und Institutionen. Ihnen allen sei für ihre Unterstützung gedankt. Und natürlich den Zeitzeugen, die in den Anmerkungen zumeist namentlich erwähnt sind. Manfred Weber begutachtete die ersten Textentwürfe und überhäufte sie mit Fragen, Anmerkungen, Korrekturen; Stephan Lahrem lektorierte, straffte und ordnete das Manuskript und gab ihm den letzten Schliff. Mein Dank gilt nicht zuletzt all jenen Ungenannten, ohne deren Unterstützung ein solches Buch nicht zu schreiben gewesen wäre.

Personenregister

Ackermann, Anton 116
Alfieri, Dino Odoardo 59
Amann, Max 41
Ammann (Chef der Polizei Wandlitz) 100
Arent, Benno von 90
Aurich, Eberhard 139

Baarova, Lida 16–22, 24, 28, 36, 66, 95
Ballasko, Viktoria von 21
Bartels, Hugo Constantin 30–32, 35, 40–44, 50, 52, 58 f., 83, 87
Barusch, Klaus 131, 134, 136, 148–151
Becker, Kurt 147
Benkhoff, Fita 64, 69
Berg, Hermann von 131, 137, 139
Bertram, Hans 64
Bibra (Oberstleutnant von) 81
Birgel, Willy 19, 64, 68
Bismarck, Gottfried Graf von 32–37, 40
Bojano, Filippo 58
Bölling, Klaus 145, 147
Bormann, Martin 62, 73–75
Böttcher, Klaus 139, 144–146, 148
Brandl (Antiquitätenhändler) 100
Brandt, Willy 143, 147
Brennecke, Joachim 64, 68
Brinon, Fernand de 77
Bürger, Kurt 133

Cerutti, Vittorio 61
Chamberlain, Neville 23
Christian, Gerda 91
Churchill, Winston S. 75
Ciano, Galeazzo, Graf von 23
Claudius, Eduard 139
Clausewitz, Carl von 75 f., 93

Dagover, Lil 64
Daitz, Werner 58
Daladier, Edouard 23
Deinert, Ursula 65
Deltgen, René 19, 64

Dietrich, Sepp 85 f.
Dimitroff, Georgi 115
Dohm, Will 64
Domröse, Angelica 139
Duisberg, Carl-Ludwig 30

Ebert, Friedrich 28
Emil (Goebbels' Diener) 80

Fanderl, Wilhelm 57
Fedotow (Generalmajor) 100
Finkenzeller, Heli 64
Franke, Egon 147
Frankfurter, David 14
Freybe, Jutta 64
Friedman, Perry 139
Fritsch, Willy 21, 61, 64
Froelich, Carl 66
Fröhlich, Gustav 16, 18 f.
Fromm, Fritz 61
Funk, Walther 87

George, Heinrich 67, 93
Getzlaff, Otto 44
Glatzeder, Winfried 139
Goebbels, Friedrich 85
Goebbels, Hans 84
Goebbels, Heide 66
Goebbels, Helga 11, 16 f., 20, 52, 56, 62, 67, 94
Goebbels, Helmut 11, 16, 20, 56, 94
Goebbels, Hilde 11, 16, 20, 52, 56, 62, 67, 86, 94
Goebbels, Holde 56
Goebbels, Konrad 84
Goebbels, Lothar 84
Goebbels, Magda 11, 16 f., 19 f., 22, 28, 47, 56, 59, 61 f., 64–66, 72–74, 80, 82, 86, 90, 94, 100
Goebbels, Maria 84 f.
Goetze, Werner 100 f., 110
Göring, Hermann 11 f., 33, 35–42, 44, 50, 59, 86, 88 f., 92, 95, 100
Görlitzer, Arthur 57
Gossens, Hans 110, 112
Gottwald, Klement 115
Grotewohl, Otto 7

Gustloff, Wilhelm 14
Gutterer, Leopold 15, 61

Haack, Käthe 64, 70, 81
Häber, Herbert 102 f., 105–107, 110, 113
Haegert, Wilhelm 40, 57
Hagen, Eva-Maria 139
Hager, Kurt 7, 143, 150
Haltinner, Ingrid 142
Haltinner, Werner 134, 142 f.
Hamsun, Knut 77
Handwerg, Franz 43
Hanke, Brunhild 114
Hanke, Karl 11–13, 15, 22, 29, 31–35, 38, 41, 44, 92, 94
Harlan, Veit 64, 69
Hartl (Filmproduzent) 64
Hartmann, Paul 64
Hatheyer, Heidemarie 68
Hehn, Albert 68
Heiliger, Karl-Heinz 133
Helldorf, Wolf-Heinrich Graf von 25 f., 28
Henselmann, Hermann 119
Herger, Wolfgang 146
Hermes (Bau-Assessor) 83
Hermlin, Stephan 139
Herrmann, Joachim 145 f.
Hertwig, Jochen 146
Hess, Rudolf 70
Hielscher, Margot 64
Himmler, Heinrich 28
Hindenburg, Paul von 28
Hinz, Werner 64
Hippler, Fritz 57, 64
Hitler, Adolf 10 f., 18–21, 23–28, 40–42, 52, 61 f., 64 f., 70, 72, 74, 77 f., 85–90, 92 f., 95
Höflich, Lucie 21
Hommel, Conrad 90
Honecker, Erich 7, 100 f., 105, 112, 114, 119, 121, 127–129, 131, 136, 144–146, 148, 150
Höpfner, Hedy 18
Höpfner, Margot 18
Hörbiger, Attila 21
Hornig, Werner 100
Hussong, Friedrich 58

Jacoby, Georg 65
Jaeger, Malte 64
Jahn (Filmproduzent) 64
Jahn, Günther 137
Jähn, Sigmund 140
Jannings, Emil 67 f.
Jansen (Gast von Goebbels) 64
Jegoroff (Hauptmann) 100
John, Karl 64
Jügler, Richard 58
Jugo, Jenny 64

Kaiser (Goebbels' Diener) 18 f., 31, 59, 79
Kaiser (Leiter des Sicherheitsdienstes) 34
Kalckreuth, Barbara von 90
Käutner, Helmut 92
Kayßler, Christian 64, 69
Keßler, Heinz 100, 146
Ketulla, Aulikki 142
Kimmich, Maria (geb. Goebbels) 16, 78, 80
Kimmich, Max »Axel« 78, 80
Kittner, Dietrich 139
Klitzsch, Ludwig 46
Knittel, John 77
Koch, Lotte 64
Koch, Walter 43
Kowa, Viktor de 68
Krahl, Hilde 64, 67 f.
Krenz, Egon 7, 136, 144–146
Krug, Manfred 139
Kügelken, Bernt von 101

Lambsdorff, Otto Graf 147
Lange, Inge 146
Leander, Zarah 64–68
Leibelt, Hans 64
Leonhard, Wolfgang 102 f., 106, 108–110, 125
Ley, Robert 86
Liebeneier, Wolfgang 64, 68 f.
Liebknecht, Kurt 119
Liebknecht, Wilhelm 116
Lippert, Julius 11 f., 57
Lippert, Wolfgang 139
Lippmann, Heinz 119–121
Loos, Theodor 65
Ludendorff, Erich 75

Ludwig (Goebbels' Diener) 52
Ludwig, Emil 14
Lutze, Viktor 46

Mackeben, Theo 68
Mandela, Nelson 135
Manteuffel, von (Ministerial-
dirigent) 44
Mara, Michael 132
Marenbach, Leni 64
Maretzky, Oskar 12 f.
Martin, Hans-Leo 50, 54, 59 f.,
68
Masur, Kurt 139
Matern, Hermann 110
May, Gisela 139
Megerle, Karl 58
Meissner, Hans-Otto 28
Meyendorff, Irene von 18, 64,
69
Mielke, Erich 7, 130
Mießner, Rudolf 109
Mittag, Günter 146
Modrow, Hans 133
Möllendorf, Else von 64, 68
Müller (Berichterstatter
bei Goebbels) 27
Müller, Helmut 133
Müller, Herbert 107
Mussolini, Benito 23
Mussolini, Vittorio 21

Napoleon 16
Naumann, Konrad 146
Naumann, Theo 112
Naumann, Werner 45, 79, 87,
89 f.
Neumann, Alfred B. 144
Neurath, Konstantin Freiherr
von 58
Nowottny, Friedrich 146 f.

Oertzen, Jaspar von 64
Ondra, Anny 66
Oven, Wilfred von 62, 79 f.,
82–84, 90, 92 f., 95

Paulsen, Harald 21
Pavolino, Alessandro 61
Pfahl (Steinsetzmeister) 43
Pfeiffer (Amtsvorsteher) 34
Phielipeit, Hans-Peter 154 f.
Pieck, Wilhelm 7, 81, 100,
105 f., 111, 113–119
Pietschmann, Horst 130
Pleitgen, Fritz 147

Quandt, Ello 66
Quandt, Harald 100

Rahl, Mady 65
Raucheisen, Michael 65
Rebling, Eberhard 139
Reed, Dean 139
Ribbentrop, Joachim von 89
Riefenstahl, Leni 58, 61
Rimkeit, Konstantin 115,
126–128, 137
Ritter, Karl 67
Röhm, Ernst 85
Rökk, Marika 64–66, 68
Rudel, Hans-Ulrich 92 f.
Rühmann, Heinz 64, 67 f.

Schach, Gerhard 79
Schaumburg-Lippe, Friedrich
Christian Prinz zu 60 f.
Schirmag, Heinz 114, 116 f.,
119, 135
Schmeling, Max 66
Schmidt, Helmut 143 f.,
146–149
Schmidtke, Heinz 60

Schmitt-Walter, Karl 65
Schneider, M. (Gast von
Goebbels) 64
Schöbel, Frank 139
Schoenhals, Albrecht 19, 30
Schreiber (Filmproduzent) 64
Schroth, Hannelore 64, 70, 81
Schubert, Siegfried 127, 130,
137
Schur, Gustav Adolf (»Täve«)
139
Schwarz van Berk, Hans 90
Schweikart (Gast von Goebbels)
64
Schweitzer, Dorothee 30 f.
Schweitzer, Heinrich 30 f.
Schweitzer, Jürgen 30 f., 59
Seifert, Ernst 61
Seipp, Hilde 65
Semler, Rudolf 90
Seydlitz-Kurzbach, Walther von
81
Simson (Gast von Goebbels)
64
Söderbaum, Kristina 64
Söhnker, Hans 64–70
Solari, Laura 64
Sorgatz, Franz 99
Speer, Albert 40, 63
Staal, Viktor 64
Stalin, Josef 111, 113, 115,
125
Starkowski (Major) 100
Stolze (Referent) 15
Stoph, Willi 131
Stuckart, Wilhelm 89
Suslow, Michail 110

Teichs, Alf 64, 69
Terboven, Josef 77
Theisinger, Leonore 30

Todt, Fritz 32
Troitzsch (Forstmeister) 40
Tschechowa, Olga 64, 68

Ucicky, Gustav 67
Uhlen, Gisela 64
Uhlig, Anneliese 16, 21, 22–25
Uhlmann, Jürgen 128
Ulbricht, Walter 7, 106, 109,
119–121, 141
Ullrich, L. (Gast von Goebbels)
64

Verhoeven, Paul 68
Verner, Paul 143–146

Wader, Hannes 139
Wagner, Gottfried 122, 124 f.
Waldegg, Alfred Heusinger von
29
Waldmüller, Lizzy 64
Weber, Hermann 106 f.
Wedel, Diether von 15, 18
Wehner, Herbert 7
Weidemann, Hans 19
Weiser, Grete 64
Weiß, Dr. (Landrat) 33–35, 38,
40, 46
Welczek, (Gräfin) 81
Welzel, Heinz 64
Wenzel, Heinz 121
Werner, Ilse 68
Wershbizki, Wiktor 98
Wiemann, Mathias 18, 64
Wiepking, Heinrich Friedrich
29, 31 f.
Winkler, Max 42–46, 57, 63,
87, 100
Wodarg, Rudolf 61

Zinke, Heinz 141

Foto: Hella Kaiser

Stefan Berkholz

Jahrgang 1955; Publizist, Autor von Hörfunkfeatures, Kulturberichterstattung und Rezensionen für den ARD-Hörfunk, Beiträge für *Die Zeit* und *Tagesspiegel*.

Veröffentlichungen u.a.: »Raus in die Stadt! Ein Stadtführer für Kinder durch ganz Berlin« (Hg.), Berlin 1991; »Carl von Ossietzky. 227 Tage im Gefängnis. Briefe, Dokumente, Texte« (Hg.), Darmstadt 1988; Ausstellungskonzeption für die Akademie der Künste 1985: »›Deutschland? Schweigen und vorübergehn‹. Kurt Tucholsky in der Emigration 1929–1935«.